Sergej Shurawljow
»Ich bitte um Arbeit in der Sowjetunion«

Verabschiedung deutscher Facharbeiter in die Sowjetunion, Essen 1932.

Sergej Shurawljow

»Ich bitte um Arbeit in der Sowjetunion«

Das Schicksal deutscher Facharbeiter im Moskau der 30er Jahre

Aus dem Russischen von Olga Kouvchinnikova
und Ingolf Hoppmann

Redaktionelle Fachberatung Wladislaw Hedeler

Ch. Links Verlag, Berlin

Die Deutsche Bibliothek verzeichnet diese Publikation in der
Deutschen Nationalbibliographie;
detaillierte bibliographische Daten sind im Internet über
http://dnb.ddb.de abrufbar.

1. Auflage, März 2003
© Christoph Links Verlag – LinksDruck GmbH
Schönhauser Allee 36, 10435 Berlin, Tel.: (030) 44 02 32-0
Internet: www.linksverlag.de; mail@linksverlag.de
Umschlaggestaltung: KahaneDesign, Berlin,
unter Verwendung eines Fotos von der Anwerbung deutscher
Facharbeiter für die Sowjetunion aus dem Jahre 1931

Lektorat: Dr. Antje Taffelt, Berlin
Satz: Ch. Links Verlag, Berlin
Lithos: Uwe Friedrich, Berlin
Druck und Bindung: Friedrich Pustet, Regensburg

ISBN 3-86153-275-1

Inhalt

Das Moskauer Elektrokombinat –
Ein Meilenstein auf dem
Weg zur Industrialisierung

Anfang der 30er Jahre tauchten auf Straßen und Plätzen sowjetischer Städte ungewöhnliche Lampen auf: In ihrem Innern befand sich eine Leninfigur aus Nickel, die den Weg in die kommunistische Zukunft erleuchtete. Es handelte sich um ein neues, zeitgemäßes Erzeugnis des Moskauer Elektrokombinats, in dem sich praktischer Nutzen und Ideologie vereinten. Der landesweit bekannte Betrieb galt für Zeitgenossen als ein Symbol der sozialistischen *Industrialisierung*. Die Zeitungen waren voll von Berichten über das Werk und seine Produktion. Wladimir Majakowski besuchte 1930 den Betrieb und widmete der Belegschaft das Poem »Der Marsch der Stoßbrigaden«, dessen Erstveröffentlichung am 14. Januar 1930 in der Betriebszeitung des Kombinats erfolgte.

> »Ruckzuck!
> In Rußlands Dunkel und Dust
> Pflanze Glühbirnen flugs!
> Zahn an Zahn!
> Halt Schritt! Und Schnellschritt!
> Kein Tempoverlust!
> Überhol doch
> Den eigenen Plan!
> [...][1]«

Auch prominenten Besuchern wie Bernard Shaw und Lady Astor, die sich 1932 in der UdSSR aufhielten, zeigte man dieses Werk, um ihnen die grandiosen Erfolge der sowjetischen *Industrialisierung* vor Augen zu führen.

Zur formalen Gründung des Moskauer Elektrokombinats kam es Ende 1928. Durch den Zusammenschluß der Moskauer Vereinigung der Elektrolampenwerke (MOFEL) mit den weniger leistungsstarken Fabriken für Transformatoren-, Scheinwerfer-, Röhrenbau und Kraftfahrzeugelektrik entstand ein zum damaligen Zeitpunkt gigantischer, wenn auch schwer zu leitender Industriekomplex. Standort wurde das verwahrloste Gelände des ehemaligen, vorrevolutionären Werks »Prowodnik« im Südosten der Hauptstadt. Das Elektrokombinat war anfangs der Hauptverwaltung Elektroindustrie des *Obersten Volkswirtschaftsrates der UdSSR* unterstellt, später dem Volkskommissariat für Schwerindustrie.

Die Idee, sämtliche kleinen elektrotechnischen Werke der Hauptstadt in einem einzigen Verbund zusammenzufassen, war bereits 1926 – unter dem Zwang der Verhältnisse – im *Obersten Volkswirtschaftsrat* geboren worden und Feliks Edmundowitsch Dzierzynski, der zu dieser Zeit nicht nur den Geheimdienst, die Vereinigte Staatliche Politische Verwaltung (OGPU) und den *Obersten Volkswirtschaftsrat* leitete, hatte sie aktiv unterstützt. Auch die Entscheidung über den Standort des künftigen Elektrokombinats fiel schon 1926.[2] Produktionsvolumen, technischer Standard und Arbeitsproduktivität der Betriebe in der UdSSR bewegten sich bis dahin auf niedrigem Niveau, nun sollte es in großen Schritten vorangehen.

Mit dem *ersten Fünfjahrplan* von 1928 bis 1933 wurde dem elektrotechnischen Zweig eine besondere Rolle bei der *Industrialisierung* des Landes zugeschrieben. Die sowjetische Führung wollte den Anschluß an die in den 20er Jahren international fortgeschrittene wissenschaftlich-technische Entwicklung auf dem Gebiet der Elektrotechnik nicht verpassen. Zu Recht ging sie davon aus, daß von deren erfolgreicher Entwicklung das Niveau anderer Produktionszweige abhing – die Militärtechnik eingeschlossen.

Was die Konzentration der Produktion betraf, so blickte man auch hier über die Landesgrenze in Richtung Westen und orientierte sich an Unternehmen wie General Electric, Ford, Krupp und AEG.

Gleichzeitig begann die Suche nach ausländischen Partnern. Im Jahre 1926 wurde zwischen der Hauptverwaltung Elektroindustrie des *Obersten Volkswirtschaftsrates* und dem deutschen AEG-Konzern ein Geheimabkommen über technische Zusammenarbeit auch im militärischen Bereich geschlossen, ohne das der Aufbau des Elektrokombinats kaum möglich gewesen wäre. Der Vertrag beinhaltete für die sowjetische Seite den Kauf von Lizenzen zur Produktion von Generatoren, Motoren, Transformatoren, Elektromaschinen und anderer Starkstromanlagen in der UdSSR samt den erforderlichen Plänen und allen technischen Daten. Die AEG verpflichtete sich, die erforderliche technische Unterstützung beim Aufbau des entsprechenden Produktionszweiges in der UdSSR zu leisten. Zu diesem Zweck waren insbesondere wechselseitige Studienreisen sowjetischer und deutscher Fachleute vorgesehen.[3] Letztlich ging es darum, in der Sowjetunion das gesamte Produktionssystem der AEG zu kopieren (mit Ausnahme der Glühlampen- und Wolframproduktion), die entsprechenden Strukturen

Der Haupteingang des Moskauer Elektrokombinats (Aufnahme 2002).
Feierliche Eröffnung des Moskauer Elektrokombinats im November 1928
mit der Losung über der Tribüne: Kommunismus das ist Sowjetmacht plus
Elektrifizierung des ganzen Landes (unten).

sowie die Betriebsorganisation zu reproduzieren, was sogar die Vermarktung von Weiterentwicklungen innerhalb der Sowjetunion einschließen sollte. Die Realisierung des Vertrags begann 1927 im entstehenden Moskauer Elektrokombinat, das auf diese Art und Weise zum »kleinen Bruder« des berühmten deutschen Konzerns wurde. Die Ähnlichkeit der Produktionsabläufe im Moskauer Elektrokombinat und im Berliner AEG-Werk waren offensichtlich und setzten die deutschen Arbeiter, die in den 30er Jahren in die UdSSR kamen und keine Kenntnis von dieser Vorgeschichte hatten, in ziemliches Erstaunen.[4]

Die offizielle Eröffnung des Elektrokombinats fand am 8. November 1928 statt, abgestimmt auf den elften Jahrestag der Oktoberrevolution von 1917. Erster »roter« Direktor des Betriebes wurde das ehemalige Mitglied des *Obersten Volkswirtschaftsrates* Nikolai A. Bulganin, als technischer Direktor fungierte der parteilose Ingenieur Bruno Clark.

Das Elektrokombinat sollte nicht einfach nur der größte Betrieb des Elektromaschinenbaus in der UdSSR werden – schon bald stilisierte man das Werk zum Symbol sowjetischer *Industrialisierung* hoch. Die Zeitungen feierten beinahe täglich den Umstand, daß das Elektrokombinat als erster sowjetischer Betrieb »bei Null« angefangen hatte und nicht als Rekonstruktion alter Fabriken aus vorrevolutionärer Zeit gegründet wurde. Daß es sich um eine Kopie des deutschen Vorbildes handelte, wurde selbstverständlich mit keinem Wort erwähnt.[5] Von Anfang an war geplant, das Werk zu einem Musterbetrieb auszubauen, sowohl was Produktionsablauf und Technologie betraf als auch im Hinblick auf die Nutzung der importierten Anlagen.

In den Jahren von 1928 bis 1931 kam der Betrieb dann allmählich in Gang. Noch waren nicht alle Werkhallen fertig, noch nicht alle Werkbänke eingerichtet, doch die Produktion lief an. 1929 begann das Elektrokombinat offiziell mit der Arbeit im Rahmen des *ersten Fünfjahrplans*. Das Werk bestand aus sieben Produktionsabteilungen: der Glühlampen- und Wolframabteilung, dem Scheinwerfer- und Transformatorenbau, der Röhrenabteilung, dem Isolatorenbau und der Elektroöfenabteilung. Während zum Zeitpunkt der Gründung Ende 1928 im Werk ca. 2 000 Menschen arbeiteten, stieg die Belegschaft bis 1933 auf 24 000 Personen an[6]. Das Kombinat setzte sich aus mehreren verhältnismäßig selbständig arbeitenden großen Betrieben zusammen.[7] 1933 lieferte es ein Fünftel der gesamten elektrotechnischen Produktion der UdSSR.

Wichtigste Produktionsstrecke des Elektrokombinats war die Herstellung von Hartmetallen. Die Wolframabteilung entwickelte sich in der ersten Hälfte der 30er Jahre zu einem in der Sowjetunion bis dahin einzigartigen Produktions- und Forschungszentrum: Von der Anreicherung des Erzes bis zum Endprodukt, dem Wolframdraht für elektrische Glühlampen, war hier alles unter einem Dach. Zu den Abnehmern von Lampen, Radio- und Röntgengeräten und anderen Elektroerzeugnissen zählten nicht nur die Schwachstrom- und Starkstrombetriebe der Hauptverwaltung Elektroindustrie, sondern auch Betriebe des Maschinenbaus und der Metallurgie, Feinmechanikfabriken sowie die Erdöl- und Erdgasbranche, die auf äußerst präzise und beständige Werkzeuge, Maschinen, Bohrköpfe und ähnliches angewiesen war. Das Volkskommissariat für Gesundheitswesen hatte zudem dringenden Bedarf an inländischen Röntgengeräten und hochwertiger Beleuchtung für Operationssäle. Auch die moderne Kriegsindustrie hing von der Verwendung hochbeständiger Materialien und Beleuchtungstechnik ab: Wolfram war unersetzlich für die Flugzeugindustrie, den Panzerbau, für Radar- und Scheinwerfertechnik sowie für ein funktionierendes Flugabwehrsystem, für Leuchttürme und Seescheinwerfer. Schließlich brauchte man Millionen von Glühlampen, um die vielen Werkhallen und die neuen Wohnhäuser zu beleuchten, die gerade im Entstehen waren.

1930 begann das Werk auch mit dem Export seiner Erzeugnisse. Die erste kleine Partie von Glühlampen ging nach China, danach wurden der türkische und lateinamerikanische Markt erschlossen. 1937 führte das Elektrokombinat fünf Millionen Glühlampen nach England aus. Damit trat das Unternehmen zehn Jahre nach seiner Gründung mit konkurrenzfähigen Erzeugnissen auf den europäischen Markt, was in jeder Hinsicht als großer Erfolg zu werten war.

Die »Operation Wolfram« – Deutsche Arbeiter in Moskau

Die raschen Erfolge des Elektrokombinats gingen freilich nicht allein auf den Fleiß und die Beharrlichkeit der russischen Arbeiter zurück. Entscheidend war vor allem die technische Unterstützung durch ausländische Firmen. Wichtigster Vertrag blieb der aus dem Jahr 1926 mit der AEG. Nicht zu unterschätzenden Anteil am Erfolg hatten auch die ausländischen Arbeiter und Spezialisten, die Anfang der 30er Jahre im Elektrokombinat angestellt wurden. Viele kamen aus Deutschland, von ihnen und den für sie ungewohnten Lebensumständen in der sogenannten Ausländerkolonie soll in diesem Buch berichtet werden.

Die erste Gruppe deutscher Arbeiter kam Mitte der 20er Jahre in die Moskauer Glühlampenbetriebe, die später in das Elektrokombinat eingingen.

Die Umstände waren ziemlich ungewöhnlich. Zu jener Zeit, als der Plan der Staatlichen Kommission zur Elektrifizierung Rußlands (GOELRO-Plan) umgesetzt wurde, wofür Lenin die berühmte Losung »Kommunismus ist Sowjetmacht plus Elektrifizierung des ganzen Landes« ausgegeben hatte, gab es in Rußland keine eigene Glühlampenproduktion. Das eigentlich unlösbare Problem lag in der Herstellung des Wolframglühfadens – einem streng gehüteten Geheimnis. Nur wenige Firmen im Westen beherrschten diese Technologie: General Electric, Philips und Osram.

Anfang der 20er Jahre hatten besonders militärische Kreise der Sowjetunion wachsendes Interesse an der Lösung des Wolframproblems. Doch aus eigener Kraft gelang es den sowjetischen Wissenschaftlern und Ingenieuren nicht, diese Hürde zu nehmen. Über die strategische Bedeutung von Wolfram, Molybdän und anderen Metallen war man sich zu diesem Zeitpunkt längst im klaren. Ihre besonderen Eigenschaften – Härte, Schwerschmelzbarkeit und Beständigkeit – trugen zu einer qualitativen Umwälzung nicht nur in der zivilen, sondern auch in der Rüstungsindustrie bei, vor allem im Flugzeug- und Panzerbau. Um das »Wolframproblem« schnellstmöglich zu lösen, beschloß man, sich der Militärspionage zu bedienen. Der Grundgedanke dieses Plans war so einfach wie aussichtsreich: Über die Kommunistische Partei in Deutschland wollte man Kontakte zu qualifizierten Arbeitern herstellen, die in der Wolframproduktion tätig waren und Zugang zu technologischen Informationen hatten. Sie sollten helfen, die erforderlichen Unterlagen und Produktmuster zu beschaffen.

Ende 1922 wurde über den Militärapparat der KPD eine Verbindung zu den Berliner Kommunisten Julius Hoffmann und Emil Deibel hergestellt, die bei AEG beziehungsweise bei Osram arbeiteten. Allerdings waren beide kurz darauf (nach den Unruhen im Oktober 1923) gezwungen unterzutauchen. Der Militärapparat nahm zu ihnen Kontakt auf und brachte sie in die UdSSR. Auf ihre Empfehlung hin wurden der Mechaniker Franz Heisler und der Dreher Willi Koch für die »Operation Wolfram« gewonnen. Beide arbeiteten bei Osram in Berlin und waren Mitglieder einer illegalen Betriebszelle der KPD. Der Austausch von Informationen zwischen Berlin und Moskau ging im wesentlichen mit geheimer Korrespondenz über die Kanäle des Spionagedienstes vonstatten. Die deutschen Arbeiter wußten allerdings nicht, mit wem sie jeweils in Briefwechsel standen und wessen Aufträge sie erfüllten. Ihnen war nur der Deckname des Mittelsmannes bekannt. Ihr erster Korrespondenzpartner, mit dem sie nur ganz kurze Zeit Kontakt hatten, unterzeichnete mit »George«. Es handelte sich um den Geheimdienstangehörigen G. I. Semjonow. Danach löste ihn ein gewisser »Schutz« ab. Hinter diesem Decknamen verbarg sich der Ingenieur der

Hauptverwaltung Elektroindustrie des *Obersten Volkswirtschaftsrates der UdSSR* Moisej Isaakowitsch Shelesnjak.[8] Auf dessen Bitte hin schickte Koch aus Berlin Zeichnungen von Details und Anlagen, chemische Formeln, verschiedene Materialien, Halbfabrikate, Hartmetalle und Produktmuster nach Moskau. Aber es blieb nicht bei der Übermittlung von Briefen und Mustern. Während der Treffen Ende 1924, Anfang 1925 zog Kochs Mittelsmann auch Erkundigungen über Neuentwicklungen beispielsweise von Lampen- bzw. Röhrenautomaten ein.[9] Koch gewann Arbeiter aus seinem Bekanntenkreis, die ihm Informationen dazu lieferten: Franz Heisler, Hermann Horn und Anton Sandmann bei Osram sowie Hans Ohlrich von der AEG. Sie halfen ausschließlich aus Überzeugung und vollkommen uneigennützig.

Ende 1924, Anfang 1925 wurden Willi Koch und Franz Heisler kommunistischer Umtriebe verdächtigt und bei Osram gekündigt. Deibel und Hoffmann forderten sie in ihren Briefen auf, nach Moskau zu kommen, und versprachen, ihnen bei der Arbeitssuche zu helfen. Im Februar 1925 folgten Koch und Heisler in die UdSSR. Kurz vor der Abreise übergab Koch die Unterlagen in der »Wolframsache« dem in Berlin verbleibenden Hans Ohlrich.[10]

In Moskau eingetroffen, wurden Willi Koch und Franz Heisler bereits auf dem Bahnhof von ihren Mittelsmännern in Empfang genommen, und Koch erfuhr nun auch deren tatsächliche Namen. Unmittelbar nach ihrer Ankunft fuhren sie in das Büro der Hauptverwaltung Elektroindustrie des *Obersten Volkswirtschaftsrates der UdSSR*. Hier erhielten die beiden Deutschen ihre Arbeitsbücher und nahmen schon nach wenigen Tagen ihre Tätigkeit im Kabelwerk auf, wo sich zu dieser Zeit das einzige Forschungslabor der Sowjetunion für die Produktion von Wolfram befand.

Koch und Heisler verfügten über praktische Erfahrungen und Kenntnisse und machten schon bald eine Reihe von Vorschlägen zur Verbesserung der Maschinen. Von Hans Ohlrich aus Berlin, mit dem der geheime Briefwechsel fortgesetzt wurde, kamen die notwendigen Informationen.[11] Zur selben Zeit beschloß die Hauptverwaltung Elektroindustrie, mehrere hochqualifizierte deutsche Arbeiter anzuwerben – Spezialisten für technologische Arbeitsgänge, die in der UdSSR bis dahin ungelöst geblieben waren. Auf diese Weise kamen im Sommer 1925 die Arbeiter Lange, Kieslich und Menzel[12] nach Moskau ins Kabelwerk. Anfang 1926 wurde Hans Ohlrich eiligst in die UdSSR gebracht, da ihm die Entlarvung drohte. So war die Gruppe deutscher Fachkräfte bereits auf sechs Personen angewachsen. Den in ihrer Heimat gesuchten Kommunisten wurde angetragen, ihre Familiennamen zu wechseln und eine neue Identität anzunehmen: Aus Willi Koch wurde dar-

Moisej Isaakowitsch Shelesnjak warb im Auftrag des Obersten Volkswirtschaftsrates der UdSSR in den 20er Jahren deutsche Facharbeiter an (Aufnahme aus den 30er Jahren).

aufhin Max Schmor, aus Franz Heisler der deutsche Staatsbürger Paul Schweitzer und aus Hans Ohlrich der Österreicher Rudolph Mühlberg.

Die drei sollten nie erfahren, daß sie dieses Verfahren zu Beginn ihres »zweiten Lebens« Feliks Dzierzynski persönlich verdankten. Diesem wurde in einem Brief vom 4. April 1925 der Vollzug gemeldet, gleichzeitig ging es um neue Pässe für die deutschen Arbeiter:

»In Anbetracht der gemäß Ihrer Anweisung [Hervorhebung des Verf.] durchgeführten Wechsel der Familiennamen und der Ausgabe neuer Personalausweise für die deutschen Meister der Firma Osram, die jetzt zur Belegschaft von MOFEL gehören, bitten wir Sie, sich an das ZK der KPR(B) zu wenden, mit der Bitte, ihnen russische Pässe auszustellen, und zwar für Franz Heisler auf den Namen Paul Rudolfowitsch Schweitzer und für Willi Koch auf den Namen Max Karlowitsch Schmor, entsprechend den von ihnen erhaltenen Ausweisen, und sie in die KPR(B) aufzunehmen ...«[13] Der Brief trägt den Vermerk Dzierzynskis: »Der Bitte entsprechen!«

Die Parteiausweise der KPD-Mitglieder wurden an die Komintern zwecks *Überführung in die KPR(B)* übergeben. Dabei stellte sich heraus, daß Koch und Heisler aus konspirativen Gründen verboten worden war, ihre Parteiorganisation von der Abreise in Kenntnis zu setzen, weshalb sie ohne offizielle Erlaubnis der KPD in die Sowjetunion gekommen waren. Das verstieß gegen die Regeln der Komintern. Um die Angelegenheit ins reine zu bringen, waren die Initiatoren gezwungen, die Deutschen unter ihren Schutz zu nehmen. Am 13. April 1925 wurde auf einem Kopfbogen der Militäraufklärung des Stabs der Roten Arbeiter- und Bauernarmee ein Brief an die Leitung der Komintern ausgefertigt, in dem es hieß:

»Sehr geehrte Genossen! Die aus Deutschland angereisten Genossen Willi Koch und Franz Heisler (Mitglieder der KPD) waren für uns tätig ... und wurden von uns nach Moskau bestellt, um hier zu arbeiten. Die Angelegenheit war von solcher Wichtigkeit, daß wir die Erlaubnis des ZK der KPD zur Ausreise dieser Genossen nach Rußland nicht einholen konnten. Deshalb lehnt es die *deutsche Sektion der Komintern* jetzt ab, diese Genossen in die KPR(B) zu überführen und hält sie für Deserteure. Ich bitte sehr darum, die Sache zu regeln ...«[14]

Die deutschen Arbeiter wußten nichts von der Existenz dieser Verwicklungen. Einige Zeit später erhielten sie alle notwendigen sowjetischen Papiere auf ihre neuen Namen.

Die ersten Schritte im sowjetischen Betrieb

Die kleine Gruppe von Deutschen richtete ihre Anstrengungen vor allem auf die Herstellung von Drähten aus Wolframrohlingen – als Vorstufe der Glühfäden. Es fehlte in der UdSSR jedoch an hochwertigen Maschinen, die zum Ziehen der äußerst dünnen Drähte erforderlich waren, und zwangsläufig mangelte es auch an Erfahrungen im Umgang mit der entsprechenden Technologie. Heisler, Koch und die anderen fanden sich notgedrungen in der Rolle von Experimentatoren und Konstrukteuren wieder, wobei ihnen ihre hohe Qualifikation und lange Betriebserfahrung zu Hilfe kam. Obwohl die Maschinen, an denen sie hier arbeiteten, deutsche Anlagen zum Vorbild hatten, handelte es sich doch nicht um Kopien im buchstäblichen Sinne. Störungen waren deshalb an der Tagesordnung, die nur mit viel Kreativität und Improvisation behoben werden konnten. In einer Reihe von Fällen wurden mit Hilfe sowjetischer Ingenieure Umbauten und zum Teil auch Verbesserungen an der Konstruktion der Maschinen vorgenommen. Das verhalf diesem Industriezweig schon in den ersten beiden Jahren, zwischen 1925 und 1927, zu beachtlichem Aufschwung.

Die Überführung von probeweise entwickelten Lösungen in die industrielle Produktion war ein nächstes, nicht geringes Problem, mit dem die Gruppe zu tun hatte. Durchmesser und Reißfestigkeit des Wolframdrahts blieben unbefriedigend. Infolgedessen betrug der Ausschuß bis zu 80 Prozent. Die vorsintflutlichen Ziehbänke, die im Elektrokombinat standen, waren nicht nur ungenau, sondern liefen noch dazu sehr langsam. Koch und Ohlrich gelang es, präzisere und leistungsfähigere Ziehanlagen zu konstruieren und damit Produktionsstrecken aufzubauen, die noch wenigstens bis Ende der 30er Jahre im Einsatz waren.

Die ehemalige Arbeiterin Anastasija Abramowa erinnert sich daran: »Ich weiß noch, als ich im Jahre 1928 ins Drahtwerk versetzt wurde, kam auf einer Spule nicht mehr als 300 – 400 Mikron[15] Wolframdraht raus, aber ein deutscher Arbeiter [H. Ohlrich – der Verf.] erreichte mit großer Hartnäckigkeit, daß es pro Spule 5 000 Mikron Draht und mehr wurden.«[16]

Der Vorteil lag auf der Hand: Ein Wolframdraht mit deutlich verringertem Durchmesser eignete sich für die unterschiedlichsten Glühlampentypen, und man sparte wertvolles Metall.

Der Übergang zur industriellen Produktion von Wolfram und Wolframdraht machte einige Umstrukturierungen im Werk erforderlich. Anfang 1928 wurde anstelle der kleinen Wolframabteilung, in der ein internationales Team von knapp einem Dutzend Leuten arbeitete, eine ungewöhnlich große Wolframsektion des Elektrokombinats geschaffen, zu der mehrere

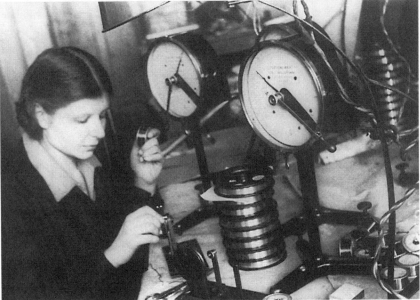

Die Wolframabteilung des Elektrokombinats (Aufnahmen aus den 30er Jahren).

Produktionsabteilungen sowie Werkstätten und Laboratorien für Forschung und Entwicklung gehörten. In einem Revisionsbericht aus den frühen 30er Jahren wird ausdrücklich betont, daß der Aufbau der großen Wolframabteilung vor allem den deutschen Mitarbeitern zu verdanken war.[17]

In den folgenden drei Jahren gelang es dem Wolframwerk des Elektrokombinats, das in dieser Branche in der UdSSR das Monopol besaß, seine Produktion bedeutend zu steigern. 1931 deckte das Werk bereits 80 Prozent, 1932 schon 100 Prozent des Glühlampenbedarfs des Landes. [18]

Der deutsche Klub in Moskau

Die deutschen Facharbeiter sahen sich in der Sowjetunion einer weitgehend fremden Lebens- und Arbeitswelt gegenüber. Schwierig war natürlich vor allem der Umstand, daß anfänglich keiner von ihnen ein Wort Russisch sprach. Vom Tag ihrer Ankunft an fungierte daher der russische Ingenieur Shelesnjak für die Deutschen als Kontaktperson, sowohl im Betrieb als auch im Alltag. Die Männer waren um so mehr auf seine Hilfe angewiesen, als sie in Moskau ein isoliertes, halblegales Leben führten. Ihre Kontakte blieben fast ausschließlich auf einen Kreis engster Bekannter und Arbeitskollegen beschränkt. Erfahrungen mit dem sowjetischen Alltag machten sie somit kaum.

»Für alle unsere Alltagsfragen und Betriebsangelegenheiten war Shelesnjak zuständig«, erzählte Willi Koch später. »Er kaufte uns Brot, Wurst, Schuhe und Betten, und den Gewerkschaftsbeitrag zahlten wir auch an ihn. Wir kannten hier sonst niemanden.«[19]

Die Deutschen hatten Vertrauen zu Shelesnjak, und bald erhielten sie Zutritt zu seinem Haus.[20] Ende 1925 organisierte das Werk dann spezielle Sprachkurse. Nach und nach erweiterte sich der Bekanntenkreis der Deutschen. Allerdings hatten sie auch nach einigen Jahren in der UdSSR immer noch Schwierigkeiten, sich in der fremden Sprache richtig zu verständigen.[21] Unter diesen Bedingungen kam dem deutschen Klub in Moskau eine außerordentliche Rolle zu; aus ihm ging der spätere »Klub der ausländischen Arbeiter« hervor. In ihm verbrachten jene Deutschen, die Mitte der 20er Jahre gewissermaßen als Vorhut in die Sowjetunion gekommen waren, zu großen Teilen ihre Freizeit. Die gesellschaftliche Assimilation fand im wesentlichen in diesem Klub statt. Hier trafen sich jene Auswanderer, die keine Verwandten unter den sowjetischen Staatsbürgern hatten und die in Deutschland Kontakt zur KPD hielten.

18

Vergleichbare Klubs existierten im Moskau der 20er Jahre auch für Zugereiste aus anderen Ländern. Zu den aktivsten gehörten der anglo-amerikanische, der karelo-finnische, der italienische, der ungarische und der lettische Klub. Sie bildeten die wichtigsten sozialen Zentren für die Gastarbeiter.

Der deutsche Klub zählte zu den größten und bekanntesten in der Hauptstadt. Vor allem jene Auswanderer, die die russische Sprache noch nicht beherrschten (und viele gaben sich gar keine Mühe, sie zu erlernen, weil sie ihren Aufenthalt in der UdSSR für vorübergehend hielten), nutzten die Möglichkeit, sich im Klub mit ihren Landsleuten zu treffen, von den Neuankömmlingen aktuelle Informationen aus der Heimat zu erfahren und die letzten Ereignisse dort wie hier zu diskutieren. Viele leisteten im Klub ehrenamtliche Arbeit und gingen parteipolitischer Tätigkeit nach.

Zudem waren die meisten der deutschen Arbeiter (wie z. B. Willi Koch, Franz Heisler und Hans Ohlrich) ohne ihre Familien in die UdSSR gekommen und verfügten deshalb über sehr viel Freizeit. Der deutsche Klub wurde schnell zum Mittelpunkt ihres gesellschaftlichen, kulturellen und politischen Lebens. Man schätzte die soziale und kommunikative Funktion des Treffpunktes, vor allem die Möglichkeit zum muttersprachlichen Umgang mit Menschen gleicher kultureller Prägung. Andere waren mehr an Kultur und Bildung interessiert, nahmen an Interessengemeinschaften und Zirkeln teil. Wieder andere wollten einfach nur unter Gleichgesinnten sein, und manche fanden hier wohl die einzige Chance, im fremden Land ihren Hobbys nachzugehen. Der Klub wurde zu einem Sammelpunkt für Menschen, die ihre Heimat aus den unterschiedlichsten Gründen verlassen hatten. Was sie in erster Linie verband, waren ihre gemeinsame Sprache und Staatsangehörigkeit – Umstände, die in ihrer Heimat nicht unbedingt für ein gegenseitiges Interesse ausgereicht hätten.

Im Unterschied zu den späteren Einwanderern aus den 30er Jahren waren die meisten Ausländer, die Mitte der 20er Jahre nach Sowjetrußland gekommen waren, der festen Überzeugung, daß ihr Aufenthalt hier nur von kurzer Dauer sein würde. Man erwartete schließlich den baldigen Sieg der Weltrevolution und mit ihm die umgehende Rückkehr in die Heimat. Das beeinflußte zweifellos ihre Integrationsbereitschaft und prägte ihr Verhalten und ihre Einstellung zum Leben in der UdSSR. Da die Zugereisten von vornherein nicht die Absicht hatten, für immer zu bleiben, setzten sie sich auch nicht das Ziel, in der sowjetischen Gesellschaft »aufzugehen«. Die Atmosphäre in den Klubs unterstützte diese »halbherzige Anpassung«. Bezeichnend war, daß kaum jemand die Mühe aufbrachte, die Sprache des Landes richtig zu

Agitationsplakat aus den 20er Jahren:
»Proletarier aus dem Westen – auf die Baustellen des Sozialismus in der UdSSR!«

lernen. In den Klubs wurde kein Russisch gesprochen, ja, der größte Teil der Klubmitglieder konnte nicht einmal die kyrillische Schrift lesen. Es hatte auch niemand eilig damit, die sowjetische Staatsbürgerschaft anzunehmen, nicht einmal die überzeugten Kommunisten, die der UdSSR treu ergeben waren. Die meisten dachten so, wie es Willi Koch in einem Brief vom 8. März 1949 an den Stellvertretenden Vorsitzenden des Ministerrates Nikolai Bulganin beschrieb: »Ich habe die deutsche Staatsangehörigkeit bis 1935 behalten. Ich hatte gehofft, ein Sowjetdeutschland zu erleben, und ging davon aus, daß ich leichter in die Heimat zurückkehren könnte, wenn ich meine Staatsbürgerschaft nicht eingebüßt hätte.«[22]

Als sich in den 30er Jahren die weltpolitische Lage radikal veränderte und die Hoffnungen auf eine baldige Revolution endgültig zerfielen, betrachtete ein Teil der Ausländer die UdSSR wenigstens für eine Zeit als zweite Heimat. Die Machtergreifung Hitlers hatte für viele Deutsche, Italiener, Österreicher und Tschechen und vor allem für Politemigranten und deren Familienangehörige zur Folge, daß ihre Rückkehr in die Heimat lebensgefährlich oder unmöglich geworden war – und in naher Zukunft auch bleiben würde. Das hatte natürlich Auswirkungen auf ihre Eingliederung und Anpassung an die fremden Verhältnisse, ob im Betrieb oder im alltäglichen Leben.

In diesem Zusammenhang muß auch die außerordentliche Rolle der »Insel deutschen Lebens, deutscher Sprache und Kultur« bewertet werden, als die die Einwanderer den deutschen Klub in Moskau sehen wollten. Dies stimmte freilich nicht mit den Zielen der Organisatoren und Klubleiter überein. Um deren Absichten zu begreifen, muß man sich nur vor Augen führen, daß die Arbeit der Klubs von der Unterabteilung nationale Minderheiten bei der *Abteilung Agitprop des Moskauer Komitees der KPdSU(B)* gelenkt wurde – als Bestandteil kulturpolitischer Arbeit in den nationalen Landsmannschaften der Hauptstadt.[23]

Genaueres über die Arbeitsweise und Organisation des deutschen Klubs läßt sich nur schwer sagen. Im Zentralarchiv Gesellschaftlicher Bewegungen der Stadt Moskau finden sich im Bestand des Moskauer Komitees der KPdSU(B) nur wenige Unterlagen, darunter einige Sitzungsprotokolle. Die Veranstaltungen des Klubs sind verständlicherweise nicht dokumentiert worden.

Eingerichtet wurde der deutsche Klub bereits im März 1923 nach dem Prinzip der exklusiven Mitgliedschaft. Er nahm hauptsächlich deutsche Politemigranten auf, die in der Komintern oder der Internationalen Arbeiterhilfe tätig waren, die in Lehranstalten und anderen Institutionen oder in den Moskauer Industriebetrieben arbeiteten. Allerdings bestand die Absicht, den Einfluß des Klubs auch auf die parteilosen deutschen Einwohner Moskaus auszuweiten, und zwar sowohl auf die Einwanderer als auch auf die Rußlanddeutschen.

Die Leitung des Klubs registrierte im Dezember 1924 bereits 532 deutsche Polit- und Wirtschaftsemigranten. Viele von Ihnen hatten sich mit der Bitte um Arbeit an die sowjetische Handelsvertretung in Berlin gewandt. Unter ihnen gab es 251 Kommunisten und Mitglieder des Kommunistischen Jugendverbandes. Die Zahl der Rußlanddeutschen, die in Moskau lebten, schätzte man auf 8000. Außerdem gab es in der Moskauer Region viele nicht erfaßte Betriebe, darunter auch Konzessionsbetriebe, in denen deutsche Arbeiter beschäftigt waren. Diesen Personenkreis sollte der Klub agitatorisch erreichen, weshalb auch die Klubarbeit mit den Jahren immer ideologielastiger wurde. Erklärtes Ziel war es, deutsche Arbeiter aus den Moskauer Industriebetrieben für die kommunistische Bewegung zu gewinnen und sie politisch zu erziehen. Der Organisation kommunistischer Zellen in den Betrieben wurde besondere Bedeutung beigemessen. Aus den Unterlagen geht hervor, daß man beispielsweise unter den deutschen Arbeitern der Konzessionsfabrik der Firma Junkers, in der nach einem Geheimabkommen Flugzeugteile produziert wurden, viele Sozialdemokraten und sogar Faschisten vermutete, unter denen Aufklärungsarbeit geleistet werden sollte.

Auch Willi Koch alias Max Schmor und Hans Ohlrich alias Rudolph Mühlberg wurden, bald nachdem sie in Moskau eingetroffen waren und ihre Arbeit im Wolframwerk aufgenommen hatten, ständige Besucher und aktive Mitglieder des deutschen Klubs. Wie so vielen anderen bot ihnen der Klub in der ersten, schwierigen Phase ihrer Assimilation an die sowjetischen Verhältnisse so etwas wie ein zweites Zuhause, aber auch ein wichtiges politisches Betätigungsfeld. Vor ihrer Reise in die UdSSR waren beide Sekretäre illegaler KPD-Zellen in Berliner Großbetrieben gewesen – der eine bei Osram, der andere bei der AEG. Nach ihrer Ankunft in Moskau – das Elektrokombinat war noch nicht gegründet und die Ausländerkolonie erst im Entste-hen – konnten sie zunächst kein vergleichbares Umfeld finden. Das Kollektiv des Wolframwerks, in dem sie arbeiteten, war zu dieser Zeit zahlenmäßig nicht groß und sehr heterogen. Außerdem gab es in dem Werk bis 1928 keine Parteizelle. Auch andere gesellschaftliche Aktivitäten blieben wegen mangelnder russischer Sprachkenntnisse ausgeschlossen. Deshalb kam dem deutschen Klub eine besondere Bedeutung zu. Er bot Willi Koch und Hans Ohlrich die Möglichkeit, an ihr aktives gesellschaftliches und politisches Leben in Deutschland anzuknüpfen und so ihr soziales Umfeld zu

Das Klubhaus der ausländischen Arbeiter in Moskau (Aufnahme 2002).

erweitern. Zu der Arbeit im Betrieb kam ein eigenständiger Lebensbereich hinzu. Ohlrich alias Mühlberg wurde 1927 Vorsitzender des Sektion Kultur des deutschen Klubs,[24] Koch alias Schmor wählte man Ende 1926 in den Vorstand des Klubs. Er blieb bis Herbst 1930 ständiges Vorstandsmitglied mit unterschiedlichen Verantwortungsbereichen.

Es ist bezeichnend, daß der Klub im Jahre 1927, als die beiden Deutschen dort zu den aktivsten Mitgliedern gehörten, schon in einigen Dokumenten »deutscher kommunistischer Klub« genannt wurde, was durchaus den Verhältnissen entsprach. So waren Mitte Dezember 1927 von 230 Klubmitgliedern nur 19 parteilos, die übrigen gehörten der Kommunistischen Partei Deutschlands oder dem Kommunistischen Jugendverband an. Nicht zu vergessen die 35 Kinder in der Pionierorganisation des Klubs.

Die Sozialstruktur der Mitglieder sah so aus: Mehr als 40 Prozent waren Angestellte, 30 Prozent Arbeiter und etwa zehn Prozent Studenten; die übrigen Hausfrauen, Vertreter freier Berufe und Rentner. Frauen machten ein Drittel aller Mitglieder aus; sie knüpften im Klub soziale Kontakte und engagierten sich besonders stark. Die Besucher kamen aus 60 Moskauer Betrieben, Einrichtungen und Organisationen. Alle aktiven Mitglieder arbeiteten ehrenamtlich. Das Budget setzte sich aus Mitgliedsbeiträgen (im Dezember 1927 zahlten die 230 Mitglieder bereits 60 Rubel ein) und den finanziellen Zuschüssen des Moskauer Gewerkschaftskomitees zusammen. Die Vielfalt ihrer ideologischen, kulturellen und erzieherischen Tätigkeit spiegelt sich anschaulich in den Namen der Zirkel, Kommissionen und Arbeitsgemeinschaften, die sie organisierten. Es gab die Zirkel »Politik«, »Historischer Materialismus«, »Marxismus-Leninismus«, »Politökonomie«, »Tagespolitik«, »Russische Sprache«, »Schach«, »Musik«, »Chor« und den Rundfunkzirkel. Daneben Organisations-, Kultur-, Bibliotheks-, Pionier-, Theater-, Turn-, Ausflugs-, Haus- und verschiedene Patenkommissionen sowie ein Redaktionskollegium für die Wandzeitung. Dazu kamen drei Arbeitsgemeinschaften. Der Klub gab regelmäßig eine eigene Wandzeitung und eine Pionierwandzeitung heraus. Seine Mitglieder hielten die Patenschaft über eine Division der Roten Arbeiter- und Bauernarmee und die deutsche Siedlung im Moskauer Gouvernement außerhalb der Stadt.

Über die letzten Jahre des deutschen Klubs, der während der Massenverfolgungen in den 30er Jahren geschlossen wurde, gibt die Untersuchungsakte des letzten Vorsitzenden Walter Rose-Rosenke Auskunft.[25] Mitte der 30er Jahre war die Zahl der Mitglieder des deutschen Klubs bedeutend angewachsen. 1936 umfaßte die Kartei 600 Mitglieder. Während der Verhöre 1937 gab Rose-Rosenke zu Protokoll, daß der Klub in den Jahren davor zu einem Instrument der kontinuierlichen Bespitzelung von Emigranten geworden war. Die Leitung der deutschen Sektion der Komintern strebte auf Weisung des Kreml die vollständige Kontrolle über die Tätigkeiten des Hauses und seiner Mitglieder an. In der Komintern war Herbert Wehner zuständig für den Klub. Die Leitung wurde verpflichtet, kompromittierendes Material über die Mitglieder zu sammeln. Dieses Material gelangte über die Komintern zum Geheimdienst NKWD, und nicht selten wurde es zur Grundlage für Verhaftungen.

24

Aufbau des Sozialismus –
Ausländische Spezialisten für den Fünfjahrplan

Das Moskauer Elektrokombinat nahm schon bald nach seiner Gründung im Jahre 1928 einen enormen Aufschwung, binnen fünf Jahren wuchs die Belegschaft auf das Zwölffache an, die Jahresproduktion auf das 16fache.[26] Die Fabrik war zu einem riesigen Elektrokombinat mit 24000 Beschäftigten herangewachsen, das aus mehreren großen, relativ eigenständigen Betrieben bestand. 1933 bestritt es bereits ein Fünftel der gesamten elektrotechnischen Produktion der Sowjetunion. Die Produktpalette des Kombinats war vielfältig und erweiterte sich ständig. Für den Normalbürger demonstrierte die breite Vielfalt von Glühlampen den augenscheinlichsten Erfolg des Betriebs. Zum – im direkten Wortsinn – lichten Symbol des Stalinschen Sozialismus mit gewaltiger emotionaler Wirkung wurden die im Elektrokombinat produzierten superstarken und langlebigen Glühlampen in den roten Sternen auf den Kremltürmen.

In dieser Zeit gehörte das Werk zu den hochtechnisierten Schlüsselbetrieben des Landes. Von seiner erfolgreichen Arbeit hingen in vielerlei Hinsicht der Fortgang der *Industrialisierung* und die Verteidigungsfähigkeit des Landes ab.

Der außergewöhnliche Erfolg des Werkes gründete sich vor allem auf den effektiveren Einsatz der Technik und die besondere Qualifikation der Arbeiter, was letztlich die Steigerung der Arbeitsproduktivität garantierte. Das Werk meldete im Mai 1932 die Erfüllung des *ersten Fünfjahrplans* in nur zweieinhalb Jahren. Auf der Festveranstaltung im *Säulensaal des Hauses der Gewerkschaften* sprachen Vertreter der Partei- und Staatsführung sowie Führungsmitglieder der Komintern, unter ihnen Wilhelm Pieck. Der Aufschwung des Elektrokombinats war um so erstaunlicher, wenn man bedenkt, daß der Betrieb wie andere Industriegiganten auch seinen wachsenden Bedarf an Arbeitskräften vor allem mit jungen Leuten vom Lande deckte. 1931 waren etwa 70 Prozent der Arbeiter dieses Betriebs unter 24 Jahre alt, über die Hälfte hatten höchstens drei Jahre in der Industrie gearbeitet. Probleme der jungen und wenig erfahrenen Belegschaft beim Umgang mit der komplizierten ausländischen Technik waren also vorprogram-

Der Ausländerklub in Moskau: Auftritt des Orchesters und Auslagen der Bibliothek mit dem Hinweis an die deutschen Arbeiter: »Ohne revolutionäre Theorie – keine revolutionäre Praxis!« (Aufnahmen aus den 30er Jahren).

miert. Hinzu kamen hohe Fluktuation und mangelhafte Arbeitsdisziplin – zu Beginn der 30er Jahre typische Erscheinungen, die sich nicht nur in dieser Industriebranche, sondern landesweit zum Problem entwickelten. Als sich Anfang 1930 abzeichnete, daß die Planerfüllung dieses Schlüsselbetriebes gefährdet war, faßte das Zentralkomitee der Kommunistischen Partei einen Beschluß über die gezielte Anwerbung ausländischer Arbeiter und Spezialisten.

Anwerbung in Deutschland – Aufbruch in die Moskauer Ausländerkolonie

In den Jahren 1931 und 1932 wurden Dutzende ausländischer Arbeiter im Elektrokombinat eingestellt. Sie halfen, die westliche Technologie zu meistern und die Produktion in Gang zu bringen. Vor ihnen arbeiteten seit der Zusammenlegung der Einzelbetriebe 1928 schon zahlreiche Ausländer in den Werken, die bereits in den Jahren 1925 und 1926 eingereist waren. Die Herausbildung einer größeren stabilen Ausländerkolonie fällt jedoch erst in die Zeit nach dem Anwerbebeschluß des ZK Ende 1930, als auch die Umrüstung der Fabrik mit neuer westlicher Technologie forciert wurde, vorwiegend in Kooperation mit deutschen und amerikanischen Firmen. Weil die russischen Arbeiter nicht über die erforderliche Qualifizierung verfügten und keine Erfahrung im Umgang mit dieser Technik hatten, lief die Anwerbung von deutschen und amerikanischen Arbeitern auf Hochtouren. Für sie gründete man eigens eine Ausländerkolonie. Sie kamen mit vielen anderen Wirtschaftsemigranten nach Sowjetrußland und profitierten von den dort inzwischen gesammelten Erfahrungen im Umgang mit ausländischen Arbeitern, die bereits 1929 bis Anfang 1930 eingereist waren und sich in einer unbekannten sozio-kulturellen Umgebung ohne Hilfe und ohne Sprachkenntnisse durchschlagen mußten. Erschwerend kam hinzu, daß sie die gängigen Überlebenstechniken nicht beherrschten, mit denen die Russen ihren Alltag bewältigten, der geprägt war von wirtschaftlicher Misere und Lebensmittelknappheit. Die Ausländer dieser ersten Einwandererwelle, überwiegend Deutsche, wußten nichts über die schwierige Wirtschaftslage des Landes, sie vertrauten zumeist der kommunistischen Presse und den Versprechungen der Werber. Viele, die früher mit der UdSSR sympathisierten, fühlten sich nun vor Ort betrogen. Das Ergebnis waren bittere Enttäuschung und eine Art Massenflucht. Viele kündigten ihre Arbeitsverträge vor Ablauf der Frist, verließen das Land und verklagten, zurück in Deutschland, die sowjetischen Behörden auf Schadensersatz. Von 1930 bis

1932 gingen allein beim Preußischen Gericht ca. 150 solcher Klagen deutscher Ingenieure und Techniker ein. Doch nur ein kleiner Teil der Betroffenen entschloß sich, vor Gericht zu ziehen, und nur wenige davon konnten ihre Ansprüche beweisen und eine materielle Entschädigung erstreiten.[27]

Jede einzelne dieser Klagen vor deutschen Gerichten bekam eine politische Färbung und wurde in den Medien als Waffe gegen die Sowjetunion und die deutschen Kommunisten benutzt. Das beschädigte das Ansehen der UdSSR auf empfindliche Weise. Kein Wunder also, daß die sowjetische Führung alles daran setzen wollte, um dergleichen in Zukunft zu verhindern. Der Umgang mit den Ausländern im eigenen Land sollte sich verändern, die Werbung im Ausland sorgfältiger vonstatten gehen.

Was das konkret bedeutete, legte der Sekretär des ZK der KPdSU(B) Pawel Postyschew in der »Prawda«, dem Zentralorgan der Partei, dar. Danach wollte man in Zukunft nicht nur hochqualifizierte Arbeiter ins Land holen, sondern zugleich zuverlässige Kämpfer für den Aufbau des Sozialismus, die Seite an Seite mit dem sowjetischen Proletariat in der Lage wären, die unvermeidlichen Wachstumsschwierigkeiten zu überwinden. Die bereits in der UdSSR lebenden Ausländer sollten zu bewußten und standhaften *Bolschewiki* erzogen werden. Die zahlreichen Probleme mit den ausländischen Arbeitern seien darauf zurückzuführen, daß sie sich in der Sowjetunion fremd fühlten, nicht ins Kollektiv integriert seien und ihnen niemand helfen würde, sich im Lande zurechtzufinden. Die Verbesserungsvorschläge der ausländischen Fachkräfte würden nicht genügend aufgegriffen. Pawel Postyschew forderte, die ausländischen Kommunisten künftig in die Arbeit der Betriebsparteiorganisationen einzubeziehen und die Parteilosen stärker in das Leben der Arbeitskollektive zu integrieren. Er mahnte, Kontakt zu den Familien aufzunehmen und sie so aus der Isolation zu holen, die vor allem aus ihren mangelnden Sprachkenntnissen herrührte. Anderseits aber forderte er, mit der privilegierten Stellung der Arbeiter gegenüber ihren russischen Kollegen Schluß zu machen. »Wir dürfen ihnen keine Privilegien versprechen«, schrieb Postyschew, »und sie dürfen keine von uns verlangen, denn sie arbeiten nicht in einem kapitalistischen Land, sind keine Lohnarbeiter, sondern gleichberechtigte Brüder unserer Proletarier.«

Entsprechend diesen Weisungen der KPdSU(B) änderten die Institutionen, die ausländische Arbeitskräfte anwarben, ihr Vorgehen. Bereits in einer ersten Direktive der Auslandsabteilung des *Obersten Volkswirtschaftsrates* vom 16. November 1930, die sich an das Volkskommissariat für Auswärtige Angelegenheiten und die Handelsvertretungen im Ausland richtete, war das Scheitern der ersten Einwanderungswelle konstatiert und eine andere Einwanderungspolitik angeregt worden. Von nun an sollten die

Ausländer nicht mehr in ländliche Gegenden, kleine Städte oder Bergarbeitersiedlungen geschickt werden, sondern in die großen Industriezentren, in denen sie auf bessere Lebensbedingungen trafen und wo eine gewisse elementare Versorgung garantiert war. Betriebe mit moderner westlicher Technologie sollten bevorzugt ausländische Arbeiter einstellen. Die Handelsvertretungen wurden angehalten, mögliche Kandidaten mit Hilfe der Kommunistischen Parteien politisch zu überprüfen. Nach Möglichkeit sollten nur die zuverlässigsten und erprobtesten Arbeiter angesprochen und diese rechtzeitig auf die zu erwartenden Schwierigkeiten mit den ungewohnten Arbeits- und Lebensbedingungen in der UdSSR vorbereitet werden. So wollte man schon im Vorfeld eventuellen Konflikten vorbeugen und für eine möglichst reibungslose Anpassung der Zugereisten sorgen.

Aus den Akten des *Abwehrapparates der KPD* für die Zeit von 1930 bis 1932 geht hervor, auf welche Weise die politische Überprüfung der Angeworbenen vorgenommen wurde. Unter den Auskunftsberichten über ca. 100 Personen finden sich auch Angaben zu Arbeitern, die später tatsächlich im Elektrokombinat tätig waren.[28] Die Informationen wurden der Handelsvertretung der UdSSR übergeben, die sich daraufhin mit einem Arbeitsangebot an die betreffenden Personen wandte. Da nicht für alle Deutschen entsprechende Akten überliefert sind, läßt sich nicht eindeutig beantworten, ob sämtliche Mitarbeiter des Elektrokombinats solch einer geheimen Überprüfung unterzogen wurden.

Im Ausland beschäftigten sich mehrere Stellen mit der Anwerbung von Arbeitskräften. Die Staatliche Elektrotechnische Vereinigung (später Gesamtsowjetische Elektrotechnische Vereinigung) schloß mit den Arbeitern den offiziellen Vertrag, der die Dauer des Arbeitsaufenthalts in der UdSSR festlegte (die Standardfrist betrug ein Jahr mit Verlängerungsmöglichkeit), den Mindestlohn und die Art der Bezahlung (in Rubel und teilweise in Valuta) sowie die Unterkunft (die Zahl der Zimmer hing von der Familiengröße ab). Die Hin- und Rückreisekosten, gegebenenfalls für die ganze Familie, übernahm das Elektrokombinat, auch den Transport des Umzugsguts. Unabhängig von der Art der Anwerbung trat der Vertrag aber erst nach Bestätigung durch den *Obersten Volkswirtschaftsrat* und die Registration im *Volkskommissariat für Arbeit* in Kraft, was für die Ausländer nicht unerhebliche Probleme mit sich brachte. Häufig kam es zum Beispiel vor, daß der *Oberste Volkswirtschaftsrat* Arbeitern nach ihrer Ankunft in der UdSSR die Auszahlung der vertraglich vereinbarten Valuta verweigerte.[29]

Auch die verheirateten Ausländer kamen in der Mehrzahl zunächst allein nach Moskau; man wollte sich einrichten und dann Frau oder Familie nachholen. Auch das war vertraglich geregelt. Einige Deutsche, die Entlohnung in Rubel vereinbart hatten, sollten für die Zeit, in der die Familie noch nicht in die UdSSR nachgezogen war, eine bestimmte Summe in Valuta erhalten, damit die Unterhaltskosten der Familie in Deutschland bestritten werden konnten. Aber die sowjetische Seite ignorierte diese Abmachung mitunter oder zahlte dieses Geld nicht rechtzeitig aus. Das brachte verständlicherweise für die zurückgebliebenen Familienmitglieder erhebliche Probleme mit sich, ganz abgesehen davon, daß ihr Vertrauen in die sowjetische Ordnung erschüttert wurde. Die erzwungene Trennung von den Männern, Geldmangel, alarmierende Gerüchte und Schreckensgeschichten, die Rückkehrer aus der UdSSR verbreiteten, verstärkten die Unsicherheit der Frauen angesichts der geplanten Abreise und des bevorstehenden Bruchs mit der gewohnten Lebensweise. Außerdem teilten viele Ehefrauen durchaus nicht die kommunistische Einstellung ihrer Männer und deren Begeisteung für die UdSSR. Ihr Interesse für Politik war begrenzt; sie schlugen sich mit den alltäglichen materiellen Problemen herum und beobachteten die Situation innerhalb der UdSSR deshalb mit wachsender Skepsis.

In den Briefen an ihre Ehemänner ließen die Frauen ihren Gefühlen freien Lauf. Hier finden sich Vorwürfe an die Gatten, manchmal auch Neid gegenüber anderen, glücklicheren oder erfolgreicheren Familien. Der Brief von Anna Pose aus Berlin vom 6. Januar 1931, noch vor ihrer Abreise in die UdSSR an ihren Mann in Moskau gerichtet, beleuchtet treffend die Lebenssituation der zurückgebliebenen Frauen und zeigt, mit welchen Vorbehalten sie ihren Männern folgten. Fritz Pose arbeitete seit Ende Oktober 1930 als Werkzeugmacher im Elektrokombinat. Laut Vertrag hätte die Sowjetunion während der drei Monate bis zum Umzug der Familie jeweils 120 Mark nach Deutschland überweisen müssen. Aber das Geld kam nicht an, weil der *Oberste Volkswirtschaftsrat* die vertraglich vereinbarte Valutazahlung nicht genehmigt hatte.

»Lieber Mann, Deinen Brief vom 31.12.1930 habe ich erhalten. Aber das, was Du wegen der Abreise am 12. Januar schreibst, wird so nicht gehen, denn ich habe bis auf den heutigen Tag kein Geld bekommen. Ich weiß auch nicht, wie es in Zukunft sein wird. Schließlich wollen wir essen und die Miete muß bezahlt werden, die Vermieterin war bereits hier. Man hält mich mit leeren Versprechungen hin. Ich habe Lampe für Dich einen Brief mitgegeben und auch mit Ingenieur Falcke gesprochen. Falcke sagte mir, daß das Geld angewiesen sei, aber erst ausgezahlt werden kann, wenn die Genehmigung des Obersten Volkswirtschaftsrates vorliegt. Woher soll ich unter diesen Bedingungen das Geld für den Paß und die anderen Ausgaben nehmen? Jeden Tag höre ich von den Kollegen, die nach Deutschland zurück wollen, wie die Russen darauf reagieren: ›Was ist mit dir, Genosse, gefällt es dir

Agitationsbrigade zum 1. Mai 1930. Auf dem Transparent der Straßenbahn
verkündeten die Elektroarbeiter: »Durch sozialistischen Wettbewerb und Stoßarbei-
terbrigaden werden wir den Plan erfüllen und übererfüllen«. Deutsche Arbeiter des
Elektrokombinats demonstrierten unter der Losung »Es lebe Sowjetdeutschland«
am 1. Mai 1931 in Moskau.

nicht mehr bei uns, Kollege?‹ Die Russen sind Heuchler, das weiß ich genau, und mir reicht es. Aus der Reise wird nichts. Wenn ich am 12. fahren wollte, müßte heute alles fertig sein. Ich mache keinen einzigen Schritt mehr. Ich bin genug herumgelaufen. Damit hat sich die Reise erledigt. Jetzt weißt Du, was Du zu tun hast ... Uns ging es längst nicht so schlecht, als Du ein Jahr arbeitslos warst. Wir sitzen hier fast mittellos in der kalten Stube beim Funzellicht. Mir ist inzwischen alles egal.«[30]

Die Frau warf ihrem Mann im weiteren vor, daß er »lebensuntüchtig« sei und verwies auf das Beispiel der Familie Felich. Felich hatte einen Vertrag mit einem Betrieb in Samara geschlossen, seine Frau erhielt tatsächlich 120 Mark monatlich und plante eine Reise in die UdSSR zu ihrem Mann.

Der Brief gibt ein Bild von der Stimmung, die in den Familien der ausländischen Arbeiter verbreitet war. Ihre Haltungen zum Sowjetsystem entstanden im wesentlichen schon in Deutschland, bestimmten aber später auch das Klima innerhalb der Ausländerkolonie in Moskau.

Anna Pose mußte 1931 entgegen ihren Wünschen mit ihrer 13jährigen Tochter nach Moskau fahren, weil der Familie in Deutschland die Mittel für ihren Lebensunterhalt inzwischen völlig fehlten.

Das Elektrokombinat bediente sich (zweifellos mit Genehmigung des *Obersten Volkswirtschaftsrates* und der anderen Organe) auch »normwidriger« Formen der Anwerbung ausländischer Arbeiter und Spezialisten, einschließlich illegaler Praktiken durch Werber, die sich als Touristen ausgaben. In den Jahren 1930/31 wurden mehrfach sowjetische Beauftragte und ihre Helfer unter den deutschen Kommunisten verhaftet, die ohne Genehmigung der deutschen Behörden agierten. In den USA ging man ähnlich vor. Nachweislich reiste der aus Ungarn stammende Tibor Dee, Ingenieur des Elektrokombinats und im Besitz eines amerikanischen Passes, Anfang 1931 in die USA, um dort gezielt Spezialisten für das Elektrokombinat anzuwerben, die mit den neuen amerikanischen Anlagen umgehen konnten. Sehr wahrscheinlich war er auch für andere Firmen in inoffiziellem Auftrag unterwegs. Nachforschungen der amerikanischen Behörden, deren Botschaft[31] die lebhafte Reisetätigkeit aufgefallen war, ergaben, daß wenigstens 100 Personen seiner Werbung gefolgt waren.[32]

Nicht immer wurden allerdings ganze Gruppen von Arbeitern angeworben, oft rekrutierte man einzelne Personen mit besonderen Spezialkenntnissen – je nach Bedarf in den sowjetischen Betrieben. Vornehmlich suchte man qualifizierte Arbeiter, die über Erfahrung in großen elektrotechnischen Unternehmen mit moderner Technologie und fortschrittlicher Betriebsorganisation verfügten. Mitglieder der Kommunistischen Partei wurden bei gleicher beruflicher Eignung unter den Bewerbern bevorzugt, aber an erster Stelle standen in jedem Fall die hohe Qualifikation der Kandidaten und ihre möglichst geringen Ansprüche an Lohn oder sonstige Vergütungen.

Anfang der 30er Jahre, nach der großen Weltwirtschaftskrise, war die Liste derjenigen, die in der UdSSR arbeiten wollten, lang; es gab mehr Anwärter als Arbeitsplätze. Viele wandten sich persönlich an die sowjetischen Vertreter in Berlin und suchten um Arbeit in der UdSSR nach. Wegen der unerfreulichen Erfahrungen mit dem ersten Schub von ausländischen Arbeitskräften zum Ende des vorausgegangenen Jahrzehnts wurde ab 1931 aber besonderes Gewicht auf politische Zuverlässigkeit gelegt. Dementsprechend war der Anteil der Parteimitglieder beispielsweise unter den deutschen Arbeitern wesentlich höher.

Politische Motive allein waren freilich nicht ausschlaggebend für den Wunsch, im Moskauer Elektrokombinat zu arbeiten – dieser Betrieb wurde deshalb bevorzugt, weil man wußte, daß er zu den modernsten im Lande zählte. Oft war die wachsende Arbeitslosigkeit in Deutschland Anlaß genug. Auch persönliche Beziehungen und Kontakte spielten eine nicht unerhebliche Rolle, denn viele Arbeiter, die bereits im Elektrokombinat tätig waren, ermunterten ihre arbeitslosen Bekannten, Freunde und Verwandten, ihrem Beispiel zu folgen. Diese Art der indirekten Anwerbung war äußerst erfolgreich und wurde von der Betriebsverwaltung bald aktiv unterstützt. Infolgedessen bildeten sich im Elektrokombinat in den 30er Jahren alsbald regelrechte deutsche Arbeiterdynastien – es gab u.a. »die Zints«, »die Huths«, »die Müllers«. Von den Müllers beispielsweise kam als erster Willi Müller im Januar 1931 ins Werk, im April folgte sein Sohn Arthur, wenig später der zweite Sohn Paul. Willi Brüß, Konstrukteur im Werk, war einer von denen, die ihre Ehefrauen nach Moskau nachkommen ließen. Er sorgte dafür, daß seine Frau als Schreibkraft im Werk eingestellt wurde.

Die großen elektrotechnischen Industriebetriebe in Deutschland, aus denen die Arbeitskräfte für das Moskauer Elektrokombinat in der Hauptsache kamen, befanden sich in Berlin. Bevorzugt wurden ehemalige Arbeiter der Firmen Osram und AEG. Das brachte den besonderen Umstand mit sich, daß sich viele, die im Elektrokombinat eine Anstellung gefunden hatten und in der Ausländerkolonie lebten, häufig schon aus Deutschland kannten oder sich hier über gemeinsame Bekannte kennenlernten. Das gab der Kolonie ein besonderes Kolorit. In der 1933 in Moskau in deutscher und russischer Sprache herausgegebenen Broschüre »Berliner Proleten vom Moskauer Elektrosawod erzählen« wird das von den deutschen Autoren bestätigt. Sie heben hervor, daß den vielen Berlinern ihr Humor und trocke-

Der Schweißer Berhard Zint (rechts mit Pfeife) galt Anfang der 30er Jahre als Held der Arbeit im Moskauer Elektrokombinat. 1932 durfte er als Bannerträger den deutschen Block bei einer Demonstration zum Jahrestag der Oktoberrevolution anführen.

ner Witz auch unter den schwierigen Lebensbedingungen nicht verlorengegangen sei.[33] Man kann davon ausgehen, daß sie diese Eigenschaften auch dringend nötig hatten. Die soziale Gemeinschaft in der Ausländerkolonie wurde nicht unerheblich von der Nähe zwischen Verwandten und Freunden geprägt. Man lebte und arbeitete miteinander – das machte es den Auswanderern leichter, die Alltagssorgen und psychischen Belastungen zu ertragen und mit den schweren sowjetischen Bedingungen klarzukommen.

Auch für die deutschen Arbeiter, die im Oktober 1930 ins Werk kamen, war es ein angenehmer Umstand, daß sie auf Landsleute trafen, die vor Ort schon Erfahrungen gesammelt hatten, unter ihnen Willi Koch, Hans Ohlrich, Franz Heisler. Im Oktober 1930 arbeiteten bereits 200 Ausländer im Kombinat, von denen zu diesem Zeitpunkt weder die deutschen noch andere in einer selbständigen Parteizelle organisiert waren. Das wurde auch nicht angestrebt. Im Gegenteil: Alle ausländischen Kommunisten sollten vielmehr in die KPdSU(B) überführt und dann – zwecks maximaler Integration – mit den russischen Kollegen in einer Parteiorganisation zusammenarbeiten. Mit der zweiten Welle von Wirtschaftsemigranten kamen neben Mitgliedern der KPD aber auch viele Sozialdemokraten, sogar Mitglieder der NSDAP und manch Parteilose ins Land, was die Situation grundlegend veränderte und in den Augen der sowjetischen Führung mehr politische Erziehungsarbeit erforderlich machte. Deshalb wurde beschlossen, in den großen Industriebetrieben selbständige Parteizellen für Ausländer zu bilden und sie als Zentren der ideologisch-propagandistischen Arbeit zu nutzen.

Am 16. August 1931 beschäftigte sich sogar das ZK der KPdSU(B) mit der Frage, wie gute politische und propagandistische Arbeit unter ausländischen Werktätigen und Spezialisten in der UdSSR zu leisten sei. Bis dahin hatte man dem Thema nur wenig Beachtung geschenkt. Im Elektrokombinat allerdings, wo man bereits reichlich Erfahrungen mit ausländischen Arbeitern unterschiedlichster politischer Ausrichtung gesammelt hatte, wurden vergleichbare Fragen schon seit Anfang desselben Jahres beraten. Im Ergebnis dessen richtete man ein *Ausländerbüro* ein, das offiziell als Organ des *Gewerkschaftskomitees des Betriebes* fungierte. Die Aufgaben dieses Büros waren zahlreich: Es sollte die Einhaltung der Arbeitsverträge kontrollieren, die Arbeitsbedingungen überwachen, bei Problemen mit Visaangelegenheiten oder mit der Lebensmittelversorgung helfen, sich um die Verbesserung der Wohnbedingungen kümmern, die propagandistische Arbeit mit den Mitgliedern der Ausländerkolonie organisieren und Informationen über die politischen Auffassungen der Ausländer sammeln.

Einem weiteren »Organ« oblag die Umsetzung von Produktionserfahrungen. Aus dem internen Rundschreiben an die Leiter der Produktionsbereiche »Über die Mängel beim effektiven Einsatz der im Werk beschäftigten ausländischen Arbeiter« geht hervor, daß sich weder die Führungskräfte im Werk noch die russischen Arbeiter über die wirtschaftliche Bedeutung der ausländischen Beschäftigten im klaren waren und daß sie die Erfahrungen ihrer ausländischen Kollegen nicht effektiv nutzten. Wenngleich die größere Fürsorge der »Organe« vor allem politisch-ideologische Hintergründe hatte und dazu beitragen sollte, die Produktion zu optimieren, brachte dies für den Alltag der Ausländer immerhin manchen Vorteil; im März 1931 beispielsweise wurden in Abteilungen mit einem hohen Ausländeranteil Dolmetscher eingestellt.

Etwa zum Ende des Jahres 1931 wurde die organisierte Anwerbung von Ausländern für das Elektrokombinat gestoppt, und es kam während des folgenden Jahres zu einer Stabilisierung innerhalb der Ausländerkolonie. In dieser Zeit bemühten sich Verwaltung und Parteiorganisation des Betriebs um eine Politik der aktiven »Verankerung« der Ausländer in der UdSSR.

1932 waren ungefähr 180 ausländische Arbeiter im Elektrokombinat beschäftigt. In der Moskauer Region gab es keine größeren ausländischen Arbeitskollektive, und auch landesweit hatten nur wenige Betriebe eine höhere oder vergleichbare Anzahl ausländischer Beschäftigter.[34] Noch ein Jahr zuvor gab es nur 94 Ausländer im Elektrokombinat, darunter waren 83 Deutsche, acht Amerikaner, ein Engländer und ein Tscheche. Zum Oktober 1931 stieg die Zahl auf 168. Von den 152 Arbeitern und 16 Ingenieuren waren 132 Deutsche und 20 Amerikaner. Im April 1932 arbeiteten schon 170 Ausländer im Werk, darunter 106 Deutsche und 24 Amerikaner.

Auffällig ist, daß trotz der einjährigen Vertragsfristen die meisten Einwanderer ihre Familien in die UdSSR mitbrachten bzw. nachholten. Mitte 1931 gehörten 92 Ehefrauen und 45 Kleinkinder zur Ausländerkolonie.[35] So viele zusätzliche Menschen, die alle untergebracht und versorgt werden mußten, verschärften nicht nur die Lebensbedingungen in der Gemeinschaft, sondern auch die finanziellen Probleme, denn Ehefrauen erhielten nur im Ausnahmefall Arbeit. Die Familie blieb für die ausländischen Arbeiter Lebensmittelpunkt und wichtige Stütze. Keine grundlegende Entscheidung wurde ohne die Angehörigen getroffen.

Allein die Tatsache, daß viele Ausländer ihre Familie nachholten, spricht dafür, daß sie von Anfang an geplant hatten, nicht nur ein Jahr in der UdSSR zu leben. Nach Hitlers Machtergreifung 1933 blieb vielen auch gar keine andere Wahl, als ihre Angehörigen notgedrungen in die UdSSR kommen zu lassen.

Die Ausländerkolonie des Elektrokombinats war durchaus multinational, doch stellten die Deutschen den Großteil ihrer Mitglieder, nämlich rund 80 Prozent. Mit ihnen lebten und arbeiteten einige Amerikaner, Österreicher, Tschechen und Schweizer, von denen manche auch deutsch sprachen.

Zu den Ausländern gehörten außer den Angeworbenen auch zwölf Politemigranten verschiedener Nationalität, die mit ihren Familienmitgliedern durch Vermittlung der Internationalen Arbeiterhilfe in das Elektrokombinat gekommen waren, und elf Arbeiter, denen die Einreise mit einem Touristenvisum gestattet worden war und die sich auf eigene Faust in der Fabrik um Arbeit bemüht hatten.

Die Dominanz deutscher und deutschsprachiger Bewohner in der Ausländerkolonie hatte zur Folge, daß in vielen offiziellen Dokumenten die Begriffe »Ausländerkolonie« und »Deutsche Kolonie« synonym gebraucht wurden; das Haus der ausländischen Arbeiter in der Uliza Matrosskaja Tischina hieß »Deutsches Haus«; in der Werkzeitung erschien als Beilage ein Informationsblatt für die Ausländerkolonie in deutscher Sprache. Die Versammlungen der ausländischen Arbeiter im Werk wurden auf deutsch abgehalten, auch die Parteizelle des Elektrokombinats erledigte ihre Schriftführung auf deutsch.

Arbeiten für ein besseres Leben – Neuerer und Erfinder

Vielen Ausländern erschien das Sowjetleben zunächst fremd und ungewöhnlich. Sie wollten das Neue, gestützt auf die eigene Erfahrung, verstehen und teilweise auch befördern. Dem entsprach ihr Streben, die Industrieproduktion zu organisieren und ins Laufen zu bringen. Viele wurden zu Neuerern und Erfindern, weil sie darin eine Möglichkeit sahen, Eigeninitiative und kreatives Potential zu entfalten, Fähigkeiten und Erfahrungen einzubringen, um sich dadurch nicht als Lohnsklave zu fühlen. Die aktive Mitarbeit bei Rationalisierungs- und Innovationsvorhaben steigerte die persönliche Qualifikation und gab materiellen und moralischen Anreiz. Neben diesen offensichtlichen Vorteilen war das Engagement der ausländischen Arbeiter vermutlich darauf zurückzuführen, daß sie erkannt hatten, wie dringend ihre Mitarbeit gerade in den kreativen Bereichen gebraucht wurde, wenn es mit dem Aufbau der neuen Gesellschaft vorangehen sollte.

Nach offiziellen Angaben gehörten 1932 ca. 40 Prozent der ausländischen Arbeiter, die in der UdSSR arbeiteten, zu den »Neuerern und Erfindern«. Allein in den Betrieben des Moskauer Gebietes gab es 550 Neuerer.[36] Wenn diese Zahlen stimmen und wenn man das auf die Gesamtzahl von ungefähr 1200 bis 1500 Tausend ausländischen Arbeitern in der Hauptstadt und in den Regionen im Jahre 1932 bezieht, dann heißt das, jeder zweite oder dritte Ausländer war als Neuerer aktiv. Das wäre im Vergleich zu den russischen Arbeitern ein erheblich höherer Anteil. In der offiziellen zeitgenössischen Berichterstattung stellte sich die Situation allerdings anders dar: Zu lesen war, wie die russischen Produktionsarbeiter in ihrem Kampf um die Verwirklichung der Pläne und der enthusiastischen weiterreichenden »Gegenpläne«, im Ringen um höheres Produktionstempo sowie in der »Stoßarbeiterbewegung« die ausländischen Kollegen mitreißen würden, so daß diese sich in der Folge am sozialistischen Wettbewerb beteiligten und eigene Neuererzirkel gründeten.

In den internen Dokumenten wurde hingegen Klartext gesprochen: »Erna Lenz, die im Elektrokombinat als Diamantschleiferin arbeitet«, so steht es in einem Bericht aus dieser Zeit, »hat mehrere Neuerervorschläge eingereicht, besitzt Produktionserfahrung und ist unter unseren Bedingungen unersetzlich.« Die hohe Qualifikation der ausländischen Fachkräfte und ihre Erfahrung im Umgang mit neuen westlichen Technologien schlug sich natürlich auch in ihren Verbesserungsvorschlägen nieder. Damit stieg vergleichsweise auch der ökonomische Nutzen der Erfindungen. Leider erfüllten sich die Erwartungen der ausländischen Arbeiter des Elektrokombinats, was die Bearbeitung und Umsetzung ihrer Rationalisierungsvorschläge angeht, in der Regel nicht. Ihr aufrichtiger Wunsch, beim Aufbau des Sozialismus zu helfen, stieß oft auf Gleichgültigkeit. Im Februar 1931 führte die Zahl ihrer Klagen über diesen Mißstand dazu, daß eine Kommission des Parteikomitees des zuständigen Gebietes zur Inspektion in den Betrieb kam. Zu diesem Zeitpunkt lagen hier 78 Rationalisierungsvorschläge ausländischer Arbeiter vor, von denen nur 14 umgesetzt waren. Fünfundzwanzig Verbesserungsvorschläge wurden nach Aussagen der Betriebsleitung gerade auf ihre Realisierbarkeit geprüft. Die positive Bilanz der 14 Vorschläge setzte die Kommission in ziemliches Erstaunen. Der Effekt hätte insgesamt allerdings noch weitaus höher sein können, wenn die Verwaltung des Betriebes den Vorschlägen nicht mit einem solchen Desinteresse und einer erkennbaren Gleichgültigkeit begegnet wäre.

Zu den bürokratischen Hindernissen kam manches Mal auch böse Absicht. Die russischen Meister sahen in den Ausländern Konkurrenten und hielten deren Rationalisierungsvorschläge zurück. Im Wolframwerk ereignete sich ein Skandal, als ein russischer Ingenieur den Verbesserungsvorschlag einer Gruppe von Deutschen (zu der Willi Koch alias Max Schmor, Hans Ohlrich alias Rudolph Mühlberg, Karl Kieslich, Hermann Lange und Franz Heisler alias Paul Schweitzer gehörten) zur Reorganisation der Wolframproduktion »auf Eis legte«, wenig später aber um wenige Details verändert als seinen eigenen Vorschlag auszugeben versuchte. Der Betrug kam ans Licht, und die Autorenschaft der Deutschen wurde rückwirkend anerkannt. Die Deutschen hatten noch vor Gründung des sogenannten Büros der Arbeiter-Neuererbewegung ihre Verbesserungsvorschläge eingereicht und nicht mit einer materiellen Belohnung gerechnet. Ähnlich uneigennützig verhielten sich auch diejenigen deutschen Fachkräfte, die ihr eigenes Spezialwerkzeug in die UdSSR mitbrachten, oder Arbeiter wie zum Beispiel Fritz Gubeler, der für sich und seine Kollegen ein hochpräzises Kombiwerkzeug konstruierte, das man zuvor für Devisen im Ausland einkaufen mußte.

Die Nachforschungen der Kommission ergaben, daß die Neuereraktivitäten der Ausländer auf Grund der ärgerlichen Behinderungen zuvor erheblich zurückgegangen waren. Der Werksdirektor erließ daraufhin die Weisung, künftig alle Verbesserungsvorschläge innerhalb einer 24stündigen Frist zu prüfen. Aber auch das änderte offenbar nur wenig: Am 8. Juni 1931 konstatierte die Betriebszeitung, daß selbst diese Anordnung in der Regel ignoriert würde und sich die Vorschläge der ausländischen Facharbeiter in den Ablagen der Abteilungen häuften – mit der Realisierung der bis Oktober 1931 von ausländischen Arbeitern eingereichten 132 Verbesserungsvorschlägen und Erfindungen hapere es wie eh und je, weil es an den zusätzlichen finanziellen Ressourcen mangele, mit denen normalerweise Neuererfolge bedacht werden müßten. Die Klagen darüber, daß die Vorschläge nicht in der festgelegten Frist geprüft wurden und monatelang auf Eis lagen, rissen nicht ab.[37] Die Gründe blieben immer dieselben: Desinteresse, »Schlamperei«, Böswilligkeit der Leiter auf unterster Ebene; das Prüfverfahren blieb langwierig und mündete zumeist in der Ablehnung der Vorschläge. Nur ein Bruchteil der Verbesserungsvorschläge fand tatsächlich Eingang in die Produktion.

So konnte es beispielsweise geschehen, daß ein Arbeiter den Nachbau eines wichtigen Werkzeugs einreichte, der Vorschlag aber, der keiner aufwendigen Prüfung bedurft hätte, zwei Monate in der Schublade lag, währenddessen schon wieder eine neue Partie des teuren Werkzeugs in Amerika eingekauft werden mußte. Kein Wunder also, wenn nach solchen und ähnlichen Erfahrungen die Motivation der Beschäftigten, sich als Neuerer oder Erfinder zu engagieren, rapide zurückging.[38]

Eine *Kommission der Zentralen Kontrollkommission und der Volkskontrolle*, die im April 1932 die Fabrik inspizierten, berechnete, daß sich der ökonomische Nutzen der relativ kleinen Zahl der Neuerungsvorschläge ausländischer Arbeiter, die während des Jahres 1931 angenommen und umgesetzt worden waren, auf ca. 400 000 Rubel belief. Dafür wurden 12 000 Rubel an Prämien ausgezahlt.

Das Verhältnis von materieller und moralischer Stimulierung war unter den Bedingungen des Jahres 1930 für die ausländischen Arbeiter eine lebenswichtige Frage. Zwar gab es in allen Betrieben zahlreiche pflichtbewußte Arbeiter, die es prinzipiell ablehnten, die ihnen zustehenden Prämien anzunehmen,[39] die Mehrzahl der Wirtschaftsimmigranten aber sah die Neuerertätigkeit als einzige Möglichkeit, mit ihrem Engagement auch einen kleinen Zusatzverdienst zu erzielen.

An der Basis existierte allerdings kein wirklich funktionierendes Prämierungssystem. Es gab lediglich eine allgemeine Vorschrift, die festlegte, daß für angenommene Verbesserungsvorschläge Prämien gezahlt werden sollten. Aber die Beträge, die tatsächlich ausgeschüttet wurden, waren niedrig und standen zumeist in keinem Verhältnis zum erwarteten wirtschaftlichen Nutzen. Darüber hinaus herrschte bei den Arbeitern der Verdacht, die Werksleitung würde die Prämiengelder zweckentfremden. Erich Wittenberg zum Beispiel, einer der besten Produktionsarbeiter und Mitverfasser der Propagandabroschüre »Berliner Proleten vom Moskauer Elektrosawod erzählen«, erhielt für einen eingereichten Rationalisierungsvorschlag die unerhört hohe Prämie von 1400 Rubeln. Die Zahlung erfolgte bemer-

Proletarier aller Länder, vereinigt Euch!

Deutsche Seite
ELEKTROSAWOD

№ 5 Jahrgang I   Erscheint dreimal monatlich   2. April 1931

ALLE DEUTSCHEN ARBEITER — IN STOSSTRUPPS!

Genossen! Wir, deutsche Arbeiter, müssen aktiven Anteil nehmen an der vorfristigen Erfüllung des Fünfjahrplanes.

Laut Beschluß der allgemeinen Versammlung der deutschen Arbeiter vom 22. März d. J. wird eine Sturmbrigade (Stoßtrupp) zur Liquidierung der Produktionsdurchbrüche im Betrieb und zwecks Erfüllung des Produktionsprogramms.

Als Brigadier dieser Stoßtrupps ist Gen. Schmor gewählt worden. Alle Parteimitglieder haben sich als mobilisiert zu betrachten.

Alle Genossen, die es wünschen, sich in diesem Stoßtrupp aktiv zu beteiligen, müssen sich beim Gen. Schmor registrieren (in der Ausländer-Abteilung, von 3—5 Uhr) und Kontakt mit ihm halten.

ie Vollendung des Fünfjahrplanes — der grösste Sieg auf der Front des sozialistischen Aufbaus

uer die Generallinie der Partei

Wenn wir den Weg überblicken, den das Sowjetproletariat in 13½ Jahren seit der Oktoberrevolution zurückgelegt hat, dann erkennen wir mit aller Deutlichkeit, daß der untrügliche Kompaß, mit dessen Hilfe der Weg trotz einer Welt von inneren und äußeren Feinden zurückgelegt wurde, die Linie der Leninschen Partei ist.

Gerade an dem Siegeszug der Werktätigen der Sowjet-Union können wir mit aller Schärfe erkennen, daß ohne eine festgefügte, eiserner Disziplin getragene Kommunistische Partei der Marx-Leninismus kein Sieg des Sozialismus denkbar ist. Ohne die eiserne Führung der Bolschewistischen Partei kein Sieg im Oktober, ohne die Bolschewistische Partei kein Sieg über die Konterrevolution und die Intervention, ohne die Bolschewistische Partei keine Wiederherstellung der Wirtschaft und kein sozialistischer Aufbau.

Auch heute, wo die Werktätigen der Sowjet-Union das Fundament des Sozialismus beenden, ist es das bolschewistische Zentralkomitee der Leninschen Partei mit dem besten Schüler Lenins, dem Genossen Stalin, an der Spitze, das die ganze Schöpferkraft der Massen, ihren ungeheuren Enthusiasmus und ihren unerschütterlichen Willen zum Sieg zusammenfaßt und in die allein richtige, allein zum Ziel führende Bahn lenkt, die Bahn, die durch die Generallinie der Partei vorgezeichnet ist.

Im unversöhnlichen Kampf gegen alle Opportunisten von rechts und "links" werden wir auch künftig alle Kräfte zur Durchführung der bolschewistischen Generallinie der Partei einsetzen.

Wir haben allen klassenbewußten Arbeitern zu: nur in den Reihen der Partei und unter der Führung der Partei ist ein aktiver Kampf den sozialistischen Aufbau möglich.

Die besten deutschen Stoßbrigadler des Elektrosawod. Von links nach rechts: Gen. Schmor, Brigadier der Stoßbrigade der deutschen Arbeiter; Gen. Schütz und Wittenberg, die in die KP(B) SU eingetreten sind, Gen. Schippel — Schweißabteilung.

In die Reihen der Kommunistischen Partei

In der deutschsprachigen Beilage der Zeitung »Elektrosawod« wurde am 2.4.1931 dazu aufgerufen, Stoßtrupp-Brigaden zur Beseitigung von Produktionsrückständen zu bilden. Gruppenfoto von deutschen und russischen Arbeitern des Elektrokombinats Mitte der 30er Jahre.

kenswerter Weise ausgerechnet zu dem Zeitpunkt, als er die Arbeit an dem Buch zum Abschluß gebracht hatte.[40] Zur selben Zeit nahm der Facharbeiter Karl Kieslich als Anerkennung für die Konstruktion eines speziellen Elektromagneten, den man bis dahin für 150 Goldrubel pro Stück importieren mußte, die vergleichsweise eher symbolische Prämie von 25 Rubeln in Empfang. Auch Erich Schultze, der ein Trennverfahren entwickelt hatte, das 7 000 Goldrubel einsparte, bedachte man nur mit einer geringen Prämie. Anderen wiederum, denen die Werksleitung besonders geneigt war, wurde der vereinbarte Valutaanteil ihres Lohnes in Form von Neuerungsprämien insgeheim ausgezahlt, während ihre Kollegen leer ausgingen. Reichtümer waren also mittels Neuerervorschlägen nicht zu verdienen, der finanzielle Anreiz hielt sich für einen gewöhnlichen ausländischen Arbeiter in Grenzen. Auch die Einrichtung eines Büros der Arbeiter-Neuererbewegung änderte die Situation nicht wesentlich. Die Mitarbeiter dieses Büros verfügten zum einen nicht über die erforderliche Qualifikation, um die Bedeutung eingereichter Vorschläge richtig einschätzen zu können; dementsprechend waren sie auch bei der Bemessung der Prämien überfordert. Zum andern führte oft allein die Begrenztheit der finanziellen Mittel, die für Prämien zur Verfügung standen, dazu, daß wertvolle Vorschläge abgewiesen wurden, was bei den Arbeitern natürlich auf Unverständnis und Zorn stieß. Und schließlich war da die Ablehnung der russischen Meister, denen das Plansoll im Nacken saß, und die sich deshalb scheuten, die Verantwortung für die Umsetzung von Rationalisierungsvorschlägen auf sich zu nehmen.

Den Ausländern war trotz ihrer Unzufriedenheit mit der Arbeit des Büros der Arbeiter-Neuererbewegung klar, daß die Ursache der Probleme in vielerlei Hinsicht außerhalb des Elektrokombinats lag, und nur eine Reform des ganzen Systems des Erfinderwesens in der UdSSR Abhilfe schaffen konnte. Am 23. Dezember 1932 berief das für die ausländischen Arbeiter zuständige Gewerkschaftsbüro eine Versammlung ein, auf der ein Brief des parteilosen 27jährigen Arbeiters Karl Resch an den Vorsitzenden der Einheitsgewerkschaft Nikolai Schwernik diskutiert werden sollte. Resch hatte dem Büro der Arbeiter-Neuererbewegung Vorschläge unterbreitet, wie Kontrolle und Stimulierung verbessert werden könnten. Anstatt ihn anzuhören, wurde er weggeschickt. Daraufhin wandte sich Resch an den Vorsitzenden des Rates für Arbeit und Verteidigung. Seine Vorschläge und die seiner Kollegen bewirkten bei den offiziellen Stellen allerdings nicht die erhofften Veränderungen. Um eine Idee durchzusetzen, die dem Werk 400 000 Rubel eingespart hätte, mußte ein Arbeiter sieben Monate lang kämpfen.

Reschs Vorschläge wurden von der Kontrollkommission diskutiert und sollten von der Werksleitung unter Berücksichtigung der örtlichen Gegebenheiten verwirklicht werden. Dieser Beschluß stand jedoch nur auf dem Papier. Anstatt wirkungsvolle ideelle und materielle Anreize zu schaffen, griff die Verwaltung des Elektrokombinats lieber zu – teilweise recht drastischen – Zwangsmaßnahmen und Strafen, oft in demonstrativer, abschreckender Absicht.

1933 wurde beispielsweise eine betriebliche Säuberungskommission eingesetzt, die neun Personen vorwarf, Neuerervorschläge böswillig verzögert zu haben. Sie wurden angeklagt und strafrechtlich zur Verantwortung gezogen, einer davon, ein Abteilungsleiter, erhielt fünf Jahre Zuchthaus. Man »zog die Schrauben fester« in den Betrieben, während in der Partei die *Säuberungen* begannen.

Die drastischen Maßnahmen der Werksleitung fanden zwar die Billigung der Arbeiter, die die Willkür der unteren Verwaltungsebenen leid waren. Die Mißstände wurden damit aber nicht bei der Wurzel gepackt, und die Situation blieb im Grunde unverändert. Immer noch fanden die Abteilungsleiter und Meister genügend Mittel und Wege, ihre ablehnende Haltung durchzusetzen, ohne mit den Gesetzen in Konflikt zu geraten. Die Ausländer blieben nach wie vor weitestgehend von ihren russischen Vorgesetzten abhängig, und war ein Arbeiter bei ihnen einmal in Ungnade gefallen, gab es mit Sicherheit Schwierigkeiten. In der Regel bediente man sich politischer Anschuldigungen wie zum Beispiel im Falle des Werkzeugmachers Konrad Schultze, der im Dezember 1930 in das Elektrokombinat gekommen war und sich bald einen Namen als aktiver Neuerer machte. Er war bekannt dafür, daß er seine Erfahrungen bereitwillig an die russischen Arbeiter weitergab. Für eine seiner Erfindungen errechnete das Büro der Arbeiter-Neuererbewegung einen jährlichen wirtschaftlichen Nutzen von 100 000 Rubeln. Sein Foto erschien in der Werkszeitung, und seine Verdienste als bester Neuerer waren hoch anerkannt. Das änderte sich schlagartig im April 1931, als Konrad Schultze einen von seinem unmittelbaren Vorgesetzten abgelehnten Verbesserungsvorschlag mit einer Eingabe bei der Schlichtungskommission durchsetzte. Bei seinem nächsten Urlaubsgesuch wurden ihm von der Gewerkschaftsleitung die beantragten Valuta, die er für die Reise benötigt hätte, verweigert. Als Begründung führte man mangelndes gesellschaftliches Engagement an. Das hatte ein Nachspiel. Konrad Schultze verließ 1932 mit seiner Familie die UdSSR. Einige Zeit später jedoch, im Januar 1933, wandte er sich aus Berlin mit einem Brief an die Direktion des Werks und bat darum, ihn wieder einzustellen: »Lieber Genosse Zfasman! Nachdem ich meine Angelegenheiten hier geregelt habe, bin ich soweit, wieder nach Moskau zurückzukommen. Hiermit bitte ich [Dich – die Übers.], Dein möglichstes zu tun, daß ich so schnell wie es nur geht das Rückreisevisum bekomme. Vielleicht ist der Parteisekretär ... aus der Projektorabteilung in der Lage, Dir das zu erleichtern. Über die Lage bei Euch bin ich unterrichtet, will aber doch lieber bei Euch sein als ... hier tatenlos dem Kampf um den Sozialismus zuzusehen. Mit proletarischem Gruß – Konrad Schultze.«[41]

Der Antrag wurde mit der Begründung abgelehnt, daß kein Wohnraum zur Verfügung stehe. Aus anderen Betrieben sind ähnliche Fälle bekannt. Selbstredend wurden diese Vorgänge propagandistisch ausgenutzt. Die *Rote Fahne* zum Beispiel kommentierte am 10. Juni 1932 unter der Überschrift »Ruhrkumpels wollen zurück nach UdSSR, erklären sich bereit, am sozialistischen Aufbau mitzuarbeiten« die Veröffentlichung eines Briefes von 56 Bergleuten, die ihren Weggang aus der Sowjetunion als Fehler einstuften und ihre Entscheidung rückgängig machen wollten:

»Von Zeit zu Zeit präsentieren die Sozialdemokraten oder die Nazis der Arbeiteröffentlichkeit [in Deutschland – der Verf.] einen Arbeiter, der eine Zeitlang in der Sowjetunion gearbeitet hat und aus der Sowjetunion zurückgekehrt ist. Solche zurückgekehrten Arbeiter werden von der Sozialdemokratie und den Nazis korrumpiert. Sie erzählen die unmöglichsten Schauermärchen über die Sowjetunion und erklären, daß sie glücklich wären, der Sowjethölle entronnen zu sein.

Die Sowjetunion ist ein im Aufbau befindliches Land. Ohne Zweifel gibt es so manche Wachstumsschwierigkeiten. Gewaltige Giganten entstehen. Wo früher noch Steppe war, da sind bereits Zehntausende und Hunderttausende von Arbeitern beschäftigt. Es ist klar, daß sich da manche Schwierigkeiten zeigen, besonders Schwierigkeiten bei der Unterbringung und manchmal auch in der Verpflegung. Denn die Wohnungen für die neuen Hundertausende von Arbeitern können nicht von heut auf morgen aus dem Boden gestampft werden. Neue sozialistische Städte erstehen, aber angesichts der ungeheuren Erfordernisse des industriellen Aufbaus, für den alle Kräfte aufgewendet werden, kann der Wohnungsbau sich oft nicht im gleichen Tempo vollziehen.

Jeder klassenbewußte Arbeiter kennt diese Schwierigkeiten, weiß, daß es nicht – wie in den kapitalistischen Ländern – Niedergangserscheinungen, sondern Wachstumsschwierigkeiten sind, daß mit jedem Tage des Aufbaus sich auch die Lage jedes einzelnen Arbeiters verbessert.

Viele nicht klassenbewußte Arbeiter wurden durch diese Schwierigkeiten abgeschreckt, ließen sich dazu verleiten, die Sowjetunion, die ihnen Arbeit und Brot bot, zu verlassen, und in Deutschland ihr Glück zu versuchen.

Aber nach Deutschland zurückgekehrt, sehen sie die Unmöglichkeit, hier Arbeit zu erlangen, erkennen sie den ungeheuren Fehler, den sie mit der Rückkehr aus der Sowjetunion begangen haben. Sie erkennen, daß heute die Sowjetunion das Land des sozialistischen Aufbaus, das einzige Land ist, in dem die Arbeiterklasse an der Macht ist, in dem alles, was geschaffen wird, für die Arbeiterklasse geschaffen wird.

Wir veröffentlichen hier einen Brief, den 56 zurückgekehrte Arbeiter an den Zentralrat der Gewerkschaften der Sowjetunion gerichtet haben. In diesem Brief ersuchen sie den Zentralrat, ihnen die Möglichkeit zur Rückkehr in die Sowjetunion zu verschaffen, wo sie mit allen Kräften am sozialistischen Aufbau mitarbeiten wollen. Wir veröffentlichen auch anschließend die Namen der ansuchenden Arbeiter, ihre Wohngebiete in Deutschland und die Betriebe, wo sie in der Sowjetunion gearbeitet haben:

›Der Unterzeichnete beantragt, ihm die Rückkehr zu seinem Arbeitsplatz in Rußland zu gestatten. Ich erkläre, daß es ein Fehler war, leichtsinnig meinen Arbeitsplatz in Rußland verlassen zu haben. In Essen sind mir die Augen aufgegangen darüber, wo es dem Arbeiter besser geht, wo es mit der Lebenshaltung der Arbeiter aufwärts geht: nicht im kapitalistischen Deutschland der Not und des Elends, des Lohnraubs und des Unterstützungsraubs, der Massenarbeitslosigkeit und des Hungers, sondern in Sowjetrußland, in dem Lande des siegreichen Aufbaus des Sozialismus.

Ich erkläre, daß ich von Koch, Heim und Konsorten, diesen bestochenen und bezahlten Agenten der arbeiterfeindlichen Nazipartei entschieden abrücke und ihre ›Berichte‹ über Rußland erlogen sind; ich verurteile als Arbeiter ihre konterrevolutionäre Handlungsweise.

Falls meinem Rückkehrgesuch stattgegeben wird, verpflichte ich mich, an dem Aufbau des Sozialismus in der Sowjetunion tatkräftig mitzuwirken, meine Fehler wieder gutzumachen durch den Einsatz meiner ganzen Kraft für die Befreiung der Arbeiterklasse.

Ich erkläre, daß ich dieses Gesuch freiwillig, ohne Versprechungen und Zusicherung von irgendeiner Seite gestellt habe.‹

[Es folgen 56 Unterschriften – der Verf.]

Dieser Brief bedarf keines Kommentars. Er schlägt all die frechen Lügen der Nazis und der Sozialdemokratie. Er zeigt jedem unbefangenen Arbeiter in Deutschland, daß der Arbeiter, der einmal in der Sowjetunion gearbeitet hat, keine andere Sehnsucht kennt als die Rückkehr in dieses Land des sozialistischen Aufbaus, er zeigt schließlich, daß nur dort, wo die Arbeiterklasse herrscht, Arbeit und Brot für alle vorhanden ist.«

Politische Organisation und gesellschaftliche Integration

Die Ausländerkolonie des Elektrokombinats, der überwiegend Parteimitglieder und Sympathisanten angehörten, zeichnete sich durch eine ausgesprochen lebhafte gesellschaftliche Aktivität aus. Während die sowjetische Führung die Einbeziehung der Immigranten unter dem Blickwinkel ihrer schnellen Adaption in der UdSSR betrachtete, sahen viele deutsche Gewerkschafts- und Parteifunktionäre in der gesellschaftlichen Arbeit auch eine Möglichkeit, sich zu profilieren und Karriere zu machen. In der Heimat konnten sie dieser Tätigkeit nur illegal oder halblegal nachgehen, hier in der UdSSR wurde ihre Aktivität durch die sowjetischen Behörden gefördert.

Die persönlichen Erfahrungen mit den positiven und negativen Seiten des sowjetischen Alltags prägten das Verhältnis der Ausländer zur UdSSR auf sehr nachhaltige Weise. Politische Positionen verloren mit diesen Erfahrungen an Bedeutung. Das hieß natürlich nicht, daß die politische Arbeit im Ausland in den Hintergrund rückte. Die Ausländerparteizelle des Elektrokombinats nahm im Betriebsalltag einen zentralen Platz ein. Seit Ende 1930 behaupteten die deutschen Arbeiter in der kommunistischen Fraktion der Zelle ihre starke Position. Zum Sekretär war Hans Ohlrich alias Rudolph Mühlberg gewählt worden; Mitglieder des Büros waren Willi Koch alias Max Schmor und Roman Schippel. Von 17 Mitgliedern im Februar 1931 wuchs die Fraktion bis zum Herbst 1932 auf 97 an – das war über die Hälfte aller ausländischen Arbeiter des Kombinats. Die Beschlüsse der kommunistischen Fraktion hatten Gewicht, ihr Einfluß auf die Ausländer ist nicht zu unterschätzen, zumal in den Versammlungen auch Alltagsprobleme diskutiert und Lösungen beschlossen wurden.

Ähnlich verhielt es sich auch in anderen Betrieben. Nach offiziellen Angaben waren im Februar 1932 fast ein Drittel aller ausländischen Arbeiter in Leningrad und in Moskau Kommunisten. Der Anteil der Parteimitglieder war unter den deutschen Arbeitern besonders hoch, viel höher als etwa bei den amerikanischen.

Die Tatsache, daß der Zugang zu Bildung in der UdSSR jedem offenstand und kostenlos war und auch ein einfacher Arbeiter an Hochschulen studieren konnte, empfanden die ausländischen Arbeiter als Vorzug des Sozialismus; trotzdem nutzten nur wenige diese Chance. Um für ein Studium zugelassen zu werden, brauchte man die sowjetische Staatsbürgerschaft. Hinzu kam die Sprachbarriere. Im Elektrokombinat gab es zwar einen Russischzirkel, aber der Unterricht fand nur sporadisch statt und wurde nur mäßig

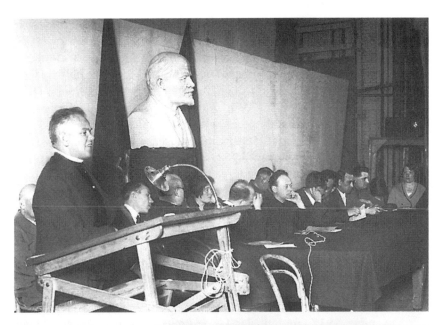

Versammlung der ausländischen Arbeiter des Elektrokombinats zum Stand der Planerfüllung unter der Büste von Lenin; Produktionsberatung im Anschluß an eine Qualitätskontrolle (Aufnahmen aus den 30er Jahren).

besucht. Ende 1931 lernten 65 Deutsche und Amerikaner in ihrer Freizeit Russisch. Selbst nach mehrjährigem Aufenthalt sprach kaum ein ausländischer Arbeiter halbwegs fließend Russisch. Von allen Ausländern, die in den Jahren bis 1930 im Elektrokombinat arbeiteten, erlangte nur ein einziger einen Ingenieurabschluß[42] – und auch dieser Ungar hatte schon zehn Jahre in der UdSSR gelebt, ehe er mit dem Studium beginnen konnte. Einige wenige absolvierten immerhin die technische Fachschule (Technikum).

Ganz anders war die Situation der Kinder ausländischer Familien, vor allem jener, die nicht die deutsche *Karl-Liebknecht-Schule* in Moskau besuchten (die einzige ihrer Art), sondern in gewöhnliche sowjetische Schulen in ihrem Wohngebiet gingen. Im Unterschied zu den Erwachsenen begannen sie schon nach wenigen Monaten russisch zu sprechen. Sie hatten russische Freunde, mit denen sie die Freizeit verbrachten, sie fuhren mit in die Pionierlager und paßten sich insgesamt viel schneller und leichter an das sowjetische Leben an als ihre Eltern.

Als die Regierung der UdSSR Mitte der 30er Jahre eine Politik der »Verankerung« der Ausländer beschloß, die darauf abzielte, ihre Reemigration zu verhindern, wurde über die Kinder Druck auf die Eltern ausgeübt. Am 25. November 1935 empfahl das Gewerkschaftskomitee des Moskauer Gebietes zu überprüfen, welche Ausländerkinder dem Komsomol angehörten, um über sie Einfluß auf die Eltern zu gewinnen.

»Innerhalb der Familien kommt es zur Spaltung. Es gibt beständige Auseinandersetzungen zwischen der jüngeren und der älteren Generation ... Es kommt vor, daß ein ausländischer Arbeiter ausreist, aber die Kinder wollen nicht von hier fort. Wir müssen einen Weg finden, die Kinder zu unterstützen, die gegen ihre Väter kämpfen. Man muß darüber Bescheid wissen und dahingehend wirken, daß sie Einfluß nehmen können«, heißt es im Protokoll der Komiteesitzung.[43]

Der Klub der ausländischen Arbeiter

1931 trafen immer neue Gruppen ausländischer Arbeiter im Moskauer Elektrokombinat ein. Für sie organisierte man mit Hilfe der Komintern Zirkel zur beruflichen und politischen Qualifikation. Zunächst wurden diese Zirkel von 20 bis 30 Ausländern besucht. Sieben von ihnen wurden zu Abendkursen an die *Kommunistische Universität der Minderheiten des Westens »Julian Marchlewski«* delegiert. Deutsche Kominternfunktionäre kamen außerdem regelmäßig ins Werk, um an Versammlungen mit den Arbeitern teilzunehmen.

Die kommunistischen Aktivisten im Kombinat bildeten zwar eine beträchtliche Kraft, das politische Spektrum der Masse der ausländischen Arbeitskräfte war insgesamt jedoch sehr heterogen, da bei ihrer Anwerbung vor allem Wert auf ihre Qualifikation gelegt worden war. Viele unter ihnen hatten mit Politik gar nichts im Sinn und sahen vor allem ihren materiellen Vorteil. Um so intensiver und gezielter sollten nun Agitation und Propaganda politisches Bewußtsein fördern. Freizeitangebote wie das Betriebsblasorchester oder der Fotozirkel waren da nicht ausreichend. Die bereits existierenden kommunistischen Klubs, so schätzte man ein, würden wenig Chancen haben und eher abschreckend wirken. Deshalb sollte der 1929 gegründete Klub der ausländischen Arbeiter als politische Einrichtung gestärkt werden.[44] Die Hauptverantwortung beim Aufbau dieses Klubs hatten zwei Arbeiter des Elektrokombinats – Willi Koch alias Max Schmor und Hans Ohlrich alias Rudolph Schweitzer –, die zu jener Zeit aktive Mitglieder des deutschen kommunistischen Klubs waren. Sie hatten einen entsprechenden Parteiauftrag erhalten, womit hinreichend klar ist, daß die Entstehung des Klubs der ausländischen Arbeiter keine Gründung von unten war, sondern ein agitatorischer Schachzug der staatlichen Organe.

Koch und Ohlrich wurden nicht zufällig unter den zahlreichen deutschen Arbeitern ausgewählt. Sie gehörten weder der Kommunistischen Partei an, noch waren sie Mitarbeiter der Komintern, was die ausländischen Arbeiter hätte abschrecken können. Aber sie waren vielfach überprüfte und der UdSSR treu ergebene Kommunisten.

Der Klub der ausländischen Arbeiter befand sich bis zur Mitte der 30er Jahre im Zentrum Moskaus, in der Uliza Herzena 19. Er setzte sich aus vier verschiedenen nationalen Sektionen zusammen: einer deutschen, einer österreichischen, einer anglo-amerikanischen und einer tschechoslowakischen, die nach außen eine Einheit bildeten. Sie standen unter derselben Leitung, führten eine gemeinsame Kasse, besaßen einheitliche Mitgliedsausweise, und sie nutzten gemeinsame Räume.

Die *deutsche Sektion* – Stütze und Herzstück des Klubs – war die größte und aktivste. Zu ihr gehörten neben den deutschen zusätzlich auch 18 Vertreter weiterer Nationalitäten, in denen deutsch gesprochen wurde. Die Österreicher bildeten eine eigene Sektion, was mit der großen Zahl von *Schutzbündlern* zusammenhing, die 1934 in die UdSSR emigriert waren. Die amerikanische Sektion galt als die unproletarischste des Klubs und zählte im Jahr 1935 ca. 300 Mitglieder hauptsächlich russischer Herkunft, davon waren nur etwa 40 Arbeiter, die übrigen Angestellte und Angehörige der Intelligenz.[45] Ein ständiger Besucher der Veranstaltungen der amerikanischen Sektion, der Sohn des politischen Flüchtlings Thomas Sgovio, erinnert sich daran, daß die Mehrheit ihrer Mitglieder Juden aus der Bronx waren – Reemigranten, die vor der Revolution in die USA geflohen und jetzt mit ihren Familien in die UdSSR zurückgekehrt waren, um hier den Sozialismus aufzubauen.

Das Klubhaus der ausländischen Arbeiter war jedermann zugänglich. Egal ob Russe oder Ausländer, man mußte nur ein Mitgliedsbuch der sowjetischen Gewerkschaft, der Roten Gewerkschaftsinternationale oder einen Passierschein für seinen Betrieb vorweisen. Die Ausländer brachten häufig Freunde und Bekannte mit, die sich mit fremden Ausweisen Einlaß verschafften. Mit der Zeit wurden die Einlaßkontrollen verschärft und nur noch reine Klubmitglieder zugelassen; ohne Passierschein durften sie nur ihre Ehefrauen mitbringen.

Ungeachtet der verschärften Einlaßkontrollen nahm die Zahl der Besucher ständig zu. Als der Klub sich immer stärker politisch engagierte, wurde die vergleichsweise demokratische Institution zu einem beliebten Treffpunkt für ausländische Arbeiter, vor allem für die jungen unter ihnen. In der Regel verbrachten die Mitglieder zwei bis drei Abende in der Woche im Klub, wo in rascher Folge Gesellschaftsabende, Konzerte, Filmvorführungen, Tanzveranstaltungen und Jazzkonzerte stattfanden.[46] Im Laufe der Zeit entwickelte sich die Ausländerkolonie Moskaus mit ihrem Herzstück, dem Klub der ausländischen Arbeiter, zu einem der wichtigsten Zentren des gesellschaftlichen Lebens in der Hauptstadt.

Mitte der 30er Jahre kamen täglich ungefähr 150 Besucher in den Klub. Die Extraveranstaltungen waren noch besser besucht. Die Mitgliedsbeiträge betrugen monatlich sechs Rubel für Arbeiter, drei Rubel für Frauen und Schüler. Aber die Zahlungsmoral war schlecht. Tatsächlich deckten die Mitgliedsbeiträge nur den geringsten Teil der Ausgaben. Das Budget des Klubs wurde hauptsächlich aus den Geldern des Moskauer Gebietsgewerkschaftskomitees bestritten; im Jahre 1935 beispielsweise belief es sich auf 145 000 Rubel, 128 000 Rubel davon stellte das Moskauer Gebietsgewerkschaftskomitee zur Verfügung. Somit existierte der Klub letztlich auf staatliche Kosten, denn die Gewerkschaft wurde zum Teil aus dem Staatshaushalt finanziert. Als einfaches Mitglied hatte man natürlich keine Vorstellung oder Kenntnis davon, aus welchen Quellen sich die Einrichtung finanzierte.

Die Ernennung der Zirkel- und Sektionsleiter sowie alle Fragen der Klubfinanzierung waren Sache des Moskauer Komitees der KPdSU(B), deren Abteilung Agitation und Propaganda weiterhin gemeinsam mit der Komintern und dem Geheimdienst NKWD die Ausländer in der Hauptstadt »betreute«. Leiter des Klubs war bis zu seiner Verhaftung durch das NKWD im Jahre 1938 Ernst Steinbring.

Zu den aktiven Mitgliedern in der Leitung des deutschen Klubs und im Klub der ausländischen Arbeiter zählten Willi Koch, Hans Ohlrich und Franz Heisler, die ihre Loyalität zur UdSSR mehrfach bewiesen hatten. Als Folge besaßen sie einen vergleichsweise hohen gesellschaftlichen Status. Ansonsten war der Bekannten- und Kollegenkreis der drei Deutschen Ende der 20er Jahre eher eingegrenzt. Im Wolframwerk beschränkte er sich auf wenige Kollegen, der Kontakt zu russischen Arbeitern war die Ausnahme. Ihre Freizeit verbrachten sie fast ausschließlich im Klub. Das war die typische Situation für viele Deutsche, und sie gestattete zwangsläufig nur eine bruchstückhafte Vorstellung von der sowjetischen Wirklichkeit.

Die Situation änderte sich Anfang der 30er Jahre mit der Eingliederung des Wolframwerks in das Elektrokombinat, das sich gewissermaßen über Nacht in einen riesigen Industriebetrieb verwandelte, in dem Tausende russische Arbeiter tätig waren. Willi Koch zum Beispiel lernte hier die Arbeiterin Anastasija Abramowa kennen, seine spätere Frau. Mit ihr bezog er ein Zimmer in der Gemeinschaftswohnung Nr. 30 des Hauses in der Uliza Matrosskaja Tischina 16. Hier wohnte man mit Kollegen wie etwa Hans Ohlrich und deren Familien nah beieinander. Die sozialen Kontakte mit der Außenwelt waren zwangsläufig äußerst begrenzt.

Die Fabrik – Eine Festung

Die Losung »Verwandeln wir jede sowjetische Fabrik in eine Festung zur Verteidigung des Sozialismus!« sollte auch für die ausländischen Arbeiter des Elektrokombinats nicht ohne Folgen bleiben. Politisch-ideologische Einflußnahme von der Parteiarbeit bis in die Freizeit war das Gegebene, darüber hinaus durfte offenbar nach Ansicht der Führung auch das Potential der Ausländer für die militärische Stärkung des Landes nicht ungenutzt verkümmern. Für ein zu jener Zeit übliches Manöver von Ende Juni bis Anfang August 1932 stellte das Elektrokombinat eine Division von ca. 8000 Mann zusammen, unter ihnen auch zahlreiche ausländische Kollegen. Kommandeur der internationalen Kompanie war ein Genosse Wolff, erprobt im Berliner Straßenkampf.

Diese Kompanie zeichnete sich bei dem Manöver besonders aus, und die Teilnehmer beschrieben ihre Eindrücke als unvergeßlich. Gut nachzuvollziehen – war dies doch für die meisten die erste Gelegenheit, ein sowjetisches Dorf »in natura« zu erleben und mit dortigen Bewohnern oder Kolchosbauern in Kontakt zu kommen.[47]

Auch grundsätzlich standen die Ausländer der militärischen Ausbildung aufgeschlossen gegenüber: Von den deutschen Fachkräften gehörten Mitte 1932 mehr als die Hälfte der paramilitärischen Gesellschaft Ossoawiachim an. Sie ließen sich in betrieblichen Ausbildungskursen im Umgang mit dem Karabiner und dem Maschinengewehr schulen, übten sich im Schießen, in Gefechtstaktik und im Gebrauch der Gasmaske. Georg Wolff schrieb in der deutschsprachigen Beilage der Betriebszeitung vom 2. April 1931 über die Ausbildung:

»Genossen, die beiden letzten großen Prozesse haben uns gezeigt, daß die konterrevolutionären Elemente im Bunde mit den Imperialisten drauf und dran sind, Rußland in einen Interventionskrieg zu verwickeln. Wir sind nach der Sowjetunion gekommen, um hier zu helfen. In Rußland haben wir Gleichberechtigung mit unseren russischen Brüdern. Aber wer gleiche Rechte hat, der hat auch gleiche Pflichten. Deshalb ist es unsere Pflicht, im Falle einer Intervention das proletarische Vaterland gegen jeden Feind zu verteidigen. Dazu sind selbstverständlich militärische Kenntnisse notwendig. In Rußland besteht eine freiwillige Vereinigung von Werktätigen, welche die Aufgabe hat, im Falle eines Krieges die Rote Armee zu unterstützen. Diese Vereinigung hat ca. 6 Millionen Mitglieder und heißt Ossoawiachim. Auch wir deutschen Arbeiter des Elektrosawod haben eine Ossoawiachim-Zelle, der bis jetzt 35 Genossen angehören. Unsere Kursusabende sind jeden 4., 14. und 24. im Monat, abends um 5.00 Uhr in der deutschen Roten Ecke. Wir werden dort fachmännisch, aber ohne Drill, mit Gewehr und Revolver, Gasmaske und Handgranate bekanntgemacht. Außerdem lernen wir mit dem Kompaß umzugehen, Karten lesen, Strategie und Taktik usw. Da wir wissen, daß es im nächsten Krieg keine ›Etappe‹ [Nachschubgebiet hinter der Front – der Verf.] geben wird, wäre es sehr ratsam, wenn sich auch Frauen an diesem Kursus beteiligen würden. ... Die Kriegsgefahr ist riesengroß, deshalb rufe ich allen deutschen Genossen zu: Werdet Mitglieder der Ossoawiachim, damit auch wir im Falle einer Intervention gerüstet sind.«

Diese Kurse wurden von dem Mechaniker Kurt Krause, dem Schlosser Georg Wolff und von Willi Koch geleitet. Wolff wurde im Mai 1937 von der Komintern zu den *Interbrigaden* nach Spanien geschickt. Vor seiner Abreise übergab er Willi Koch ein Gewehr zur Aufbewahrung. Dieses Gewehr wurde bei Kochs Verhaftung im November 1937 in seiner Wohnung gefunden und diente als Beweisstück für den Vorwurf der Spionage, der gegen ihn und einige andere deutsche Arbeiter erhoben wurde. Davon wird im weiteren noch zu lesen sein.

Alltag in der Sowjetunion – Erwartung und Realität

Unterbringung und Ausstattung der ausländischen Facharbeiter war für die Betriebe eine kostspielige Angelegenheit. Allein die Renovierung und Einrichtung einer Wohnung für einen unverheirateten Spezialisten schlug im März 1931 im Durchschnitt mit 2307 Rubeln zu Buche, kam die Familie dazu, waren es schon 3909 Rubel. Bei Facharbeitern lagen die Aufwendungen drei- bis viermal niedriger als bei Ingenieuren, wobei erstere einen Teil dieser Ausgaben selbst tragen mußten. Das offenbarte man den Betroffenen allerdings in der Regel erst nach ihrer Ankunft in Moskau. Für das Jahr 1931 betrug die Gesamtsumme, die das Elektrokombinat für die Wohnausstattung seiner ausländischen Angestellten ausgab, 74689 Rubel.[48]

Diese Durchschnittswerte sagen allerdings wenig über die konkreten Lebensumstände aus. Während die meisten ausländischen Arbeiter, auch Facharbeiter und Meister wie Willi Koch und Hans Ohlrich, unter vergleichbaren Bedingungen lebten – Unverheiratete mußten sich zu zweit ein Zimmer teilen, einer Kleinfamilie stand ein Zimmer in einer Gemeinschaftswohnung zur Verfügung, einer kinderreichen Familie zwei –, gab es bei den hochqualifizierten Fachleuten bedeutende Unterschiede in der Wohn- und Lebensqualität, abhängig von ihrer Position, ihrem Verdienst und den jeweiligen Vertragsbedingungen, die im einzelnen ausgehandelt worden waren. Diese »Oberschicht« ausländischer Ingenieure war in jeder Hinsicht privilegiert; sie erhielten eigene, sehr gut ausgestattete Wohnungen und kamen in den Genuß einer *Sonderversorgung*, so daß sie sogar im Vergleich mit ihren Kollegen im Westen sehr gut gestellt waren.

Am besten ging es denen, die mit Valutaverträgen ihrer Heimatfirmen in die Sowjetunion gekommen waren. In ihrem Fall wurden nicht nur alle Vertragsbedingungen peinlich genau erfüllt, auch um ihre »kleinen Launen« kümmerte man sich eifrigst. Die amerikanische Firma General Electric zum Beispiel hatte die Ingenieure Lennox (im Elektrokombinat von 1930 bis Anfang 1934) und Newmarker (Jahresvertrag 1930/31) in die Sowjetunion geschickt; Joseph Luis Chantemerle, Mitarbeiter der Firma Sperry Gyroscope, kam gleich zweimal (1929/30 und 1931/32).

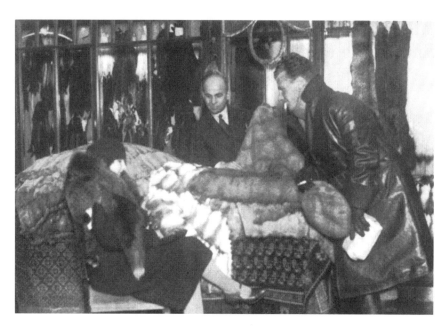

Torgsin-Läden boten in Moskau zunächst Schmuck, Pelze und Antiquitäten für Ausländer an, ab 1931 auch Lebensmittel für all jene, die mit ausländischer Währung zahlen konnten (Aufnahmen aus den 30er Jahren).

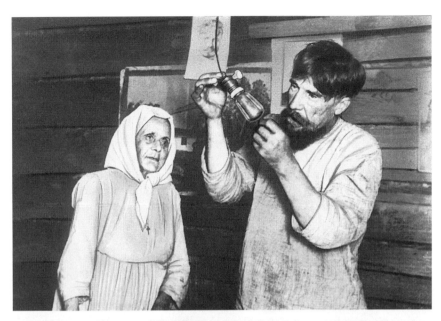

Am Stadtrand von Moskau herrschte zur gleichen Zeit bittere Armut; nur wenige Holzhütten verfügten über einen Stromanschluß (oben); Gedränge auf dem Markt von Orechowo-Sujewo, wenn es einmal Fleisch im freien Verkauf gab (Aufnahme 1932).

Diese hochkarätigen Fachleute mochten auch in Rußland nicht auf ihr eigenes Auto und andere Annehmlichkeiten verzichten. Das Elektrokombinat zahlte anstandslos die Verschiffung ihrer Privatwagen. Und als sich herausstellte, daß in der UdSSR nicht nur der Zustand der Straßen problematisch war, sondern auch die Beschaffung von Ersatzteilen für ausländische Autos, kümmerte sich das *Ausländerbüro* des Kombinats bereitwillig um die Lösung der Probleme.

Um sich vor Augen zu führen, wie himmelweit sich die Existenzbedingungen einfacher ausländischer Arbeiter von der Lebenssituation dieser Fachleute unterschieden, reicht ein Blick in die Briefe, die im *Ausländerbüro* eingingen: Einige amerikanische Ingenieure baten unter anderem um Hilfe bei der Beschaffung von Hausangestellten. Oder das Beispiel Lennox – er hatte sich in den Kopf gesetzt, im eigenen Auto von Moskau nach Berlin in den Urlaub zu fahren, und hielt es für selbstverständlich, daß ihn eine Dolmetscherin begleitete. Die Leitung des Kombinats ging darauf ein – ein beachtliches Zugeständnis, wenn man bedenkt, daß qualifizierte Dolmetscher zu jener Zeit äußerst rar waren.

Selbstredend wohnten die ausländischen Spezialisten nicht in Kommunalwohnungen, in denen sich mehrere Familien ein Bad und die Küche teilen mußten. In der ersten Zeit nach ihrer Ankunft wurden sie zunächst in Hotels untergebracht. Das verursachte ziemlich hohe Kosten, weshalb die Werksverwaltungen möglichst schnell geeignete Wohnungen suchten – wenn man den Neuankömmling nicht »vergaß«, wie es dem Amerikaner Newmarker erging: Am 9. Dezember 1930 in die UdSSR eingereist, wurde er fürs erste im Nobelhotel »Metropol« untergebracht, das Zimmer zu 25 Rubeln pro Nacht. Erst 20 Tage später fiel einem Mitarbeiter in der Verwaltung auf, daß sich niemand um eine Wohnung für den Ingenieur gekümmert hatte.

Obwohl also die Leitungen der Betriebe ungewöhnlich große Anstrengungen unternahmen, um ihre ausländischen Spezialisten zufriedenzustellen, gelang es ihnen natürlich nicht gänzlich, die mißlichen Umstände des sowjetischen Alltags von ihnen fernzuhalten, und so gab es trotzdem genügend Anlaß zu Klagen. Ein umfangreicher Brief des amerikanischen Konstrukteurs Joseph Luis Chantemerle, der mit seiner Frau in einer für sowjetische Verhältnisse hervorragenden, separaten Wohnung in einem neuen werkseigenen Haus untergebracht war, gestattet einen Einblick in den sowjetischen Alltag jener Zeit. Seine Bitte nach unverzüglicher Behebung aller Mängel und Störfaktoren trägt der Konstrukteur mit gewohntem Selbstbewußtsein vor:

»Ich bringe Ihnen zur Kenntnis, daß der Hof, wo ich gegenwärtig wohne, derart unerträglich schmutzig und verwahrlost ist, daß man mir entweder eine geeignetere Unterkunft zur Verfügung stellen oder die bestehenden Verhältnisse unverzüglich ändern muß. Erstens: Infolge der Ansammlung von Schnee und Wasser am Haus zur Straßenseite sind die Wände gegenwärtig derart feucht geworden, daß dies unhygienisch ist. Zweitens: Der ganze Kehricht aus den Häusern und alles mögliche Gerümpel wird direkt unter den Fenstern an der Hausfassade ausgekippt, und bald, mit Anbruch des warmen Wetters, wird dieser Müll einen furchtbaren Gestank verursachen, schon gar nicht zu reden von dem schrecklichen Anblick, den die Überreste zerschlagener Kisten und zerbrochener Flaschen rund um das Haus darstellen. Drittens: Es wird keine Hausreinigung durchgeführt, der Schnee wird nicht aus dem Hof weggeräumt, Pferdewagen und Lastautos stehen stundenlang in der Durchfahrt zum Hof; alles das sind furchtbare Verhältnisse, die den Zugang zu meiner Wohnung behindern. Viertens: Vom frühen Morgen an, ab vier oder fünf Uhr, bindet man Pferde an die Feuerleiter, die sich gerade unter den Fenstern meiner Wohnung befindet, und sie bleiben für mehrere Stunden angebunden, was schließlich zur Vermehrung des Schmutzes führt, abgesehen von dem Lärm, den sie verursachen. Fünftens: Diese Feuertreppe ist von morgens bis abends ein Kinderspielplatz, und der Lärm, der von dort kommt, trägt nicht zur Verbesserung der allgemeinen Verhältnisse bei. Sechstens: Unbekannte Personen haben sich offensichtlich eine Unterkunft im Treppenhaus in der obersten Etage unter dem Dach eingerichtet, und dies erzeugt eine gefährliche Situation, wenn die Wohnung ohne Bewachung ist ...«[49]

Dieses Schreiben hätte jeder Moskauer Durchschnittsbürger jener Jahre als Paradebeispiel für ausländische Allüren bezeichnet. Wenn Menschen so unterschiedlicher Prägungen in dieser Weise aufeinandertrafen, waren soziale Konflikte vorprogrammiert. Die Unzufriedenheit der nicht Privilegierten mit den Lebensverhältnissen in einer Gesellschaft, die sich soziale Gerechtigkeit und die Sorge um das Wohlergehen des einfachen Arbeiters auf ihre Fahne geschrieben hatte, kanalisierte sich nicht selten in Vorbehalten gegenüber den zugereisten »ausländischen Bourgeois«.

Tatsächlich waren die sowjetischen Behörden in den meisten Fällen materiell nicht in der Lage, den ausländischen Ingenieuren Lebensbedingungen zu schaffen, die mit westlichen, insbesondere amerikanischen, Standards vergleichbar gewesen wären.[50] Eine Befragung von 80 amerikanischen Ingenieuren, die Ende der 20er bis Anfang der 30er Jahre in der UdSSR arbeiteten, ergab, daß nur ein Bruchteil von ihnen mit ihren Wohnbedingungen wirklich zufrieden war. Merkwürdigerweise handelte es sich nicht etwa um diejenigen, die in Moskau oder Leningrad wohnten, sondern eher um solche, die in den speziell für Ausländer angelegten Siedlungen der Industriegiganten untergekommen waren, die in jener Zeit vielerorts aus dem Boden gestampft wurden. In den riesigen Chemiekombinaten von Kusnezk, *Magnitogorsk* und Bobrik beispielsweise lebten die Ausländer unter vergleichsweise komfortablen Bedingungen – während die sowjetischen Arbeiter in elenden Baracken voller Läuse und Wanzen dahinvegetierten, eingepfercht auf weniger als 0,75 Quadratmeter Wohnfläche pro Person.

In Moskau waren die sozialen Kontraste weder so groß noch so offensichtlich, obwohl es auch hier an Wohnungen mangelte. Die Hierarchie unter den ausländischen Arbeitern des Elektrokombinats spiegelt sich deutlich in der Höhe ihres Gehalts wider. Der Gesamtlohn, den das Werk im März 1931 für alle ausländischen Mitarbeiter (65 Arbeiter und 29 Spezialisten) auszahlte, betrug 34 744 Rubel. Der wesentliche Teil (zwei Drittel) davon, nämlich 23 629 Rubel, floß in die Gehälter der 29 höher qualifizierten Fachkräfte. Von diesen erhielten zehn Personen – hauptsächlich erfahrene Facharbeiter ohne Ingenieurs- oder Technikumsabschluß – 200 bis 300 Rubel monatlich, was in etwa dem Lohn der anderen qualifizierten ausländischen Facharbeiter entsprach. Die übrigen 19, die als Ingenieure zu den am besten bezahlten Fachkräften gehörten, verdienten bis zu 1333 Dollar im Monat (nach offiziellem Kurs über 2 500 Rubel). Insgesamt 25 bekamen einen gewissen Anteil in Valuta, der auf Banken im Ausland überwiesen wurde.[51]

Auch zwischen den Ausländern gab es sehr große Unterschiede. Am meisten erhielten die Amerikaner und Briten, nämlich um die 1 200 Dollar monatlich. Deutsche und Schweizer Ingenieure waren vergleichsweise bescheiden, sie verdienten zwischen 400 und 700 Dollar. Diejenigen, die auf der Basis von Kollektivverträgen arbeiteten, also im Prinzip ihren sowjetischen Kollegen gleichgestellt waren, wie die amerikanischen Ingenieure Herzog und Grizischin oder der deutsche Elektrotechniker Hermann Rummel, erhielten zwischen 338 und 575 Rubel. Aber auch diese, im Verhältnis zu ihren Landsleuten eher niedrigen Löhne, lagen immer noch deutlich höher als der Durchschnittsverdienst ihrer sowjetischen Kollegen. Dieser betrug im Elektrokombinat im Jahre 1929 etwa 160 Rubel und stieg bis 1931 auf maximal 200 bis 250 Rubel.

Die Bedingungen, unter denen ausländische Arbeiter und Spezialisten angestellt wurden, verschlechterten sich in den Jahren bis 1933 Schritt für Schritt. Die sowjetische Seite profitierte von der Zunahme der Arbeitslosigkeit im Westen. Die Valutazahlungen wurden nach und nach völlig eingestellt. Ende 1933 gab es im Elektrokombinat praktisch kaum noch einen Spezialisten, der in Valuta entlohnt wurde, dafür um so mehr Politemigranten, die als Ingenieure arbeiteten, sowie zahlreiche hochqualifizierte ausländische Arbeiter und Techniker, die keine spezielle Ingenieurausbildung besaßen. Zu dieser Gruppe gehörten ehemalige Meister wie Willi Koch und Hans Ohlrich, die weiterhin in ihrer alten Umgebung zusammen mit den Kollegen wie unter ihresgleichen lebten. Sie stiegen jetzt zwar formal in den Rang von Spezialisten auf, ihr realer Verdienst und ihre materiellen Lebensumstände blieben aber im wesentlichen die alten und unterschieden sich nur wenig von den Bedingungen eines »normalen« ausländischen Facharbeiters.

Das allgemeine Lohnniveau sank in jenen Jahren erheblich. Während die Arbeiter, die im Oktober 1930 in das Elektrokombinat gekommen waren, noch einen Grundlohn von 250 Rubeln erhielten – das war in dieser Zeit eine hohe Summe –, mitunter sogar einen Teil davon in Valuta, wurde der garantierte Mindestlohn bis zum Juli 1931 über zahlreiche Normerhöhungen auf 150 Rubel gedrückt, ohne Valuta – und das trotz Inflation, steigender Lebenshaltungskosten und sinkender Kaufkraft des Rubels.

Geld plus Ideale

Es fällt schwer, die Entscheidung der Ausländer, die in den 30er Jahren in die UdSSR reisten, um hier zu arbeiten, auf ausschließlich ideele oder materielle Motive zurückzuführen. Natürlich hofften die meisten auf eine Besserung ihrer Lebensverhältnisse, in der Regel spielten aber sowohl ökonomische als auch politische Faktoren eine Rolle. Die Angst vor den Folgen der Wirtschaftskrise in der Heimat und vor drohender Arbeitslosigkeit, der Druck, für sich und die Familie den Lebensunterhalt verdienen zu müssen, verband sich bei vielen durchaus mit dem Wunsch, ein soziales Experiment mitzuerleben, beim Aufbau einer neuen Gesellschaft zu helfen. Allerdings gewann der materielle Faktor infolge der Weltwirtschaftskrise immer größere und letztlich entscheidende Bedeutung.

Als problematisch erwies sich vor Ort, daß sich die Erwartungen in Bezug auf Lohnniveau, Ernährung und allgemeine Lebensqualität zwangsläufig auf Erfahrungen aus der Heimat stützten – Informationen über den sowjetischen Alltag blieben spärlich bzw. waren propagandistisch geschönt. Im Land angekommen, sahen sich viele mit einem für sie und ihre Familien unannehmbaren Lebensstandard und zeitweise auch mit Vertragsbrüchen konfrontiert. Ohnehin waren die in den 30er Jahren Ankommenden weniger politisch motiviert – Nationalität und Familie hatten Vorrang. Im Vergleich zur russischen Bevölkerung, aber vor allem auch zu den Politemigranten der späten 20er Jahre war die Bereitschaft der deutschen Facharbeiter, materielle Opfer und Belastungen zugunsten idealer Werte auf sich zu nehmen, erheblich geringer ausgeprägt. Dabei zeigten sich die Deutschen in der Regel noch weit bescheidener in bezug auf Lohn, Wohnbedingungen und Ernährung als etwa die Amerikaner; eine Ausnahme bildeten die Amerikaner russischer Abstammung. Auch Junge und Ledige nahmen die schlechte Ernährung und die Widrigkeiten des Alltags gelassener hin als ihre Kollegen, die Frauen und Kinder zu versorgen hatten. Aber es gab niemanden, der für den Sieg einer Idee hungern oder ihr seine Familie zum Opfer bringen wollte, von seltenen Ausnahmen abgesehen. Das kollidierte sogar mit den hehren Idealen der sowjetischen Propaganda. Um die hochqualifizierten Ausländer in der UdSSR zu halten, hätte man die materiellen Vergünstigungen verbessern müssen – die Anpassung des sowjetischen Lebensniveaus an ein Minimum westlichen Niveaus war ohnehin illusorisch. Die ausländischen Arbeiter begriffen ihre qualitätsgerechte und produktive Arbeit als wichtigen Beitrag für den Aufbau der neuen Gesellschaft. Daß ihre Leistung auch dementsprechend entlohnt werden würde, war für sie selbstverständlich. Die sowjetische Propaganda setzte dagegen andere Schwerpunkte: Askese, Gleichmacherei, Aufopferung für die Sache standen obenan. Der selbstverständliche Wunsch der ausländischen Fachkräfte, gut zu verdienen und gut zu leben, erfuhr durch die Propaganda eine politische Wertung: »Den hochqualifizierten Arbeitern Deutschlands ist eine kleinbürgerliche Psychologie zu eigen, und indem wir sie einluden, gelangte dieses Element mit ihnen zu uns«, hieß es mit Bezug auf die sogenannte Blüte des deutschen Proletariats in einem Bericht über den Stand der ideologischen und erzieherischen Arbeit mit Ausländern im Elektrokombinat vom Oktober 1931. Deren kleinbürgerliche Haltung käme u. a. darin zum Ausdruck, daß sie »hohe Löhne, regelmäßigen Urlaub und gute Wohnverhältnisse verlangen«.[52]

Von 1931 an verschlechterte sich die Situation der ausländischen Arbeiter in der UdSSR noch einmal beträchtlich. Von nun an galten die alten Vereinbarungen nicht mehr, und sie arbeiteten im Elektrokombinat zu gleichen Bedingungen wie ihre qualifizierten russischen Kollegen bzw. wie die Politemigranten. Ihnen wurden keine Vergünstigungen mehr gewährt, der Lohn ausschließlich in Rubeln ausgezahlt und die Arbeitsverträge den im Werk üblichen Kollektivverträgen angepaßt.

Akkordarbeit und neue Normen

Bis Ende 1932 stellte das Elektrokombinat im Rahmen einer Reform der Entlohnung in der Industrie auch die ausländischen Arbeiter auf das Akkordsystem um. Der vertraglich garantierte Mindestlohn wurde nicht mehr gezahlt. In seiner Rede auf der Beratung der Ökonomen am 23. Juni 1931 ging Stalin u. a. auf die Entwicklungsbedingungen der Industrie ein und bezeichnete die Umstellung vom Einheitslohn auf den Leistungslohn als wichtige Voraussetzung für die Erfüllung des Fünfjahrplans.[53] Entgegen den offiziellen Verlautbarungen, dieser Prozeß fände allgemeine Unterstützung, und der Reallohn der ausländischen Arbeiter im Elektrokombinat würde dadurch sogar um zehn bis 25 Prozent ansteigen, sah die Wirklichkeit erheblich anders aus. Die Abschaffung der Gleichmacherei hätte tatsächlich ein wichtiger Stimulus zu qualitativ besserer und produktiverer Arbeit sein können, nur war die konkrete Umsetzung der Reform in den Betrieben nicht geregelt oder schlecht organisiert.

Im Elektrokombinat trug diese Umstellung von Anfang an den Charakter einer ungewollten politischen Kampagne. Per Erlaß vom 12. Oktober 1931 forderte das Sekretariat des Moskauer Stadtkomitees der KPdSU(B) die Leitung des Elektrokombinats auf, schnellstens bestehende Mängel zu beheben, als da waren: Stillstandzeiten, Hauruck-Einsätze, Überstundenarbeit. Vor allem sollten die hohen Selbstkosten der Produktion gesenkt werden. Im Betrieb begann daraufhin ein Kampf um die Senkung der Lohnsätze und die Steigerung der Norm. Als Impulsgeber wählte man einige Brigaden aus und rief zum sozialistischen Wettbewerb auf. Diesen Brigaden wurde zunächst die Möglichkeit eingeräumt, im Akkordsystem gut zu verdienen. Anschließend aber kürzte man ihnen und den anderen Arbeitern die Lohnsätze. Im Rahmen des sozialistischen Wettbewerbs verpflichteten sich einige Arbeiter, bis zu 50 Prozent der Lohnkosten einzusparen. Dies wurde als »patriotische Tat« im Ringen um westliche Arbeitsproduktivität gewertet. Das Ende vom Lied war, daß die Erfolge der selbständigen Brigaden eine allgemeine Senkung der Lohnsätze im gesamten Betrieb nach sich zogen. Summa summarum brachte die Neusetzung der Normen allein für das Jahr 1931 dem Elektrokombinat eine Einsparung von 1,5 Millionen Rubel.

Zur gleichen Zeit erging an das Kombinat die Weisung, sich bei der Einführung neuer Normen an den Leistungsnormen führender westlicher Firmen zu orientieren. Doch der Ausstattungsgrad sowjetischer Betriebe war ungleich niedriger. Sportlich gesehen, hätte das bedeutet, von einem Anfänger sofort Rekordhöhe zu verlangen.

Das Elektrokombinat kam den politischen Forderungen nach und trat

Anfang 1932 als Initiator eines gesamtsowjetischen Feldzugs für die ökonomische Unabhängigkeit der UdSSR hervor. Der Aufruf des Betriebskollektivs wurde in der zentralen Presse veröffentlicht, man erklärte den Februar 1932 zum »Kampfmonat« für die Unabhängigkeit von Importen.[54] Damals wurden im Elektrokombinat gerade die ersten »DiP«-Brigaden [russ. Abkürzung für dogonim i peregonim – einholen und überholen – die Übers.] des Landes gegründet, deren erklärtes Ziel es war, die im Westen üblichen Normen für Arbeitsproduktivität zu übertreffen. Erst Ende 1933 gab der Sekretär des Parteikomitees des Elektrokombinats A. Abolin zu, daß die in den Jahren 1931/32 für das Werk vorgegebene Meßlatte angesichts der technischen Gegebenheiten offensichtlich zu hoch gelegt und die anvisierten Normen irreal waren. Sein Bericht vor dem Parteikomitee verdeutlichte, daß auch 1933 die Produktion weiterhin an denselben Mißständen krankte wie zuvor; wieder war von Personalfluktuation, Hauruck-Einsätzen und unregelmäßigen Materiallieferungen die Rede. Bis September 1933 reichten 2 000 Arbeiter, das entspricht zehn Prozent der Belegschaft, ihre Kündigung ein. Wie der Plan »im Sturm« genommen wurde, spiegeln die folgenden Zahlen wider: In der ersten Dekade wurde der Plan lediglich zu 12,3 Prozent erfüllt, in der zweiten zu 15,9, in der dritten zu 71,8 Prozent. Im Transformatorenbau, wo besonders viele Ausländer arbeiteten, lag die Planerfüllung in der dritten Dekade bei 95,2 Prozent. In einigen Abteilungen wurde so lange gearbeitet, bis der Tagesplan erfüllt war. Abolin kritisierte die ineffektive Nutzung der teuren Importtechnik mit ihrem hohen Amortisierungsgrad. Da es an qualifiziertem und erfahrenem Bedienungspersonal mangelte, war der Ausfall der teuren Technik hoch.

Die Einführung der neuen Normen war schlecht vorbereitet, die Arbeitsbelastung nahm spürbar zu, was zu ständigen Konflikten zwischen den Arbeitern und den Angestellten der Betriebsleitung führte. Laut Abolin waren Ende 1931 nur 40 Prozent der im Elektrokombinat eingeführten Sollwerte technisch begründet, die übrigen 60 Prozent wurden von den Normsetzern, denen meistens die erforderliche Qualifikation fehlte, »nach Augenschein« festgelegt. Vor allem zu Beginn der Kampagne waren die Werte maßlos überhöht und Konflikte damit vorprogrammiert.

Aus Abolins Bericht geht hervor, daß die Werksleitung erst 1933 einen anderen Kurs einschlug – die Verwaltung selbst sollte die Normierung verantworten, die Gewerkschaft die Kontrolle übernehmen. Das Elektrokombinat gab die Jagd nach der Übererfüllung westlicher Normen um jeden Preis auf. Zu diesem Zeitpunkt lagen ungeachtet aller Anstrengungen 65 Prozent der im Werk gesetzten Leistungsanforderungen unter den im Ausland üblichen. Nur zehn Prozent entsprachen ihnen, 25 Prozent wurden überboten – das war nicht zuletzt den Leistungen der ausländischen Arbeiter zu verdanken. Der Monatslohn der Arbeiter stieg wieder leicht an, auf nunmehr 120 bis 140 Rubel.

In den Augen der deutschen Arbeiter war Akkordarbeit ein Symbol für Ausbeutung. In der Broschüre »Berliner Proleten vom Moskauer Elektrosawod erzählen« erinnern die Autoren an den schon seit den 20er Jahren hartnäckigen Kampf des deutschen Proletariats gegen das Akkordsystem[55] unter der Losung »Akkordarbeit ist Mordarbeit!«[56]. Das erklärt, wieso die im Klassenkampf erfahrenen deutschen Werktätigen auf die Einführung der sowjetischen Akkordarbeit und die damit verbundene Senkung des Lohns mindestens mit Zurückhaltung reagierten.

Andererseits brachte gerade die Einführung der Akkordarbeit eine gewisse Vergleichbarkeit in das Entlohnungssystem der Ausländer, die bisher zu sehr ungleichen Bedingungen eingestellt worden waren. Im Akkord wurde nach Quantität und Qualität bezahlt, was ihren Interessen durchaus entsprach. Bisher hochbezahlte deutsche Fachkräfte, die jetzt weniger verdienten, beklagten allerdings eine unproportionale Erhöhung der Normen, einen Anstieg der Arbeitsbelastung und spürbare materielle Einbußen.

Zu denen, die durch das Akkordsystem objektiv benachteiligt wurden, gehörte unter anderen Konrad Schultze, der als vorbildlicher Stoßarbeiter und Neuerer bekannt war. Sein Stundenlohn ging Ende 1931 drastisch zurück: von 4,17 auf 2,65 Rubel. Darüber hinaus kam es zu Unregelmäßigkeiten bei der Lohnabrechnung. Im Mai 1932 reichte Schultze Beschwerde ein. Als dies zu keinem Ergebnis führte, entschloß er sich zu einem harten Schritt: »Hiermit teile ich mit«, schrieb er Ende August an die Ausländerabteilung, »daß ich am 26.8.32 meine Arbeit im Elektrokombinat aufgegeben habe und mich als entlassen betrachte.

Der Grund hierfür ist folgender: Seit 1930 arbeite ich in der Abteilung A.T.E. Werkzeugbau als Spezialist auf Schnitt und Stanzen. Oft versuchte ich den bestehenden Mängeln in der Abteilung abzuhelfen, 1. durch Versammlungen, 2. durch Arbeitervorschläge. Zum Teil wurden meine Vorschläge angenommen, aber die Durchführung wurde von der Administration stets hintertrieben. Vor meinem Urlaub hatte ich einen Lohn von 4,17 Rubel in der Stunde erarbeitet, der mir nach meiner Rückkehr ohne Verhandlung auf 2,65 Rubel gekürzt wurde. Die Akkordpreise sind aber so gekürzt, daß nicht einmal dieser Satz zu erreichen ist.«[57]

Schließlich beschäftigte sich die *Allunionsvereinigung für Elektrotechnik* mit der Angelegenheit. Nach Verhandlungen mit dem Leiter der Abteilung am 27. August 1932 konnte keine Einigung erzielt werden. Schultze beschrieb die Verhandlungsführung: »Er lehnte jede Zusage ab mit der Be-

*Während in Deutschland die Kommunisten unter der Losung »Akkord ist Mord«
gegen Normerhöhungen kämpften (KPD-Handzettel oben), wurden die deutschen
Arbeiter in Moskau von der KP angehalten, im Rahmen der Bewegung »Einholen
und überholen« (dogonim i peregonim) in Stoßbrigaden Akkordarbeit zu leisten
(rechts: Zeitung des Sektors Produktionspropaganda im Elektrokombinat mit dem
deutschen Arbeiter Huth aus der mechanischen Abteilung als Vorbild).*

gründung, die russischen Genossen haben ja auch nicht mehr. Er will aber
meine Entlassung nicht aussprechen. Persönlich lehne ich jedes weitere Arbeiten im Elektrokombinat ab und bitte, meine Angelegenheit zu regeln.
Ich wünsche eine Stellung einzunehmen, in der meine Kenntnisse voll ausgenutzt werden, in Frage kommt: Leiter einer Werkzeugabteilung oder
technischer Konstrukteur einer solchen.«[58]
   Am 28. August 1932 reichte die Behörde die Eingabe von Schultze mit der
Auflage an das Elektrokombinat weiter, daß »man diesen qualifizierten Arbeiter halten und die Frage klären muß«. Die Werksleitung entschied jedoch

В период первой пятилетки мы сумели организовать энтузиазм, пафос нового строительства и добились решающих успехов.

Это очень хорошо.

Но теперь этого недостаточно. Теперь это дело должны мы дополнить энтузиазмом, пафосом освоения новых заводов и новой техники, серьезным поднятием производительности труда, серьезным сокращением себестоимости

В этом теперь главное.

СТАЛИН.

ДОГОНИМ и ПЕРЕГОНИМ

№ 1—2 | Год издания четвертый

Орган сектора производственно-технической пропаганды Электрокомбината

★

Производственно - технический и методический журнал

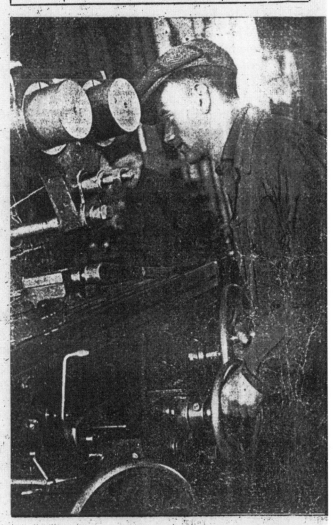

Ино-рабочий тов. Гут за работой (механическая мастерская Л. З.)

auf ihre Art: »Schultze ist ein Arbeiter mittlerer Qualifikation. Eine Erhöhung seines Lohnes ist mit Blick auf die anderen unzweckmäßig.«[59] Im Dezember 1932 reichte Schultze die Kündigung ein und erklärte seine Absicht, nach Deutschland zurückzugehen. Als Begründung führte er an: »Es ist mir nicht mehr möglich, als Ausländer für wertloses Sowjetgeld zu arbeiten, da ich im Auslande Verpflichtungen habe … Bitte, dieses meiner Zeche schnellstens zu übermitteln.«[60]

Auch der Dreher Fritz Gubeler begründete seine Kündigung mit der Einführung der Akkordarbeit. Er war im Dezember 1930 mit seiner Frau Emma in das Elektrokombinat gekommen. Gubeler, ein Facharbeiter mit mehr als 20 Jahren Berufserfahrung, war laut betrieblicher Beurteilung vom Oktober 1931 bester Stoßarbeiter der Abteilung Werkzeugbau. Er organisierte die Produktion von Gewindelehren, die man zuvor in Deutschland kaufen mußte, und brachte der UdSSR Einsparungen von ca. 10 000 Reichsmark. Dem Elektrokombinat lag sehr daran, diesen wertvollen Facharbeiter zu halten. Ende 1931 gelang es der Werksleitung, Gubeler zu bewegen, seinen Vertrag um ein Jahr zu verlängern. 1932 bekräftigte er jedoch auf Grund seiner Erfahrungen mit dem Akkordsystem seine Absicht zu kündigen. Nach langen Verhandlungen entschloß er sich, das Land zu verlassen, und richtete schließlich Ende November eine offizielle Erklärung an die Werksleitung: »Am 21.11. wurde mir … mitgeteilt, daß mein Lohn um ca. 30 Prozent gesenkt werden soll. Mein Vorschlag ging dahin, zunächst einmal die alte Norm um 10 Prozent zu kürzen, wurde aber abgelehnt. Ich betone, daß die Kaliber in unserer Zeche außerordentlich gut und mit sehr wenig Brak [russ. für Ausschuß – die Übers.] hergestellt werden. Das wird dadurch bewiesen, daß ich nach deutschen Listenpreisen im Monat für 2 500 Goldmark Gewindekaliber anfertige. Die russische Währung ist in der Kaufkraft soweit gesunken, daß ich auf keinen Fall mit der 30 %igen Lohnkürzung einverstanden sein kann. Außerdem wäre ich nach der neuen Regelung mit meinem Verdienst vollständig von dem guten Willen des Kalkulators abhängig. Ich halte meine vertragliche Kündigungsfrist ein, kündige damit mein Arbeitsverhältnis zum 15. Dezember 1932 und bitte um meine Entlassung an diesem Tage.«[61]

Die ablehnende Haltung der meisten Ausländer zum Akkordsystem und die zunehmenden Konflikte im Werk, die oft mit dem Entschluß vieler Arbeiter endeten, die UdSSR zu verlassen, kennzeichnete nicht nur die Situation im Elektrokombinat, sondern auch in vielen anderen Betrieben des Landes. Im Jahre 1933 sorgte ein Brief des deutschen Arbeiters Hagelmoser an die Redaktion der *Deutschen Zentral-Zeitung* für Aufregung und Ärger in der Ausländerkolonie. Hagelmoser war mit einigen anderen ausländischen Arbeitern am 31. Januar 1932 vom Elektrokombinat in die Moskauer Fabrik »Lepse« gewechselt. Zu den Freunden in seinem alten Betrieb hielt er weiter Kontakt. Am 2. Mai 1933 legte Hagelmoser unter Protest die Arbeit nieder und verlangte eine Erklärung, warum die Abteilungsleitung seine Arbeit falsch abrechne. Daraufhin wurde ihm am Folgetag wegen Arbeitsniederlegung gekündigt. Zu diesem Zeitpunkt hatten bereits sechs von zehn deutschen Arbeitern, die zusammen mit ihm bei »Lepse« angefangen hatten, die UdSSR verlassen, weil sie die Arbeitsbedingungen nach Einführung des Akkordsystems und der neuen Normen für nicht mehr tragbar hielten. Einige der Ausgereisten vertraten außerdem die Meinung, daß sie als Deutsche nach Hitlers Machtantritt in der Sowjetunion Diskriminierungen ausgesetzt seien. Sie wiesen in diesem Zusammenhang auf die antideutsche Propaganda in den Massenmedien hin.

Hagelmoser hatte sich ebenfalls entschlossen, nach Deutschland zurückzukehren, und sich bereits an die Deutsche Botschaft gewandt, um die erforderlichen Papiere zu besorgen. Aber es kam anders – er war mit einer Russin verheiratet. Seine Ehefrau lehnte es kategorisch ab, ins faschistische Deutschland zu gehen, und bestand darauf, daß ihr Mann sein Recht in der UdSSR suchen müsse.

Daraufhin veröffentlichte die *Deutsche Zentral-Zeitung* Hagelmosers Brief, der so himmelschreiende Fakten enthielt, daß das *Ausländerbüro* der Einheitsgewerkschaft sich veranlaßt sah, die Sache näher zu untersuchen. Der deutsche Arbeiter berichtete, er habe noch im Oktober 1932 als Schlosser in der sechsten Lohngruppe für 168 Stunden Arbeit 414,40 Rubel erhalten. Nach Einführung des neuen, seiner Ansicht nach falschen Normensystems sei sein Lohn dann drastisch und stetig gefallen. So habe er im März 1933 für 178 Stunden Arbeit nur noch halb so viel verdient – nämlich 228,50 Rubel. Für die zweite Hälfte des April 1933 seien ihm insgesamt 50 Rubel berechnet worden, ausgezahlt wurden ihm aber nur zwei (!) Rubel, mit der Erklärung, die übrigen 48 Rubel seien als Industrialisierungsanleihe abgezogen worden.[62] Jetzt stand die Familie ohne Geld da. Nach diesem Vorfall hatte sich Hagelmoser entschlossen, bis zur Klärung der Angelegenheit die Arbeit niederzulegen, woraufhin ihm wegen Arbeitsbummelei gekündigt wurde.

Während der Untersuchung dieses Vorfalls durch das *Ausländerbüro* der Einheitsgewerkschaft traten die unterschiedlichen Standpunkte innerhalb der Ausländerkolonie deutlich hervor. Ein deutscher Kollege, der Aktivist und Politemigrant Wilhelm Baumert, hatte den Auftrag erhalten, die von Hagelmoser vorgelegten Tatsachen zu überprüfen. Er überzeugte sich von ihrer Richtigkeit, kam jedoch zu dem Schluß, daß Hagelmoser »keiner von uns« (im Sinne der kommunistischen Überzeugung) sei.

Dieses Prinzip der Teilung in »Unsrige« und »Fremde« beschreibt sehr treffend die damaligen Verhältnisse innerhalb der Ausländerkolonie. Interessant in diesem Zusammenhang ist die Rolle der Politemigranten, die die berechtigten Ansprüche ihrer Landsleute übergingen, indem sie sie auf eine ideologische Ebene »hoben« und im weltrevolutionären Zusammenhang betrachtet sehen wollten.

Ein anderer Fall betraf den deutschen Arbeiter Otto Lampe, der das Elektrokombinat und die UdSSR im Oktober 1932 verließ. Lampe hatte zuvor erklärt: »Seit 1. Januar 1931 arbeite ich hier in der Zeche ... habe dort Zwistigkeiten im Arbeitsverhältnis gehabt. Ich habe nichts gegen das System der Sowjets einzuwenden, auch habe ich mich mit den russischen Genossen verstanden. Nur die ausländischen Genossen, die von Deutschland gekommen sind, machen es mir unmöglich, hier weiter zu arbeiten ... In der Zechenversammlung am 21.9. d. Jahres, wo die russischen Genossen zum größten Teil für mich gut sprachen, hatte es Betriebsrat Schmidt fertig gebracht, mich im politischen Sinn in den Schmutz zu ziehen ...«[63] Lampe führte außerdem an, Schmidt und Baumert hätten ihn trotz der positiven Einschätzung durch die meisten deutschen Kollegen als »mittelmäßigen Facharbeiter« hingestellt. Das ließ Lampe nicht auf sich sitzen – er reiste ab.

Im Falle Hagelmoser griffen russische Genossen helfend ein: Die Leitung der Fabrik »Lepse« wurde vom *Präsidium des Allunionsrates* wegen ihrer nachlässigen Haltung den Bedürfnissen der Ausländer gegenüber und wegen Duldung falscher Normierungen getadelt. Hagelmoser erhielt sein Gehalt und konnte weiterarbeiten.[64]

Soziale Kontraste – Neid und Ungleichheit

Aufschlußreich für die Situation im Elektrokombinat ist ein Vergleich der Reallöhne ausländischer und russischer Arbeiter. Die elektrotechnische Branche gehörte in der Sowjetunion dieser Jahre zu den bestbezahlten Industriezweigen. Von 65 ausländischen Arbeitern, die im März 1931 im Elektrokombinat arbeiteten, verdienten die meisten damals zwischen 200 und 300 Rubel im Monat. Bis zum Jahresende gab es keine gravierenden Verschiebungen im Durchschnittslohn.[65] Der allgemeine Anstieg der Lebenshaltungskosten und das Sinken der Kaufkraft des Rubels in dieser Zeit bewirkten allerdings, daß sich die tatsächliche Lebensqualität um einiges verschlechterte. Die Betriebsleitung des Elektrokombinats schätzte im Oktober 1931 ein, daß »die Stimmung der Ausländer nicht die beste ist und die meisten uns nicht mehr vertrauen«.[66]

Im Vergleich zu ihren sowjetischen Kollegen verdienten die Ausländer genaugenommen gar nicht schlecht. Der monatliche Durchschnittslohn eines russischen Arbeiters im Elektrokombinat betrug im Jahre 1929 etwa 93 Rubel, der eines Arbeiters der Moskauer Maschinenbaubetriebe im Jahre 1930 etwa 112 Rubel. Mitte 1931 lag der Durchschnittslohn der hauptstädtischen Arbeiter in der elektrotechnischen Branche zwischen 120 und 140 Rubel. Der Durchschnittslohn eines ausländischen Arbeiters war demnach ungefähr doppelt so hoch wie der eines russischen Arbeiters, und sogar der Verdienst ihrer Ehefrauen, die in der Regel keine hohe Qualifikation besaßen, lag noch über dem Durchschnittslohn der einheimischen Beschäftigten.

1932, nach Einführung des Akkordsystems, konnte der Lohn eines sowjetischen Arbeiters durchaus auf 220 Rubel im Monat steigen. Im Rechenschaftsbericht des Lampenwerks, der als Propagandabroschüre erschien, wurden einige Beispiele für diese Entwicklung aufgeführt. Das darf aber nicht über die Tatsache hinwegtäuschen, daß es nur wenige sowjetische Arbeiter waren, die im Elektrokombinat annähernd soviel verdienten wie ihre ausländischen Kollegen. Ganz zu schweigen davon, daß in diesen Jahren ein Lohn zwischen 300 und 500 Rubel, wie ihn die hochqualifizierten ausländischen Arbeiter erhielten, für sie unerreichbar blieb.

Die verhältnismäßig hohen Löhne der Ausländer waren natürlich bei vielen ihrer russischen Kollegen ein beliebtes und dauerhaftes Gesprächsthema. Geheimhaltung und der Mangel an exakter Information trugen zur Verbreitung von Gerüchten bei, die wenig mit der Wirklichkeit zu tun hatten. Anlaß für besonders aufgeregte Diskussionen und heftigen Neid war der Umstand, daß einigen politischen Aktivisten unter den ausländischen Arbeitern ein Teil ihres Lohns in Valuta ausgezahlt wurde und sie für die Zeit, in der sie ihrer gesellschaftlichen Tätigkeit nachgingen, offiziell von der Arbeit – bei Lohnfortzahlung – befreit waren.

Der Abgeordnete des *Moskauer Stadtsowjets*, der deutsche Kommunist Otto Thiele, berichtete auf einer Versammlung der ausländischen Arbeiter am 15. August 1931 von einem Konflikt mit seinem Produktionsleiter Brjanskij. Dieser hatte Thiele im Beisein anderer Arbeiter vorgeworfen, an Versammlungen teilzunehmen anstatt dem Betrieb bei der Planerfüllung zu helfen. Noch dazu würde er seinen Lohn in Valuta kassieren. Der 60jährige Thiele, der ein vergleichsweise bescheidenes Gehalt von 200 Rubel im Monat erhielt, setzte sich gegen diese unbegründeten Vorwürfe empört zur Wehr und wollte sich wegen der öffentlichen Beleidigung an das Arbeiter-

Kameradschaftsgericht wenden. Daraufhin erklärte Brjanskij demonstra-
tiv: »Ich glaube keinem Arbeitsgericht, und es ist mir gegenüber auch nicht
weisungsberechtigt.«[67] Der Deutsche war aufs tiefste verletzt und konnte
sich lange nicht beruhigen.

Der Grundkonflikt blieb ungelöst – die soziale Ungerechtigkeit war nicht
aufzuheben. Wo man es versuchte, lief man Gefahr, die dringend gebrauch-
ten ausländischen Fachkräfte zu verlieren. Selbst Arbeiter wie Kurt Sandhagen verließen unter Protest das Werk, als Produktionsausfälle, Konflikte
mit den Normsetzern und zunehmend sinkende Lohnsätze ihre materielle
Lage mehr und mehr verschlechterten. Sandhagen war 1931 mit Frau und
drei Kindern in die UdSSR gekommen und arbeitete bis April 1933 in einem
der Transformatorenwerke des Elektrokombinats. Er hatte seinen Vertrag
auf der Grundlage der bestehenden sowjetischen Kollektivverträge verlängert und zunächst auch das sinkende Lohnniveau in Kauf genommen – ihm
war also schwerlich »Raffgier« und »kleinbürgerliche Psychologie« vorzu-
werfen. Aber auch sein Wechsel in ein anderes Werk brachte ihm keine Verbesserung. Im August 1933 gab er auf und reichte seine Kündigung ein mit
der schlichten Erklärung: »Da es mir unmöglich ist, unter diesen Verhältnissen weiter zu arbeiten, sehe ich mich gezwungen, nach Deutschland zurückzukehren.«[68] Danach wandte er sich an das *Ausländerbüro* des Kombinats mit der Bitte, die Papiere zur Reise nach Deutschland für ihn, seine
Frau und die drei Kinder zum 15. Juni 1933 fertigzumachen. »Es ist mir bei
meinem derzeitigen Verdienst (pro Dekade 74 Rubel) nicht mehr möglich,
meine Familie zu ernähren, zu bekleiden, viel weniger, meinen Verpflichtungen betreffs Miete, Gas und Licht nachzukommen ... und sehe mich
schweren Herzens gezwungen, nach Deutschland zurückzukehren. Da
auch meine Frau durch die Sorgen um das tägliche Brot vollständig mit
ihrer Gesundheit am Ende ist, sehe ich keinen Ausweg mehr.«[69]

So wie ihm ging es vielen – die Reallöhne sanken, und die Lebensqualität
verschlechterte sich durch Inflation und geringere Kaufkraft des Rubels in
den 30er Jahren rasant und beträchtlich. Der allgemeine Preisindex in Moskau zwischen 1928 und 1937 stieg um mehr als das Fünffache, die Löhne
der Industriearbeiter im Durchschnitt aber nur um das Dreifache. Der Reallohn eines durchschnittlichen Moskauer Arbeiters im Jahre 1937 war demnach innerhalb dieser Zeitspanne auf etwa 63 Prozent gesunken.

Ein gewöhnlicher Moskauer Arbeiter erhielt Ende der 20er Jahre lediglich ein Viertel vom Reallohn eines Arbeiters im amerikanischen Philadel-
phia, die Hälfte vom Lohn eines Kollegen in London, ungefähr um ein
Viertel weniger als in Berlin und fast genauso viel wie ein Arbeiter in Wien
oder Paris.[70]

Rubel oder Valuta

Als besonderer Gradmesser für den Umgang der sowjetischen Behörden mit ausländischen Facharbeitern und Ingenieuren erwies sich die Valutafrage. Für die Ausländer, die ihre Familien in der Heimat versorgen mußten, waren Valuta von existenzieller Bedeutung – für den Sowjetstaat nicht minder. Die enorme Verschuldung der sowjetischen Regierung gegenüber ausländischen Firmen und Banken zwang sie zur rigorosen Einsparung von Devisen. Das sollte für die Arbeiter aus dem Ausland weitreichende Folgen haben. Viele Dokumente im Archiv des Elektrokombinats zeugen davon.

Ende 1930, Anfang 1931 wurde auf Anweisung des ZK der KPdSU(B) in den Betrieben des Landes die Arbeit von Ausländern auf ihre Effektivität geprüft. Bis zum Abschluß dieser Untersuchung wurde die Unterzeichnung von Valutaverträgen vom *Rat für Arbeit und Verteidigung* untersagt, und schon im Mai 1931 folgte der Beschluß, auch die bestehenden Valutaverträge zu überprüfen und möglicherweise einseitig zu kündigen. Die Folge dieser Kampagne war, daß viele ausländische Spezialisten die Sowjetunion verließen und amerikanische Fachleute durch deutsche ersetzt wurden, die bereit waren, ausschließlich für Rubel zu arbeiten.

Um die Spannungen zwischen den ausländischen Arbeitern abzubauen, wandte sich die Betriebsleitung an den *Obersten Volkswirtschaftsrat* mit der Bitte, elf der besten ausländischen Arbeiter auch weiterhin in Devisen entlohnen zu dürfen. Am 4. Dezember 1930 traf die ablehnende Antwort ein. In Zukunft, so stellte der *Oberste Volkswirtschaftsrat* klar, dürften keine Verträge auf Valutabasis mehr geschlossen werden.

So sahen sich in den Jahren zwischen 1930 und 1932 plötzlich Hunderte deutscher Arbeiter und Spezialisten mit der Tatsache konfrontiert, daß ihnen die vertraglich zugesicherten Valuta nicht mehr ausgezahlt wurden und sie deshalb den Unterhalt ihrer Familien in der Heimat nicht mehr absichern konnten. Natürlich waren auch keine Urlaubsfahrten nach Deutschland mehr möglich. Sie sahen sich gezwungen, entweder schnellstens ihre Angehörigen in die UdSSR nachzuholen oder den Vertrag mit dem Elektrokombinat zu kündigen und nach Hause zurückzukehren – wo sie Gefahr liefen, arbeitslos zu werden.

Der Weg vor die sowjetischen Gerichte erwies sich als nutzlos, denn als Antragsteller auf Vertragsaufhebung waren sie gezwungen, die Reisekosten für die Rückkehr in ihre Heimat selbst zu tragen – unabhängig davon, daß die sowjetische Seite ihre vertraglichen Verpflichtungen nicht eingehalten hatte. Aus diesem Grund und wegen der Kürze der vertraglich festgelegten Arbeitsdauer zogen es viele Ausländer vor, auf einen Skandal zu verzichten und bis zum Ablauf des Vertrags weiterzuarbeiten, um dann vereinbarungsgemäß in die Heimat zurückzukehren. Es liegt auf der Hand, daß nach solchen Erfahrungen die UdSSR in den Augen dieser ausländischen Arbeiter spürbar an Ansehen verlor; sie fühlten sich ausgenutzt und betrogen.

Obwohl die Verträge von der *Allunionsvereinigung für Elektrotechnik* genehmigt waren, hatte die Verwaltung des Werks nichts in der Hand, um ihre Beschäftigten zu unterstützen – die Entscheidungen kamen »von oben«, denn die Devisen wurden vom Staat zugeteilt. Die ausweglose Lage vieler Arbeiter und ihrer Familien in Deutschland führte dazu, daß sich Angehörige, wie z. B. die Eltern von Otto Lampe, an die deutschen Behörden wandten. Diese schrieben dann über das Elektrokombinat an die Söhne und Ehemänner in der Sowjetunion und forderten sie auf, ihre notleidenden Verwandten angemessen zu unterstützen. Es ist durchaus möglich, daß die Arbeiter selbst solche Briefe in Auftrag gaben, um eine Auszahlung der Devisen zu erzwingen.

»Da uns bekannt geworden ist, daß Sie Deutschland verlassen haben«, schrieb der Gemeindevorsteher von Hübitz an Lampe, »und die Verpflichtungen an Ihren Eltern, wozu Sie verurteilt sind, so bitten wir die monatliche Summe von 60 RM wie bisher pünktlich weiter zu zahlen und das Versäumte umgehend nachzuholen. Gleichzeitig bitten wir Sie die Summe pünktlich, wie es bisher der Fall war, zu überweisen, anderenfalls sehen wir uns gezwungen, die Sache dem Deutschen Konsulat zu übergeben.«[71]

Doch die Lage blieb unverändert, und tatsächlich verließen viele Arbeiter vorfristig das Land, andere verlängerten ihre Verträge nicht. Auffällig ist, daß unter den ausländischen Arbeitern, die nachdrücklicher und aktiver als andere um ihr Recht kämpften, viele Kommunisten waren – Enttäuschung und Ärger trafen sie besonders schmerzlich. Einer von ihnen war der Werkzeugmacher Leopold Gericke, im Oktober 1930 aus Berlin in das Elektrokombinat gekommen. Laut Vertrag standen ihm monatlich 250 Rubel und 25 Mark zu. Seine Frau Frieda tat sich unter den ausländischen Ehefrauen schnell durch ihre rege gesellschaftliche Aktivität hervor. Sie war eine der wenigen in der Ausländerkolonie, die die russische Sprache schnell erlernen wollten. Frieda Gericke setzte durch, daß sie – als Hausfrau – in die Sprachgruppe der ausländischen Arbeiter aufgenommen wurde und einen Passierschein für das Werksgelände erhielt.

Leopold Gericke stellte im April 1931 den Antrag auf *Überführung in die KPdSU(B)*, was vom Wunsch der Familie zeugte, wenn nicht für immer, so doch für längere Zeit in der UdSSR zu bleiben. Die Überführungskommission forderte Auskünfte über Gericke bei der Deutschen Sektion der Kom intern und der Parteiorganisation in Birkenwerder bei Berlin ein (hier wohnte und arbeitete Gericke vor seiner Ausreise in die UdSSR). Wilhelm Pieck schrieb ihm eine positive Beurteilung,[72] und Gericke wurde in die KPdSU(B) überführt. Die sowjetischen Genossen beobachteten ihn jedoch mit Mißtrauen, weil der deutsche Arbeiter schon in der Heimat »zu selbständig« aufgetreten war: Im September 1929 hatte er sich nicht nur gegen den Kurs der KPD gestellt, sondern auch seinen Austritt erklärt.

Wenig später trat er als Vorsitzender des Arbeitslosenkomitees von Birkenwerder hervor. Er ging weiter regelmäßig zu Kundgebungen und Demonstrationen, wo er seinen vormaligen Genossen begegnete. Er war als Organisator und Aktivist im Reichstagswahlkampf aufgefallen und trat nach den Wahlen wieder in die KPD ein. Wenig später fuhr er in die Sowjetunion. Auch hier blieb er sich treu. Schon bald nachdem er im Elektrokombinat angefangen hatte, brachte er auf einer Generalversammlung der ausländischen Arbeiter seine Forderung nach Lohnerhöhungen vor,[73] im August 1931 organisierte er eine Protestaktion von ausländischen Arbeitern gegen die vertragswidrige Einstellung der Valutazahlungen. Er weigerte sich, nach den neuen Bedingungen zu arbeiten, und richtete Eingaben an mehrere Instanzen, jedoch vergeblich. Als alle Möglichkeiten ausgeschöpft waren, wandte sich Gericke kurz vor seiner geplanten Abreise aus der UdSSR mit einer Beschwerde an die Deutsche Botschaft in Moskau. Das Konsulat sandte am 15. Oktober 1931 eine Anfrage an die Leitung des Elektrokombinats bezüglich der dem Arbeiter Gericke zustehenden 300 Mark für das letzte Arbeitsjahr. Der Werksdirektor Petrowski setzte sich beim *Obersten Volkswirtschaftsrat* für Gericke ein: »Ich glaube, daß es in dieser Angelegenheit für uns politisch unvorteilhaft ist, einen Rechtsstreit anzuzetteln, um so mehr, als der Betrag unbedeutend ist ...«[74] Um einem Skandal aus dem Wege zu gehen, zahlte man Gericke den eingeklagten Betrag aus. Es änderte nichts daran, daß das enttäuschte Ehepaar am 31. Oktober 1931 nach Deutschland abreiste.

Auch für die deutsche Familie Brüß – persönliche Schützlinge von Nikolai Bulganin – war die Einstellung der Valutazahlungen der Hauptgrund ihrer Ausreise aus der UdSSR. Sie kehrten von einem Urlaub im Februar 1931 nicht zurück, und Willi Brüß begründete die Entscheidung in einem Brief, den er aus Berlin an Bulganin schickte.

»Da mir jegliche Valuta-Auszahlungen und Überweisungen, auch die kleinsten, abgelehnt worden sind, kann ich nicht mehr an meine Arbeitsstätte zurückkehren. Ich habe gerne bei Euch gearbeitet, aber ohne Aussicht, meinen Angehörigen von dort aus helfen zu können, muß ich es vorziehen, hier zu bleiben. Ich trete gerne wieder in Eure Dienste, sobald Eure

Valuta-Schwierigkeiten behoben sind. Leitet diesen Brief bitte auch an den Betriebsrat und an das Parteikomitee weiter, damit auch diese Stellen erfahren, daß ich nur unter dem Zwange der Verhältnisse nicht zurückkommen kann, sonst aber nach wie vor die größten Sympathien für Sowjetrußland hege.«[75]

Die Valutafrage führte zur Zuspitzung der Diskussion über soziale Gerechtigkeit und zu Spannungen innerhalb der Ausländerkolonie, denn zunächst waren die kommunistischen Aktivisten nicht davon betroffen, so auch nicht die »Veteranen« des Elektrokombinats, einschließlich der Deutschen, die hier Mitte der 20er Jahre unter der Leitung des Ingenieurs Shelesnjak angefangen hatten. Karl Siepelt schrieb diesbezüglich am 16. Juni 1931 an die Leitung des Elektrokombinats:

»Ich stelle hiermit den Antrag um Bewilligung von 100 Rubel Valuta für 2 Personen und 2 valutafreie Fahrkarten Moskau–Berlin hin und zurück zum 1. September 1931, zwecks Verbringung meines Urlaubs in Berlin. Ich bin seit 1. Oktober 1930 in Rußland und habe bisher, auch für meine Frau, keinerlei Valuta bezogen. Da für andere Deutsche, mit guten Beziehungen, sogar neue Valutaverträge gemacht wurden, hoffe ich, daß man mir diese geringe Summe bewilligt. Ich bitte um schnellsten Bescheid, um bei Ablehnung meines Antrages mich an die nächste Instanz wenden zu können.«[76]

Die im Betriebsarchiv überlieferten Aufzeichnungen besagen, daß den Werksveteranen, die mehrheitlich die Stellung von ingenieurtechnischem Personal innehatten, noch im Jahre 1931 folgende Löhne gezahlt wurden: Willi Koch alias Max Schmor erhielt 260 Rubel und 62,50 Mark, Hans Ohlrich alias Rudolph Mühlberg genauso viel in Rubel und 42 Mark, Imre Natonek erhielt 286 Rubel und 75 Mark monatlich. Im Vergleich zu anderen waren diese Löhne nicht hoch, aber der Valutaanteil brachte diese Gruppe in eine privilegierte Position gegenüber den übrigen deutschen Arbeitern. Da Koch und die anderen weiter mit ihren alten Kollegen Tür an Tür wohnten, fiel das natürlich besonders auf. Als Mitglieder der Parteileitung der ausländischen Arbeiter wurde es dadurch für sie immer schwerer, für die Valutaeinsparungen zu argumentieren und ihre empörten Genossen zu beschwichtigen.

Die Werksverwaltung versuchte, auch die anderen Veteranen des Wolframwerks in der Valutafrage zu unterstützen. Dies geschah notgedrungen immer öfter im geheimen. 1931 verfügte der *Oberste Volkswirtschaftsrat* auf Antrag des Werks für die im Jahre 1925 eingestellten Arbeiter Lange, Kieslich und Heisler eine Zahlung von jährlich 500 Mark zum Unterhalt ihrer Angehörigen in Deutschland. Mit der Genehmigung verband das Büro aber die Anweisung, diese Zahlungen offiziell als Prämie für Rationalisierungs-vorschläge zu deklarieren, damit kein überflüssiges Gerede im Werk ent-stünde.[77] Die Tatsache der Valutaanweisungen ließ sich aber unmöglich verbergen, da ja die Verwandten der ausländischen Arbeiter in Deutschland miteinander verkehrten.

Im März 1931 konstatierte eine von der KPdSU(B) eingesetzte Kommis-sion des zuständigen *Stalinrayons*, die die Reaktion auf die Einstellung der Valutazahlungen im Elektrokombinat untersuchte, »eine ernstzunehmende Unzufriedenheit sowohl unter den parteilosen ausländischen Arbeitern als auch unter den Kommunisten«.[78] In diesem Zusammenhang wurde das »falsche Verhalten« der Mitglieder der Kommunistischen Partei Koch und Ohlrich kritisiert. Anstatt den weniger bewußten Arbeitern mit gutem Bei-spiel voranzugehen, »sind sie selber nicht bereit, auf ihre teilweise Auszah-lung in Valuta zu verzichten«.[79] Auch das Parteikomitee wurde kritisiert, weil es nicht verstanden hatte, die Protestreaktionen der übrigen deutschen Arbeiter rechtzeitig zu unterbinden.

Die Werksverwaltung entschied in Abstimmung mit dem Parteikomitee des Betriebs, die Weisungen der Rayonleitung der Partei zu erfüllen, und untersagte der Buchhaltung, den Deutschen weiterhin den vollen Valuta-anteil ihres Lohns auszuzahlen. Daraufhin schrieb Willi Koch am 22. Mai 1931 an das *Ausländerbüro* des Elektrokombinats:

»Die Kündigung des alten Valutavertrages und die Ankündigung des neuen Vertrages über eine monatliche Überweisung von 50 Mark habe ich heute erhalten. Wollte nur darauf hinweisen, ob es nicht möglich wäre, mir den neuen Valutasatz auf 40 Rubel zu erhöhen. Habe eine 63jährige Mutter in Berlin, die auf Grund ihrer Krankheit ... und ihrer dauernden ärztlichen Behandlung ... nicht in der Lage ist, zu mir nach Moskau zu übersiedeln. Diese Krankheit und auch ihr Alter hindern meine Mutter ... selbst noch et-was zu verdienen, damit sie auch nur die notwendigsten Ausgaben wie Wohnungsmiete, Feuerung, Kleidung und Essen bestreiten kann.«[80] Es folgten ideologisch gefärbte Aussprachen mit Koch und die Androhung der völligen Streichung seiner Valutabezüge.

Am 17. Juni 1931 informierte Koch das Parteikomitee des Betriebs, daß er das *Ausländerbüro* gebeten habe, einer Überweisung von wenigstens 35 Mark im Monat für seine Mutter zuzustimmen: »Diese Summe reicht ge-rade so, um davon das Nötigste zum Leben kaufen zu können.«[81] Nachdem auch dies ohne Ergebnis blieb, wandte sich Koch einen Monat später an das Volkskommissariat des Äußeren und bat um eine Einreiseerlaubnis für seine Mutter Albertina. Nach diesem Brief kam Bewegung in die Angelegenheit. Das Parteikomitee des Betriebes konnte die übergeordnete Instanz nach heftiger Diskussion davon überzeugen, Koch in Anbetracht seiner besonderen Verdienste die Valuta ausnahmsweise zu genehmigen. Aber im darauffolgenden und im übernächsten Jahr stand das Problem wiederum auf der Tagesordnung. Im Oktober 1933 schließlich, angesichts einer kategorischen Absage, entschloß sich die Mutter Kochs, von Berlin aus persönlich an den Direktor des Elektrokombinats zu schreiben:

»Mein Sohn Willi Koch, geboren in Berlin-Lichtenberg, arbeitet in Moskau im Elektrokombinat seit 1925. Ich bin 65 Jahre alt, Witwe, und erhalte 46 Mark im Monat, davon muß ich für Miete, Gas und Strom aufkommen, so daß zum Leben wenig bleibt und ich von der Unterstützung durch den Sohn abhängig bin. Da mein Sohn kein Geld mehr schickt, bitte ich, ihm zu gestatten, wieder Geld zu überweisen. Ich hoffe, daß meiner Bitte entsprochen wird.«[82]

Diesmal blieb es bei der Ablehnung durch die übergeordnete Instanz. Ab Ende 1933 wurde auch keinem der Veteranen der Wolframproduktion mehr Valuta gezahlt. 1934 sah sich Kochs Mutter, die nunmehr mittellos dastand und bei einer möglichen Rückkehr die Verfolgung ihres kommunistischen Sohnes durch die Faschisten befürchtete, gezwungen, in die UdSSR überzusiedeln. In Moskau lebte sie zusammen mit der Familie des Sohnes im Haus in der Uliza Matrosskaja Tischina, wo sie Anfang 1937 starb.[83] – Ein Schicksal von vielen.

Willi Koch alias Max Schmor war zu dieser Zeit Abgeordneter des *Moskauer Stadtsowjets*, einer der geachtetsten Spezialisten und ehrenamtlicher Funktionär des Elektrokombinats. Man kann sich leicht vorstellen, wie es den anderen ausländischen Arbeitern ergangen sein muß, die keine vergleichbare Reputation besaßen. Die Zeit der »Fürsorge« gegenüber den Ausländern war ein für allemal vorbei.

Ein Aspekt des Devisenproblems besaß für die ausländischen Arbeiter besonderes Gewicht: Während ihnen früher in der Regel Valutazahlungen zur Finanzierung ihres Urlaubs in der Heimat, insbesondere zur Deckung der Fahrtkosten, vertraglich zustanden, wurden nach 1931 Urlaubsvaluta nur noch auf Antrag der Werksverwaltung zugeteilt. Dafür mußte jeder Arbeiter ein umständliches Antragsverfahren durchlaufen, zu dem vor allem eine persönliche Beurteilung durch die »Werks-Troika« (einer Dreierkommission, bestehend aus Produktionsleiter, Parteisekretär und Gewerkschaftsvorsitzendem) gehörte, neben einer Reihe weiterer Formalitäten, die die Ausländer und in die demütigende Lage eines Bittstellers versetzte.

In der Betriebsbeurteilung wurden sowohl die Leistung des Arbeiters in der Produktion als auch sein politisches Auftreten bewertet. Das eignete sich bestens als Druckmittel und öffnete der Willkür Tür und Tor. Bevor jemand seiner Unzufriedenheit über die Betriebsleitung oder die sowjetischen Zustände Ausdruck verlieh oder die Verbesserung der Wohnverhältnisse forderte, dachte er jetzt zuerst einmal über die möglichen Folgen seiner Eingabe nach und hielt sich zurück, um den Urlaub in Deutschland nicht zu gefährden.

Die Betriebsleitung setzte sich dafür ein, daß Arbeitern, die auf eine Reise nach Deutschland verzichteten, attraktive Erholungs- und Urlaubsplätze in der Sowjetunion angeboten wurden. 1932 fuhren daraufhin 26 ausländische Arbeiter in sowjetische Sanatorien und Erholungsheime, 28 machten Urlaub auf der Krim am Schwarzen Meer.

Die Entscheidungen im Einzelfall waren oft nicht nachvollzichbar, zumal sie ohne Rücksicht auf besondere persönliche Umstände der Antragsteller getroffen wurden. So mußte der Arbeiter Max Borchardt Anfang 1931 ohne eine Mark in der Tasche nach Deutschland zu seiner kranken Frau fahren. Man hatte ihm nach langem Leidensweg durch die Instanzen am Ende lediglich Valuta für die Fahrkarte bewilligt. Er fuhr »voller Grimm und mit dem Wunsch, nie mehr in die UdSSR zurückzukehren«.[84] Doch Borchardt war auf Grund der materiellen Gegebenheiten in der Heimat gezwungen, seine Arbeit in der UdSSR vertragsgemäß fortzusetzen. Er brachte seine ganze Familie aus Deutschland mit, da er sie anders nicht hätte ernähren können.

Nicht minder schwierig war die Situation des deutschen Arbeiters Wilhelm Waldhauer, der im Januar 1931 einen Jahresvertrag mit dem Elektrokombinat abgeschlossen hatte. Da sein Vertrag nur eine Bezahlung in Rubel vorsah, wollte er seine Familie – Ehefrau Emma und zwei Töchter – nach Moskau mitbringen. Kurz vor der Abfahrt, im Februar 1931, erkrankte jedoch die ältere Tochter und mußte in Berlin ins Krankenhaus. Waldhauer schrieb nach Moskau und bat darum, die Vertragsbedingungen zu ändern und ihm zeitweilig einen Teil des Lohns in Valuta zu zahlen, da die Abreise der Familie aus Berlin aufgeschoben werden mußte und seine Verwandten ihn nicht unterstützen könnten. Er erhielt eine Absage. Erst drei Monate später traf die ganze Familie Waldhauer, einschließlich der Schwiegermutter, in Moskau ein.

Arbeitsplatzwechsel kontra »Anbindung«

Unter den ausländischen Arbeitern, die mit ihren Lebens- und Arbeitsbedingungen unzufrieden waren, gab es auch solche, die die UdSSR nicht verlassen wollten, sondern nach einer Möglichkeit suchten, in einen anderen sowjetischen Betrieb zu wechseln, der ihnen entweder eine ihrer Qualifikation mehr entsprechende Tätigkeit, bessere Arbeitsbedingungen oder höheren Lohn bot. Mit Verwunderung mußten sie feststellen, daß dies gar nicht so einfach war, wie sie angenommen hatten, obwohl die Betriebsleiter unter den Bedingungen des Mangels an qualifizierten Arbeitskräften und der immensen Fluktuation nicht abgeneigt waren, ausländische Spezialisten einzustellen.

Die ausländischen Arbeiter, die praktisch in allen Großbetrieben des Landes arbeiteten, hielten untereinander vor allem brieflichen Kontakt und tauschten sich über ihre Arbeitsbedingungen und Entlohnung aus. Die sowjetischen Wirtschaftsorgane waren sich sehr wohl darüber im klaren, daß die Einreise Tausender Wirtschaftsemigranten zur Entstehung eines spontanen ausländischen Arbeitskräftemarktes führen könnte, und hielten deshalb eine rigide Kontrolle des Arbeitsplatzwechsels der Ausländer für erforderlich. Aus diesem Anlaß verschickte der *Oberste Volkswirtschaftsrat* ein Rundschreiben, das verhindern sollte, daß ausländische Arbeiter ihren Arbeitsplatz auf eigene Initiative, ohne Zustimmung ihrer Betriebsleitung und der übergeordneten wirtschaftsleitenden Institutionen wechselten.[85] Diese Einschränkung galt sogar für jene Ausländer, die nach sowjetischem Kollektivvertrag arbeiteten. Das versetzte sie im Vergleich zu ihren sowjetischen Kollegen in eine geradezu diskriminierende Lage. Letztere konnten, ungeachtet der Kampagne zur »Anbindung« an den jeweiligen Betrieb bis zum Ende des *ersten Fünfjahrplans*, den Arbeitsplatz nach ihrem Ermessen wechseln und sich jederzeit nach besseren Arbeitsbedingungen umsehen. Die Statistik der Arbeitskräftefluktuation spiegelt wider, daß von dieser Möglichkeit auch reichlich Gebrauch gemacht wurde.

Der erste skandalöse Fall eines »nichtsanktionierten« Wechsels eines ausländischen Arbeiters in einen anderen Betrieb ereignete sich im Elektrokombinat im Jahre 1931. Der deutsche Werkzeugschlosser Richard Fritsche, der seit Dezember 1930 im Kombinat arbeitete, war mit seinen Wohnbedingungen und seinem Lohn unzufrieden. Er verlangte mindestens 300 Rubel im Monat, da man von weniger Geld nicht leben könne. Das kommunistische Aktiv der Ausländerkolonie verurteilte Fritsches Verhalten, und im April 1931 wurde er aus dem Werk entlassen. Es stellte sich jedoch heraus, daß der Deutsche sich schon im voraus einen anderen Arbeitsplatz beschafft hatte. Bald wurde bekannt, daß Fritsche in der Moskauer Fabrik »Elektroswet« angestellt worden war. Sein neuer Betrieb zahlte ihm nicht nur 350 Rubel im Monat, sondern stellte ihm auch noch eine eigene Wohnung zur Verfügung – während er sich im Elektrokombinat ein Zimmer mit einem anderen Junggesellen hatte teilen müssen. Fritsche fühlte sich als Sieger, während viele ausländische Arbeiter über die Gerechtigkeit der Lohnsätze und die Möglichkeit, in anderen Betrieben mehr zu verdienen, ins Nachdenken kamen.

Die Leitung des Elektrokombinats war über diesen Präzedenzfall und seine Folgen äußerst besorgt. Am 6. Mai 1931 richtete die Direktion einen entrüsteten Brief mit dem Vermerk »Streng vertraulich« an die Adresse der Fabrik »Elektroswet«, in dem sie diese des Verstoßes sowohl gegen das Rundschreiben des *Obersten Volkswirtschaftsrates* als auch gegen stillschweigende Regeln der korporativen Solidarität beschuldigte. In diesem Schreiben erinnerte die Werksleitung daran, daß im gemeinsamen Interesse den Versuchen der Ausländer, in andere Betriebe zu wechseln, mit Entschiedenheit begegnet werden müsse. Die Firma »Elektroswet« hätte sich im vorhinein an das Elektrokombinat wenden müssen, eine Beurteilung des Ausländers anfordern und die Gründe für seinen Versetzungswunsch klären müssen. Statt dessen habe sie den »Raffer« Fritsche sofort eingestellt und ihm alles zugestanden, was ihm im Elektrokombinat versagt geblieben war. Die Belegschaft habe die ganze Zeit die »Raffgier« von Fritsche und seinesgleichen bekämpft und sei jetzt äußerst empört und fühle sich verraten. »Solches Verhalten halten wir ... für falsch ... Wir bestehen auf der augenblicklichen Kündigung von Fritsche.« Mit dieser kategorischen Forderung endete der Brief.[86]

Wechselte ein Ausländer aus dem Elektrokombinat auf eigene Faust in einen anderen Betrieb, kam er in der Regel auf die »schwarze Liste«. Das bekam auch der deutsche Meister Fritz Siewert, ein hochqualifizierter Fachmann für Werkzeugmaschinenjustierung mit 35jähriger Arbeitspraxis, am eigenen Leib zu spüren. Im Januar 1932 lief sein erster Jahresvertrag aus, und er willigte ein, im Werk zu bleiben und künftig zu den gleichen Bedingungen wie seine russischen Kollegen zu arbeiten. Auch sein Sohn war in die UdSSR gekommen, um hier zu arbeiten. Im September 1932 folgte Siewerts Frau. Die Familie hatte offenbar den Wunsch, für längere Zeit in der UdSSR zu bleiben. Aber im Juni 1933, nach einem der üblichen Konflikte im Werk anläßlich willkürlicher Senkung der Lohnsätze, erklärte er, bis zu einer gerechten Lösung der Angelegenheit aus Protest seine Arbeit niederzulegen, und erschien tatsächlich einige Tage lang nicht an seinem Arbeitsplatz. Als von Seiten der Werksleitung keine positive Reaktion erfolgte, beschloß Siewert, sich selbst im Autoreparaturkombinat eine neue Arbeit zu suchen. Das Kombinat wandte sich mit der Bitte um eine Beurteilung an Siewerts ehemalige Arbeitsstelle, und diese gestand zwar notabene zu, daß der Meister des Maschinenwerks im Elektrokombinat seine Sache verstehe, stellte ihn aber zugleich als »Raffke« und »asoziales Element« dar. Knapp hieß es: »Am gesellschaftlichen Leben nahm er nicht teil; gleichgültig; entlassen wegen mehrtägigem Fernbleiben vom Arbeitsplatz. Danach erklärte er, er nehme eine andere Arbeit an, wo man mehr zahlt.«[87] Mit diesem sogenannten »Wolfspaß« dürfte es Siewert trotz seiner Qualifikation und Berufserfahrung schwergefallen sein, in der UdSSR eine ordentliche Arbeit zu finden.

Ähnliches widerfuhr 1932 auch dem deutschen Ingenieur Hermann Rummel. Nach Ablauf seines Jahresvertrages, dessen Verlängerung auf Valutagrundlage vom Elektrokombinat abgelehnt worden war, wollte Rummel in eine Moskauer Fabrik für Förderbänder wechseln, die ihm offenbar attraktivere Konditionen bot. Als dieser Plan bekannt wurde, richtete das Elektrokombinat einen Drohbrief an den Direktor der Förderbandfabrik:
»Streng vertraulich!

Wir teilen mit, daß der Ingenieur H. Rummel das Elektrokombinat verlassen hat, weil er nur bereit war, für Valuta zu arbeiten. Wenn wir erfahren, daß er bei Ihnen unter der Kondition eingestellt worden ist, ihm ein Teil seines Gehalts in Valuta zu zahlen, werden wir entsprechende Maßnahmen ergreifen, denn die Allunionsvereinigung für Elektrotechnik und der Oberste Volkswirtschaftsrat versichern uns, daß in keiner einzigen Fabrik der UdSSR ein Arbeiter Valuta erhält.«[88]

Auf solche und ähnliche Restriktionen reagierten die ausländischen Arbeiter natürlich mit Ablehnung und Empörung. Von einem freien Arbeitsmarkt, der sich durch Angebot und Nachfrage reguliert, konnte keine Rede sein. Sie waren, in ganz anderem Maß als die sowjetischen Arbeiter, faktisch an ihren Betrieb gebunden und der Verwaltung ausgeliefert. Ihre »Anbindung« an den Arbeitsplatz verstanden sie wohl kaum als fortschrittliche, auf die »lichte Zukunft« zielende Errungenschaft der Arbeiterklasse, sondern als Relikt der feudalen Ordnung.

Alltag in der Kommunalka – Leben in der Gemeinschaftswohnung

Laut Vertrag war die Fabrik verpflichtet, alle Ausländer und ihre mitreisenden Familienangehörigen mit ausreichendem Wohnraum zu versorgen.

»Wir haben alle entweder ein oder zwei Zimmer. Größere Familien kriegen zwei Zimmer. Die Küche ist gemeinsam. In der ersten Zeit ein Stein des Anstoßes für unsere Frauen. Anfangs gab's viel Krach, jetzt vertragen sie sich. Sie sind eben ›kollektiver‹ geworden.«[89] So schrieb 1933 ein Autor der schon erwähnten Broschüre »Berliner Proleten vom Moskauer Elektrosawod erzählen« in heiterem Ton über den Alltag der ausländischen Arbeiter in einer Kommunalka, einer kommunalen Gemeinschaftswohnung. Was ist daran Propaganda, was Realität? Unter welchen Bedingungen lebten die Ausländer?

Mit der Bereitstellung von angemessenem Wohnraum für ausländische Ingenieure gab es in der Anfangszeit keine Schwierigkeiten, aber jede neue Gruppe ausländischer Arbeiter, die ins Land kam, stellte die Werksverwaltung vor wachsende Versorgungsprobleme. Mancher der neu angekommenen Arbeiter fand sich erst einmal unter freiem Himmel wieder und mußte Unterschlupf bei einem hilfreichen Genossen suchen.

So erging es bereits dem Dreher Hans Beißert, der im Juli 1930 im Elektrokombinat eintraf und dem weder der vertraglich zugesicherte Lohn von mindestens 200 Rubel im Monat (außerdem wollte Beißert 60 Mark monatlich nach Deutschland überweisen) ausgezahlt noch ein eigenes Zimmer auf dem Gelände des Elektrokombinats zugewiesen wurde. Anderthalb Monate wohnte er bei einem Kollegen, der daraufhin die Geduld verlor und sich bei der für die Ausländerbetreuung zuständigen Stelle beschwerte. In seinem Schreiben an den stellvertretenden Betriebsdirektor wies er darauf hin, daß es immer schwerer werden würde, qualifizierte Arbeiter anzuwerben, wenn man ihnen (und insbesondere den Parteimitgliedern unter ihnen) nicht erträgliche Lebensbedingungen bieten würde.[90]

Ein Brief in der Personalakte des aus Deutschland angereisten kommunistischen Arbeiters Hermann Horn, der sich in einer ähnlichen Situation befand, belegt, daß sich in einzelnen Fällen sogar übergeordnete Instanzen wie die *Allunionsvereinigung für Elektrotechnik* wegen der offensichtlichen Mißstände an die Leitung des Elektrokombinats wenden mußten: »Wir erinnern Sie an die Notwendigkeit, Gen. Horn ein Zimmer zuzuweisen, weil er jetzt bei dem Genossen Schmor wohnt, was mit sehr großen Unbequemlichkeiten verbunden ist.«[91]

Um die Wohnraumprobleme der ausländischen Arbeitskräfte zu lösen, wurde in Moskau eine Reihe von speziellen Wohnhäusern gebaut, in der Regel auf Kosten der Betriebe, in denen die Ausländer beschäftigt waren. Es entstanden Mietshäuser mit allem Komfort. Im Jahre 1930 begann das Elektrokombinat mit dem Bau eines solchen Hauses in der Uliza Matrosskaja Tischina 16. Von den Zuständen in diesem Haus im Herbst 1931 ist in einem offiziellen Auskunftsbericht zu lesen:

»Die meisten Ausländer wohnen in einem Haus in der Uliza Matrosskaja Tischina. Es hat 90 Zimmer und wurde im Winter gebaut und bezogen, noch bevor es vollständig fertiggestellt und von der Baufirma übergeben worden war (das ist es ... heute immer noch nicht). Im vergangenen Jahr funktionierte die Heizung in der Regel nie, und die Wohnungen wurden mit Primuskochern beheizt. Die Toiletten und Wasserleitungen sind defekt, Fenster noch nicht überall eingesetzt, in den Wänden sind Ritzen ... Der Winter steht vor der Tür, und in Anbetracht dessen, daß im Sommer fast keine Instandsetzung stattgefunden hat, versichern alle Ausländer mit Schrecken, daß sie dort im Winter nicht wohnen können; obwohl sogar im Sommer 50–60 Prozent der Miete für Heizung eingezogen werden. Kohlevorräte gibt es keine ... Die Ausländer sind über die Mißwirtschaft unserer Werksverwaltungen empört. Neu zugereiste Amerikaner leben mit ihren Familien im Hotel ›Majak‹, aber auch sie sind unzufrieden, weil Kochen im Hotel untersagt ist und es viel zu teuer wird, die Familie in einem Restaurant zu ernähren.«[92]

Eine Kommission des zuständigen Parteikomitees des *Stalinrayons* untersuchte im März 1931 die Lebensbedingungen der Ausländer in diesem Haus. Sie stellte nicht nur fest, daß »die Wohnungen feucht und schlecht zu heizen« seien, sondern auch, daß hier eine seltsame Ordnung herrschte: Für eine Gemeinschaftswohnung aus zwei bis drei Zimmern (von denen jedes in der Regel mit einer Familie belegt war) gab es aus unverständlichem Grund nur einen Schlüssel für alle Bewohner.[93]

Das Haus stellte eine merkwürdige Symbiose aus einer normalen sowjetischen Gemeinschaftswohnung und einem Wohnheim für Ausländer dar, wo ein Passierscheinregime herrschte und die wichtigste Person der Hausverwalter war.[94]

Auch in der Eingabe des deutschen Arbeiters Albert Medrow vom 28. September 1931 an den Direktor des Werks werden die Verhältnisse eindrucksvoll geschildert: Medrow bewohnte mit seiner Frau Charlotte und der fünfjährigen Tochter Monika ein Zimmer in einer Gemeinschaftswohnung. Doch diese Wohnung gleiche einem Durchgangshof, beklagte er sich, und dem im Hause wohnenden Kommandanten sei alles »wurscht«, weil er immerzu stark betrunken wäre. »Ständig kommen und gehen Leute. Sie haben das Schloß der Eingangstür schon zum zweiten Mal aufgebrochen, damit sie ungehindert hineinkönnen. Die (Wohnungs-)Tür hat kein Schloß. Uns ist schon einiges abhanden gekommen, und wir bitten dringend um Abhilfe, weil wir Angst haben, unser Zimmer zu verlassen. In der Toilette gibt es kein Wasser, und außerdem spucken alle auf den Boden. Das alles empört uns. Daran sind wir nicht gewöhnt. Wenn wir in der Nachtschicht arbeiten, haben wir tagsüber keine Ruhe.«[95]

Wie die Betriebsleitung auf diese Eingabe reagierte, geht aus den Akten nicht hervor. Medrow kündigte seinen Vertrag noch vor Ablauf des ersten Jahres und reiste mit der Familie Ende 1931 nach Deutschland zurück.[96]

Unter den ausländischen Arbeitern und ihren Familienmitgliedern nahmen Erkältungs- und andere Krankheiten sprunghaft zu. Der Dreher Wilhelm Sukow beispielsweise sah sich aus gesundheitlichen Gründen gezwungen, im März 1932 seinen Vertrag mit dem Elektrokombinat zu kündigen und nach Deutschland zurückzukehren. Er war gleich nach seiner Ankunft im April 1931 mit seiner Frau Irma in das noch nicht fertiggestellte Haus in der Uliza Matrosskaja Tischina eingezogen und erkrankte im Winter so stark, daß er auch nach einem Krankenhausaufenthalt und einer Kur in einem Sanatorium in Pjatigorsk, die ihm als Produktionsstoßarbeiter kostenlos zuteil wurde, nicht wieder genesen konnte.

In einem anderen Haus für Ausländer des Elektrokombinats in der Potschtowaja Uliza 18 waren die Zustände nicht besser. Vor allem mit Einbruch der Kälte mehrten sich die Klagen. Der deutsche Kommunist Karl Siepelt, der in diesem Haus in der Wohnung Nr. 8 wohnte, richtete im November 1931 eine verzweifelte Eingabe an das *Ausländerbüro*: »Da meine mündlichen Beschwerden nichts fruchteten, versuche ich es noch einmal schriftlich. Sollte auch dieses keinen Erfolg zeitigen, lege ich als Protest meine Arbeit nieder. Beschwerde 1: Mein Zimmer ist äußerst kalt, durch die Fensterrahmen pfeift der Wind. Die Fenster müssen verkittet werden. Trotz häufiger Nachfrage in Geschäften ist es mir nicht möglich, Kitt zu erhalten. Meine Frau ist seit 14 Tagen krank und bettlägerig. Ihr Zustand wird durch die Kälte täglich schlimmer. Ich möchte bitten, daß die Hausverwaltung auf meine Kosten die Fenster verkittet. Beschwerde 2: Über meinem Zimmer wohnen Russen mit mehreren Kindern. Von früh um 6.00 Uhr bis abends um 11.00 Uhr ist über uns ein ungeheurer Lärm. Der Stuck fällt von der Decke. Man kann am Tage keine Stunde schlafen. Dieses führt zur nervösen Überreizung. Bei persönlichen Beschwerden lacht dieses Volk uns aus. Sollte dieser Zustand nicht schnellstens beseitigt werden, wechsle ich ab 16. November keine Schicht mehr. Achtungsvoll, Karl Siepelt.«[97]

Die Familie Karl Siepelts kehrte Ende 1932 nach Deutschland zurück.

Was für den einen unerträglich geworden war, konnte unter den gegebenen Bedingungen für andere schon eine Verbesserung bedeuten: Als die bevorstehende Abreise der Siepelts bekannt wurde, beschloß der Stoßarbeiter und Neuerer Hans Horn, der mit seiner Familie ein Zimmer in der Wohnung Nr. 5 bewohnte, in das frei gewordene, größere Zimmer umzuziehen. »In Anbetracht dessen, daß ich mit meiner Frau ein sehr kleines Zimmer bewohne und zu Hause sehr viel zu studieren habe, bitte ich sehr darum, mich in das große Zimmer umzulegen«,[98] schrieb er in einem Gesuch an das *Ausländerbüro* des Werks mit Bezug auf das frei werdende Zimmer der

Siepelts. Der Bitte Horns wurde entsprochen, und im Januar 1933 feierte er Einweihung.

Auch der Nachbar von Hans Horn, Fritz Pose, technischer Instrukteur, einer der besten Neuerer des Elektrokombinats und Arbeiterkorrespondent der *Deutschen Zentral-Zeitung*, war mit seinen Wohnbedingungen unzufrieden. Im Januar 1932 richtete er ein Gesuch an den Direktor des Werks, in dem er darüber klagte, daß er und seine Familie ständigem Lärm des Nachbarn ausgesetzt seien. Weil er neben seiner Arbeit noch die *West-Universität* besuche und außerdem eine Reihe gesellschaftlicher Arbeiten erledige, bat er um eine gleichwertige Wohnung in der Uliza Matrosskaja Tischina.[99] Poses Antrag wurde abgelehnt.

Alle diese Beispiele zeugen von der Unzufriedenheit vieler ausländischer Arbeiter des Elektrokombinats. Ihre Versuche, eine Besserung herbeizuführen, blieben zumeist vergeblich.

Das deutsche Haus in der Uliza Matrosskaja Tischina

Wenn auch das Haus in der Uliza Matrosskaja Tischina kaum dem Vergleich mit einem im Ausland gebauten Haus standhalten konnte, so war es für russische Arbeiter doch das Ziel aller Träume. In solch einem Haus mit Zentralheizung und Wasserversorgung in jeder Wohnung, mit Gasboilern und je einem Zimmer pro Familie wollte man gern leben.

Für das Elektrokombinat war das Wohnungsproblem Anfang der 30er Jahre, als das Produktionsvolumen und damit die Zahl der Beschäftigten stark anstieg, immens. Allein 1931 kamen 6000 neue Arbeiter in den Betrieb, die alle Wohnraum brauchten. Durch den eiligen Bau von Wohnbaracken konnte man nur 2000 von ihnen mit einer Schlafstelle versorgen. Vor allem Arbeiter mit Familien und solche, die schon längere Zeit im Betrieb beschäftigt waren, wurden in den Gemeinschaftswohnungen untergebracht, während das Werk für die Ingenieure ein Haus mit separaten komfortablen Wohnungen bauen ließ.

Der amerikanische Arbeiter Andrew Smith war nach dem Besuch bei einem russischen Arbeitskollegen, der in einer Baracke des Elektrokombinats wohnte, schockiert über die dortigen Verhältnisse. Sein russischer Kollege lebte in einer Baracke mit einfachen Holzwänden, in einem Raum für 500 Personen, ohne Zwischenwände und Vorhänge, vollgestopft mit Betten, die nur mit Strohmatratzen ausgestattet waren. Als Decken und Kissen benutzten die Bewohner ihre eigene Oberbekleidung. Einige hatten nicht einmal Betten, sie schliefen auf dem Boden oder auf Holztruhen. Es kam vor, daß sich Arbeiter, die in unterschiedlichen Schichten eingeteilt waren, abwechselnd ein Bett teilten. Es roch unerträglich nach Petroleum und Schweiß. Die Abtritte befanden sich draußen, wo auch ein Badeofen und eine Pumpe aufgestellt waren.[100]

Vor allem junge Leute ohne Familie, die aus den Dörfern kamen, wurden in solchen Behausungen untergebracht. Wohnheime mit besseren Bedingungen, von denen es auch einige in Moskau gab, galten als absoluter Luxus: »Ich wohne im Wohnheim, wir sind zu viert auf einem Zimmer. Sehr sauber. Jeder hat eine Sprungfedermatratze, Bettwäsche zum Wechseln, Steppdecken und dergleichen angenehme Sachen ... Alles in allem, wie man so sagt, ein luxuriöses Leben«, wußte der Vorarbeiter des Metrobaus G. Schitow 1934 über seine Wohnstatt zu berichten.[101]

Es ist schwer zu sagen, ob die Bewohner des Hauses in der Uliza Matrosskaja Tischina Kenntnis davon hatten, unter welchen Verhältnissen ihre russischen Arbeitskollegen lebten. Sie spürten jedoch, daß sie von vielen beneidet wurden. Eine Zeitzeugin jener Jahre, Klawdija Prokofjewna Iwanzowa, die mit ihrer Mutter in einer Kellerwohnung eines Hauses gegenüber der Nummer 16 lebte, erinnerte sich an diese Zeit – sie spielte mit den Kindern der deutschen Arbeiter, freundete sich mit ihrer Klassenkameradin Irma Schröder an und war oft bei ihr zu Besuch. Der Schülerin, deren vaterlose Familie es materiell besonders schwer hatte, erschienen die Wohn- und Lebensbedingungen ihrer deutschen Altersgenossen als ein Symbol für Wohlstand und Wohlergehen.[102]

Trotz der mißlichen Bedingungen waren viele Ausländer des Elektrokombinats durchaus nicht abgeneigt, in das Haus in der Uliza Matrosskaja Tischina umzuziehen. Den einen bot es vergleichsweise bessere Lebensqualität; anderen war es wichtig, möglichst nahe am Arbeitsplatz zu leben. Den meisten aber ging es darum, vor allem in der ersten Zeit nach ihrer Ankunft in der UdSSR mit Landsleuten zusammen in einem Haus zu wohnen. Nichts blieb unversucht, um in den Genuß dieser Vorteile zu kommen.

Der kommunistische Arbeiter Werner Weinert zum Beispiel begründete seine Bitte um Zuweisung einer Wohnung in dem Haus damit, daß er durch die Ehe mit einer Russin gut russisch spreche und so den Bewohnern als ehrenamtlicher Dolmetscher nützlich sein könnte, was tatsächlich dringend notwendig gewesen wäre. 1931 wandte sich sogar eine Versammlung der Ausländer des Elektrokombinats zweimal an den Direktor mit der Bitte, Weinert in das neue Haus zu verlegen, da in schwierigen Situationen wie Krankheitsfällen o.ä. die Hilfe eines Dolmetschers im Haus gebraucht würde. Aber vergeblich. Während den ausländischen Ingenieuren persönli-

Das ehemalige Ingenieur-Wohnheim des Elektrokombinats (Aufnahme 2002).

Das »Deutsche Haus« in der Straße Matrosskaja Tischina mit der Losung »Für die proletarische Weltrevolution« (Aufnahme Mitte der 30er Jahre).

che Dolmetscher zugeteilt wurden, bekamen die einfachen ausländischen Arbeiter von der Werksverwaltung keine diesbezügliche Hilfe. Erst später, nach Beginn der Reemigration ausländischer Arbeiter, konnte Familie Weinert dorthin ziehen.

Doch die Häuser in der Uliza Matrosskaja Tischina und das in der Potschtowaja Uliza lösten das Wohnraumproblem des Elektrokombinats nicht. Im April 1932 hatten 16 ausländische Arbeiter des Werks keinen festen Wohnsitz, drei von ihnen wohnten zeitweilig im Hotel, die anderen, »wo es gerade ging«.[103] Eine Kommission, die die Wohnbedingungen ausländischer Neuerer überprüfte, machte die erstaunliche Feststellung, daß einer der besten Neuerer der Fabrik – der Amerikaner Sungilo, er hatte 40 Neuerervorschläge eingereicht – schon seit fünf Monaten keine eigene Wohnung besaß und abwechselnd bei Freunden und Bekannten übernachtete.[104] Das war für die Betroffenen um so weniger verständlich, als nicht alle Zimmer in den Gemeinschaftswohnungen belegt waren. Wie so vieles andere war auch die Vergabepolitik in Bezug auf Wohnraum geprägt von Willkür und Schlamperei – wie das Beispiel des Bestarbeiters Johannes Hering zeigt. Hering, ein Schlosser aus Berlin, reiste mit Familie an. Im August 1931 machte er eine

Eingabe an die Werksleitung mit der Bitte um ein zusätzliches Zimmer: »Vor Monaten kam ich nach Moskau und erhielt als Wohnung eine Stube zugewiesen. Auf meine Vorstellung hin, daß dieser Raum für mich, meine Frau und 2 Kinder zu klein sei, verwies man mich auf die Wohnungsnot und sagte mir, man könne vorläufig kein zweites Zimmer geben. Ich habe nun 4 Monate lang versucht, mit einem Zimmer auszukommen. Im Resultat: es geht nicht! Da ich gezwungen bin, so weiter zu wohnen, ist die Gesundheit meiner Familie und meine eigene in letzter Zeit untergraben, meine Arbeitskraft herunter. Ferner ist es mir unmöglich, mich zu Hause ... zu betätigen ... Ich bitte nunmehr die Direktion zu prüfen, ob meine Bitte um ein zweites Zimmer gerechtfertigt ist, und mir in diesem Haus das in einem Quartier leerstehende Zimmer zu überlassen. Johannes Hering. Lampenfabrik Zeche 110. Matrosska Tischina 16, Quartier 23.«[105]

Die Herings waren nicht die einzigen Ausländer, die von besseren Wohnverhältnissen oder einer eigenen Wohnung träumten. Das Leben in einer Gemeinschaftswohnung mit gemeinsamer Küche und Toilette zog eine Menge alltäglicher und psychischer Probleme nach sich. Es gab behördliche Prüfkommissionen, die den Hygienezustand der Wohnungen kontrollierten, Anweisungen erteilten und dabei ungeniert in die Privatsphäre der Mieter eindrangen.

Aber am härtesten traf es die Junggesellen. Sie mußten sich in der Regel ein Zimmer in einer Gemeinschaftswohnung teilen, obwohl vielen von ihnen vertraglich ein eigenes Zimmer zugesagt worden war. Der Schlosser Richard Fritsche weigerte sich hartnäckig, zu zweit in einem Zimmer zu wohnen. Daraus entstand ein so ernsthafter Konflikt mit der Leitung, daß Fritsche im April 1931 im Elektrokombinat kündigte. Der Glasbläser Hans Edel, der in der Gemeinschaftswohnung Nr. 20 im Haus in der Uliza Matrosskaja Tischina einquartiert wurde, okkupierte eigenmächtig ein leeres Zimmer, aus dem er von der Verwaltung mit Hilfe der Miliz wieder hinausgeworfen wurde, woraufhin Edel Ende 1933 – enttäuscht von der sowjetischen Realität – nach Deutschland zurückkehrte.

Desillusionierung und Frustration hatten um so mehr Gewicht, als viele ausländische Arbeiter mit ihren Familien in der Hoffnung auf eine glückliche Zukunft in die UdSSR gekommen waren. Sie hatten alle Brücken hinter sich abgebrochen, ihre Wohnungen und ihr ganzes Hab und Gut verkauft. Andere hatten nur noch wenige persönliche Gegenstände, Familienerbstücke oder ein paar Andenken an die Heimat bei sich. Wieder andere hatten mühsam alles mitgebracht, was sie besaßen: Teppiche, Bilder, Möbel und Hausrat.

Den Ausländern, die ohne eigenen Hausrat anreisten und im Haus in der Uliza Matrosskaja Tischina einquartiert wurden, stellte die Werksverwaltung eine Grundausstattung. Dazu gehörten Betten mit Matratzen und Bettwäsche, ein Geschirr- und ein Kleiderschrank, ein Tisch, ein Stuhl, Geschirr, ein Kocher, ein Eimer und eine Waschschüssel pro Familie. Das war für den normalen Bedarf einer Familie kaum ausreichend. Wollten sich die Bewohner zusätzliches Mobiliar beschaffen, ging das nur mit Genehmigung der Werksverwaltung und des *Ausländerbüros*.

Zwischen Gezänk und Politik

Die Hauptlast des Lebens in den Gemeinschaftswohnungen lag auf den Schultern der Ehefrauen, die die meiste Zeit des Tages in ihren vier Wänden verbrachten. Konflikte und Streitereien mit den Nachbarn waren an der Tagesordnung. In der Regel handelte es sich dabei um alltägliche Probleme, die sich aus dem ungewohnten Zusammenleben vieler Menschen ergaben. Konflikte, die aus der oft multinationalen Mischung der Wohngemeinschaften entstanden, waren eher selten. Bei Streitigkeiten konnte das Kameradschaftsgericht angerufen werden.

Welche grotesken Züge dieser Kleinkrieg mitunter annahm, zeigt die Beschwerde Arthur Schwitzings, der im Namen seiner Frau das »gesellschaftsfeindliche Auftreten der Bürgerin Kukuschkina« anzeigte. Im Grunde ging es aber nur darum, daß »die Bürgerin Kukuschkina ihren Pflichten bei der Reinigung der Wohnung nicht nachkam«. Er forderte die Ausweisung der Mitbewohnerin – das Gericht beließ es jedoch bei einer Strafe wegen Rowdytums.[106]

Aus dem Haus in der Uliza Matrosskaja Tischina ist ein einziger Fall bekannt, in dem eine übernationale Zwistigkeit politischen Charakter annahm – der »Fall« der Josephine Willimeck. Die österreichische Familie Willimeck, der Arbeiter Edmund und seine Frau Josephine mit ihren beiden Kindern, lebte seit 1931 in der UdSSR. Josephine hatte dank ihres Berufs als Schneiderin gut im neuen Leben Fuß gefaßt; sie trug mit Arbeiten für Privatkunden erheblich zum Familienbudget bei. Vor allem die Ehefrauen der ausländischen Spezialisten waren gutzahlende Kunden. Edmund Willimeck verlängerte bis 1935 mehrmals seinen im November 1931 mit dem Elektrokombinat geschlossenen Vertrag. Die Familie wohnte schon seit langem in der Gemeinschaftswohnung Nr. 29 im Haus in der Uliza Matrosskaja Tischina. Sie teilte die Wohnung mit einer deutsch-österreichischen Familie.

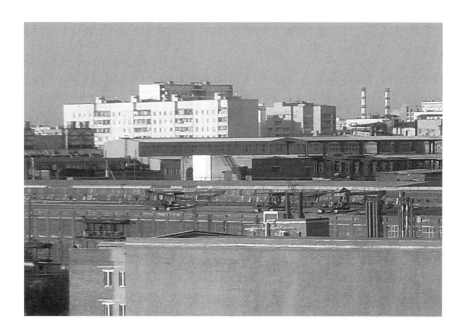

Es handelte sich um den jüdischen Konstrukteur Max Lichtenstein und dessen Ehefrau, die Deutsche Eva Schneider. Im Laufe der Zeit war aus der Zwangsgemeinschaft der beiden Familien eine ausgewachsene Feindschaft geworden. Die gemeinsam genutzte Küche und das Bad wurden zu Austragungsorten eines langanhaltenden Kleinkrieges.

Josephine Willimeck schrieb etliche Eingaben, in denen sie die Unmöglichkeit des Zusammenwohnens mit der Familie Lichtenstein zu beweisen suchte. Die Mitarbeiter des *Ausländerbüros* gingen aber nicht auf die Wünsche der Familie ein und rechneten die Beschwerden eher dem naheliegenden Wunsch der Familie Willimeck zu, mit ihren beiden Söhnen die Wohnung allein zu belegen.

Am 7. Juni 1935 ging Josephine Willimeck zum wiederholten Mal in das *Ausländerbüro* des Elektrosawod und erklärte, daß sie ihre Nachbarn nicht mehr in die Wohnung einlassen werde. Als Wladimir Petrowitsch Liberow, Instrukteur der Kreisleitung der Elektrikergewerkschaft, der aufgeregten Frau zu erklären versuchte, daß sie dazu kein Recht habe, schlug sie ihm in Anwesenheit von Zeugen mehrere Male ins Gesicht. Später schadete sie sich noch mehr, als sie gegenüber dem Sekretär des *Ausländerbüros* verkündete: »Wenn ich nicht wüßte, daß er ein verantwortlicher Funktionär ist, hätte ich ihm noch ein paar Ohrfeigen gegeben.«[107]

Am 9. September 1935 veröffentlichte die *Deutsche Zentral-Zeitung*

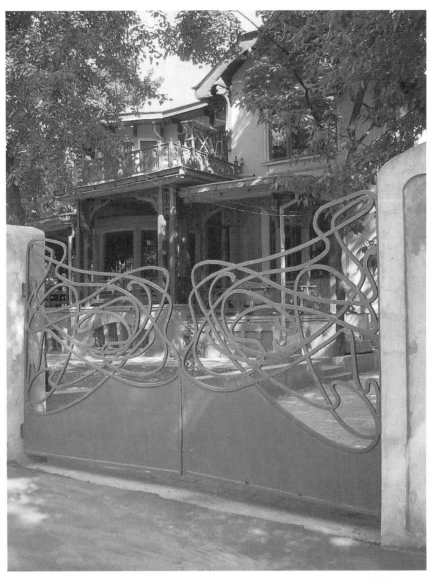

Das Elektrokombinat (links) verfügt bis heute über eigene, repräsentative Wohnungen für leitende Angestellte und technische Führungskräfte (Aufnahmen 2002).

einen Bericht über die Sitzung des Bezirksgerichts des *Stalinrayons* vom 17. August, in der der Fall Josephine Willimeck verhandelt wurde:

»Bürgerin Josephine Willimeck wird gemäß Artikel 74 Teil II. des Strafgesetzbuches aus der Sowjetunion ausgewiesen. Wer ist Josephine Willimeck und welche Gründe geben dem Gericht Anlaß, dieses scharfe Urteil zu sprechen?

Josephine Willimeck ist 43 Jahre alt. Sie kam im Jahre 1931 aus Österreich in die Sowjetunion. Ihr Mann hatte im Elektrosawod in Moskau Arbeit als Kesselschmied bekommen. Willimecks brachten auch ihre Kinder mit. Der Betrieb richtete ihnen eine Wohnung ein im Hause Matrosskaja Tischina 16a und stellte ihnen das an Einrichtungsgegenständen für die Wohnung zur Verfügung, was zu einem kulturellen Leben gehört. Die Wohnung bestand aus zwei Zimmern zu je 18 Quadratmetern, einer Küche und Badezimmer. Der Verdienst des Mannes belief sich auf monatlich bis zu 450 Rubel. Außerdem schneiderte Josephine Willimeck privat zu Hause. Für das Nähen eines Kleides forderte sie 100 Rubel. Das Monatseinkommen der Frau erreichte die Höhe von 500 Rubel. Zusammen verdienten die beiden Willimecks 950 Rubel im Monat. Da sie auch Spezialistenverpflegung hatten, lebten sie also sehr gut. Das gab Josephine Willimeck auch im Kreise von ausländischen Kollegen unumwunden zu, und das bestätigte vor Gericht die von ihr zur Verteidigung zitierte Zeugin Marks. Und schließlich beweist es am offenkundigsten die Tatsache, daß die Willimecks bei der Abreise von Moskau eine Bagage im Gewicht von 740 Kilogramm, also 7,5 Zentnern mitnahmen – ohne Möbel, ohne Bücher oder andere schwer wiegende Gegenstände.

Den Funktionären der ausländischen Arbeiter im Betrieb jedoch erklärte Josephine Willimeck, ›daß sie das, was sie und ihr Mann verdienen, nur für Brot und Kohl verbrauchen‹. Josephine Willimeck vertrat den Standpunkt, ›je mehr sie Krach schlägt, um so mehr bewilligen die Russen‹.

Josephine Willimeck kam häufig in das *Ausländerbüro* des Elektrosawod und hat Krach gemacht. Niemals wurde sie deswegen vor Gericht zitiert. Wie sie Krach im *Ausländerbüro* des Betriebes machte, so tyrannisierte sie auch die ausländischen Arbeiter, die das dritte zur Wohnung gehörige Zimmer bewohnten. Einem derselben stülpte sie sogar einmal einen Kochtopf mit Brei über den Kopf. Den ausländischen Arbeiter Thiele beschimpfte und schlug sie. So trieb es die Willimeck jedes Mal, wenn der Betrieb einen neuen Arbeiter in das Zimmer einwies. Zuletzt wohnte darin ein Ingenieur, ebenfalls ein Österreicher. Auch diesen beschimpfte und verhöhnte die Willimeck systematisch, warf seine Lebensmittel aus dem gemeinsamen Schrank heraus und hinderte ihn an der Benutzung des Gasherdes und des Badezimmers. Den Höhepunkt erreichte die Willimeck jedoch am 7. Juni d. J. An diesem Tage kam sie in das *Ausländerbüro* des Elektrosawod und erklärte, daß sie den ausländischen Ingenieur Lichtenstein in das Zimmer, das er bewohnt, nicht mehr hereinlassen werde. Der zufällig im Büro anwesende Genosse Liberow, ein Funktionär der Gewerkschaft der Elektriker, redete ihr zu, daß sie so nicht vorgehen dürfe, weil der Ingenieur Lichtenstein ein selbständiges Zimmer bewohne. Da begann die Willimeck den Genossen Liberow anzuschreien ›Schuft, Betrüger, du bist kein Arbeiter, ich werde dir's schon zeigen‹ und dabei schlug sie ihm dreimal ins Gesicht. Erst durch das Dazwischengehen Dritter wurde sie an weiteren Tätlichkeiten gehindert.

Der Sekretärin des *Ausländerbüros*, Genossin Bergina, gegenüber, gab die Willimeck im Zusammenhang mit ihrer Gewalttätigkeit gegen den Genossen Liberow folgende Erklärung: ›Wenn ich nicht wüßte, daß er ein verantwortlicher Funktionär ist, hätte ich ihm noch ein paar Ohrfeigen gegeben.‹ Dieser Tatbestand hatte das Volksgericht veranlaßt, Anklage zu erheben.

Das erste Urteil war sehr milde ausgefallen. Von seiten der Arbeiter des Betriebes wurde dagegen Berufung eingelegt und es wurde der Beweis angetreten und erbracht, daß Josephine Willimeck wiederholt bewiesen hat, daß sie ein durch und durch sowjetfeindliches Element sei. Das Volksgericht stellt in seiner Urteilsbegründung fest: ›Während der ganzen Zeit ihres Aufenthaltes in der Sowjetunion hat sie sich pöbelhafte Ausfälle erlaubt, die einer Bürgerin der Sowjetunion unwürdig sind. Außerdem hat die Bürgerin Willimeck, wie aus den Zeugenaussagen hervorgeht, mehrmals antisowjetische Ausschreitungen begangen. Dies alles spricht dafür, daß sie unwürdig ist, in der Sowjetunion zu leben.‹ Die ausländischen Arbeiter des Elektrosawod begrüßen dieses Urteil in einer Versammlung am 3. September mit folgender Entschließung: ›Am 17. August wurde laut Urteilsspruch des Rayon-Volksgerichtes die Bürgerin Willimeck verurteilt, das Gebiet der Sowjetunion zu verlassen. Wir ausländischen Arbeiter des Elektrokombinats begrüßen den Urteilsspruch des Gerichtes, da die Bürgerin Willimeck während der ganzen Zeit ihres Hierseins ein antisowjetisches Verhalten zeigte, häufig mit ihrer näheren Umgebung durch ihr Verhalten in Streit geriet. Den Höhepunkt ihres Verhaltens erreichte die Bürgerin Willimeck, als sie einen verantwortlichen Parteigenossen in aller Öffentlichkeit ins Gesicht schlug. Wir begrüßen den Beschluß des Gerichtes, daß für solche faschistischen Elemente kein Platz in der Sowjetunion ist und verpflichten uns, unsere Klassenwachsamkeit zu verstärken, um weiteren derartigen Vorkommnissen vorzubeugen und noch mehr Kraft daran zu setzen, alle

Genossen unseres Kollektivs zu festen, bewußten und disziplinierten Kämpfern für den Aufbau des Sozialismus zu erziehen.‹«

Offenbar wurde dieser Fall von Anfang an als ein politischer behandelt. Im Elektrokombinat fanden Versammlungen russischer und ausländischer Arbeiter statt, in denen Josephine Willimeck wegen ihres nicht gemeldeten Einkommens als Schneiderin bloßgestellt und eines ausgeprägten Antisemitismus beschuldigt wurde. Sie schikaniere den Juden Lichtenstein und unterstütze dadurch den Faschismus. Auch Liberow, der das Temperament der Josephine Willimeck am eigenen Leib zu spüren bekommen hatte, bekräftigte diese Anklage: »Ich kenne die Willimeck seit 1932 als antisowjetisches Element und betrachte deshalb ihren Ausfall als faschistischen Ausfall mit dem Zweck einer Provokation und Beleidigung meiner Person als Instrukteur der Kreisleitung der Elektrikergewerkschaft.«[108]

Josephine Willimeck selbst hatte noch vor jenem Zwischenfall im Juni 1935 in einem Brief an das *Ausländerbüro* ihre Meinung über die Ursachen des Streits dargelegt. Als Hauptgrund nannte sie die ungewohnte Lebensweise in einer Gemeinschaftswohnung, die eine Menge alltäglicher Probleme mit sich bringe und zwangsläufig zu Streitereien führen müsse.

Inzwischen hatte der psychische Druck auf die Familie Willimeck eine Weiterarbeit im Elektrokombinat unmöglich gemacht. Im August 1935 reichte Edmund Willimeck seine Kündigung ein. Das Bezirksgericht des *Stalinrayons* befand in seiner Sitzung vom 17. August 1935 Josephine Willimeck des Rowdytums für schuldig und verhängte eine Geldstrafe von 50 Rubeln. Aber die »Dreierkommission« des Kombinats, bestehend aus Produktionsleiter, Partei- und Gewerkschaftssekretär, wandte sich empört an das Moskauer Stadtgericht und forderte die Wiederaufnahme des Falles mit dem Ziel einer härteren Bestrafung. Man verlangte, das Verhalten Josephine Willimecks als »antisowjetisch und faschistisch« zu bewerten und sie aus der UdSSR auszuweisen. Das Bezirksgericht beugte sich dem Druck und fällte in zweiter Instanz das gewünschte Urteil.

Das Schicksal der anderen Familie ist ebenfalls tragisch. Die Lichtensteins – neben Max auch sein Bruder Josef – waren in der UdSSR geblieben und hatten in jenem Jahr 1935 auch die damals 60jährige Mutter Sara aus Österreich nachgeholt. 1937 wurden beide Brüder vom Geheimdienst NKWD verhaftet und erschossen. Max' Frau Eva wurde zu zehn Jahren Haft verurteilt. Die hochbetagte Sara Lichtenstein wies man aus der UdSSR aus – trotz ihrer schriftlichen Bitte, ihr die sowjetische Staatsbürgerschaft zu gewähren. Vom Schicksal ihrer beiden Söhne erfuhr sie nichts.[109]

Werkskantine und Lebensmittelkarten

»An den Direktor des Elektrokombinats, Genossen Petrowski, vom Direktor der Werksküche Nr. 3 Fjodorow:
Die Werksküche meldet, daß die Verpflegung der Deutschen in der Werksküche unmöglich wird ... weil diese nicht die Essenszeiten einhalten und Gerichte verlangen, die die Werksküche nicht zubereiten kann, außerdem verlangen sie Bier und verschiedene Delikatessen. Von der Seite der Deutschen gab es Vorfälle bei der Ausgabe vegetarischer Gerichte – Krautwickel und Kompott – die sie zurückbrachten und sagten: ›Geben Sie das Ihren Ehemännern, wir sind keine Schweine ...‹ Ich bitte um eine Anweisung an die Werksküche, die die Essenszeit und den Speiseplan der Deutschen festlegt.«[110]
In der Werkskantine galten für jede Produktionsabteilung und Gruppe feste Mittagszeiten. Gekocht wurde ein Einheitsessen – es gab das, was an Lebensmitteln gerade vorhanden war, besondere Wünsche oder Vorlieben konnten nicht berücksichtigt werden.
Im Elektrokombinat existierte Anfang der 30er Jahre keine spezielle Kantine für Ausländer; die meisten von ihnen speisten in der allgemeinen Werkskantine, wo ein besonderer Tisch für sie eingedeckt war. Viele Deutsche mieden die Kantine, entweder, weil sie das Essen nicht mochten oder weil es ihnen peinlich war, am »Sondertisch« zu sitzen, getrennt von ihren russischen Kollegen. Einige brachten ihr Essen in Wärmebehältern von zu Hause mit und aßen in den Werkhallen.
Wer trotzdem in die Kantine ging, hatte es schwer: »Kommst du in die Kantine ... da gibt es nur Hering und dazu noch ohne Brot«[111], hieß es in einem Bericht. »Damit man zu Mittag essen konnte, mußte man sich erst in der Schlange nach Löffeln und Gabeln anstellen. Dann in eine zweite Schlange an der Kasse und letztendlich in einer dritten ... um einen schmutzigen Tisch zu ergattern.« Das Werksessen blieb die »Achillesferse« der Fabrik, und die meisten Arbeiter hielten mit ihrem Unmut nicht hinter dem Berg. Einer von ihnen, der Russe Nikita Nowik, schrieb Ende 1931 einen Leserbrief an die »Prawda«, der jedoch nicht veröffentlicht wurde:
»Die Fabriken ähneln den *Steinsärgen von Schlüsselburg* – hier gilt: Arbeite und schweige! Wenn du die Sowjetmacht beleidigt hast, schmeißt man dich aus der Fabrik, schließt dich aus der Gewerkschaft aus, dann kannst du nirgendwo mehr hin. Wenn man dir sagt, heute ist im Werk ein Vortrag über Religion oder was anderes, dann seufzt du und spuckst aus, weil du keine Lust hast, diesen Schönrednern zuzuhören. Wir reden lieber etwas schön, anstatt wirklich etwas zu verändern. Wenn Sie heute in ein beliebi-

ges Lebensmittelgeschäft gehen und fragen: ›Gibt es Butter, gibt es Käse, gibt es Hering?‹, dann ist die Antwort: ›Nein, nein, nein!!!‹

Auf dem Gelände des Elektrokombinats hängt ein Plakat: ›Jeder Industriearbeiter muß am Tag 100 Gramm Butter essen!‹, aber wir erhalten ganze 600 Gramm im Monat auf Lebensmittelkarten. Viele Arbeiter denken schon an die Rückkehr des Kapitalismus, weil die neue Gesellschaftsordnung uns nur Armut gebracht hat, die Arbeiter sind bereit, ins Ausland zu gehen, weil sie vor Hunger sterben.«[112]

Während Nowik offen seinem Unmut freien Lauf ließ, traten andere Arbeiter mit der Bitte an die Werkleitung heran, ihnen wenigstens gute Agitatoren ins Werk zu schicken: »Wenn es dem Menschen an allem mangelt, wenn die Weiber zu Hause murren, dann verliert man den Glauben. Aber wenn ein guter Redner kommt, der uns erklärt, warum das so ist und warum das notwendig ist, dann wirst du dem zustimmen.«[113]

Es bleibt zu bezweifeln, daß das so funktioniert hat. Verstärkten Unmut dürfte die Tatsache hervorgerufen haben, daß sich die Versorgungslage der ausländischen Arbeiter von der ihrer russischen Kollegen deutlich unterschied. Ausländer genossen eine zweifellos privilegierte Stellung. Noch Mitte März 1931 kamen alle Ausländer des Elektrokombinats ohne Ausnahme in den Genuß einer *Sonderversorgung*; in einer besonderen Verteilungsstelle gab es Lebensmittel zu einheitlichen Preisen. Dort konnten ausländische Arbeiter mit Lebensmittelkarten einkaufen, Spezialisten sogar ohne Karten und ohne Einschränkung.

Im Herbst 1931 kam es jedoch zu einer drastischen Verschlechterung der Versorgung, jetzt teilte man auch den Fachkräften Lebensmittelkarten zu. Ab November 1931 wurden die Arbeiter mit Kollektivvertrag von der *Sonderversorgung* ausgeschlossen.

Praktisch ging die Belieferung folgendermaßen vonstatten: Die ausländischen Spezialisten mit Recht auf *Sonderversorgung* gaben ihre Bestellung in der Arbeitergenossenschaft ab, deren Mitarbeiter fuhren am folgenden Tag in das sogenannte Versorgungskontor für Ausländer, holten die bestellten Lebensmittel und lieferten sie den Ausländern nach Hause. Die übrigen Arbeiter bekamen ihre Lebensmittel über die Arbeitergenossenschaft, nach den gleichen Normen wie ihre russischen Kollegen.

Im Laufe des Jahres 1931 stiegen die Preise für die zugeteilten Waren um durchschnittlich 40 Prozent, während gleichzeitig die Tariflöhne sanken.

»Die Lohnsätze für die Arbeiter werden gesenkt, aber die Erbsen kosten jetzt in der Twerskaja statt 3 Rubel 20 Kopeken 6 Rubel 40 das Kilo!«, empörte sich der in der KPD organisierte Arbeiter Karl Siepelt.[114] Auch in der Kantine kletterten die Preise in die Höhe: Die Arbeiter maulten. »In der

Russische Arbeiter beim Mittagessen; für Stoßarbeiter gab es gesonderte Tische (Aufnahmen 1931/32).

Kantine Nr. 4 haben sie das Mittagessen von 37 auf 55 Kopeken raufgesetzt, so viel ziehen sie einem jeden Mittag aus der Tasche ...«[115]

Während in den Fabriken im Donbass, im Ural und in Sibirien Ausländer und Sowjetbürger oft nicht einmal nach den Kartennormen mit Nahrungsmitteln versorgt wurden, war es für die ausländischen Arbeiter des Elektrokombinats in Ausnahmefällen sogar möglich, nach »verstärkten Normen« beliefert zu werden. »Unser deutscher Arbeiter Arno Lehmann war einen Monat lang krank, und der Arzt hat ihm kräftigende Nahrung verordnet. Deswegen bitten wir, ihm die Fleischration für zwei Monate von 11 auf 15 Kilo heraufzusetzen«, hieß es in einem Schreiben des *Ausländerbüros* des Elektrokombinats vom September 1932 an das Versorgungskontor für Ausländer. Der Bitte wurde stattgegeben. Dabei lag die Menge von elf Kilo schon erheblich über der allgemeinen Norm. Die war im Sommer 1932 auf fünf Kilo pro Monat festgesetzt worden und wurde ab Oktober sogar auf drei Kilo gesenkt. Selbst die ausländischen Spezialisten bekamen im Sommer 1932 nur sieben Kilo, und ab Oktober 1932 nur noch fünf Kilo Fleisch pro Monat.[116]

Ende 1931 wurden von 170 in Moskau lebenden Ausländern nur noch 110 durch das Versorgungskontor beliefert. Die übrigen 60 – Politemigranten mit ihren Familienangehörigen oder Arbeiter, die nach Kollektivvertrag entlohnt wurden – waren, was die Lebensmittelbelieferung betrifft, mit den Russen gleichgestellt.

Die Sonderbelieferung stellte für die ausländischen Arbeiter unter den Bedingungen der sich ständig verschlechternden Lebensmittelversorgung in der UdSSR eines der wichtigsten Privilegien dar. Während diese Vorzugsbehandlung nach und nach abgebaut wurde, gab es manchen verzweifelten Kampf um ihren Erhalt.

Der deutsche Kommunist und Stoßarbeiter des Elektrokombinats Werner Weinert flehte in einer Eingabe vom August 1931 an die Verwaltung des Werks: »In Anbetracht dessen, daß mir nunmehr das Lebensmittelheft entzogen worden ist, bitte ich doch, meine Lage noch einmal zu überdenken. Im Laufe von 2 Jahren waren meine Frau und beide Kinder zweimal im Krankenhause mit Diphtherie und Scharlach. Nun ist bei den Kindern Tuberkulose zurückgeblieben. Dadurch, daß mir das Lebensmittelheft gegeben wurde, konnte ich den Kindern die nötige Pflege geben. Erst vor Wochen erklärte der Arzt, daß bei dieser Pflege eine Heilung erst nach Jahren zu erwarten ist. Im Gegensatz zu den anderen Deutschen habe ich eine feuchte Wohnung, unsanitär in jeder Hinsicht. Und dies alles, weil ich ohne Vertrag nach Rußland gekommen bin.

Diese Regelung hat meinem Klassenempfinden doch einen harten Stoß versetzt, denn die deutschen Arbeiter, ob mit Vertrag oder ohne, sind doch schließlich in einer Klasse, und die breite Masse der deutschen Arbeiterschaft ... ist doch etwas sehr verwundert über diese Regelung. Wenn man tatsächlich behauptet, der russische Arbeiter habe es auch nicht besser, so wird es so sein; ich behaupte aber, daß beinahe der Hauptteil der Waren im Ausländergeschäft nicht an Ausländer, sondern an Russen verkauft wird. Daß gerade von 120 deutschen Arbeitern 2–3 Genossen keine Bücher mehr erhalten sollen, betrachte ich als eine Härte. Ich bitte die Direktion, mein Anliegen mit einer Fürsprache an den Stellvertretenden Vorsitzenden des Obersten Volkswirtschaftsrates, Gen. Meshlauk, weiterzuleiten. Betone noch, daß ich seit 20 Jahren im Automobilfach tätig bin. Ich arbeite in der Scheinwerferabteilung als Chauffeur auf Spezialmaschinen. Ich bitte mein Anliegen baldigst erledigen zu wollen. Weinert.«[117]

Das Elektrokombinat legte für Weinert, einen der besten Stoßarbeiter, bei der *Allunionsvereinigung für Elektrotechnik* und dem *Obersten Volkswirtschaftsrat* ein gutes Wort ein: »Wenn keine Möglichkeit besteht, Weinert Lebensmittelkarten zu geben, bittet das Betriebskomitee inständig darum, wenigstens seinen beiden tuberkulosekranken Kindern die Sonderversorgung zu genehmigen.«[118]

Aber das Werk hatte in dieser Situation wenig Einflußmöglichkeiten. Der Parteiaktivist Weinert suchte, in Erwartung einer negativen Antwort auf sein Gesuch, verzweifelt nach anderen Möglichkeiten, seine Familie zu ernähren. Er bat die Verwaltung des Elektrokombinats, ihm zu erlauben, seinen Verwandten in Berlin 15 Rubel monatlich in Valuta zukommen zu lassen, damit diese für die Familie Lebensmittel kaufen und in die UdSSR schicken konnten.

Auch die Kommunisten Koch, Ohlrich, Kieslich und Heisler, die Ende der 20er Jahre auf ihre Privilegien als ausländische Arbeiter verzichtet hatten, sahen sich 1930 gezwungen, um die Rücknahme dieses Schrittes zu bitten. Was die Sonderversorgung mit Lebensmitteln betraf, gelang ihnen das auch – mit Hilfe der Werkleitung und des *Obersten Volkswirtschaftsrates*.

Das Elektrokombinat versuchte, angesichts der sich immer weiter verschlechternden Lage auch eigene Versorgungsquellen für seine Arbeiter zu schaffen. In der *Ramenskij-Region* unterhielt das Werk zum Beispiel ein Staatsgut mit einer Schweinefarm. Einen Ausweg sah man auch in der Kaninchenzucht. Die Werkzeitung veröffentlichte in ihrer Ausgabe vom 12. Mai 1932 einen ungewöhnlichen Beitrag. In dem Artikel mit der Überschrift: »Ausländische Arbeiter schlossen sich im Kampf um Fleischres-

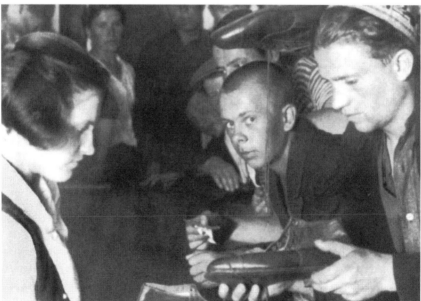

Brot und Fleisch gab es ab 1930 nur noch auf Karten, über die Genossenschafts-verkaufsstelle im Elektrokombinat wurde die »industrielle Avantgarde« gesondert versorgt (Aufnahmen von 1932).

sourcen zusammen« wird von einem Musterzuchtstall für Kaninchen berichtet, den die Bewohner des Hauses in der Uliza Matrosskaja Tischina aufbauen wollten. Dieses Vorhaben stellte sich aber bald als illusorisch heraus. Es gab kein Futter für die Tiere, und eine systematische Pflege konnte nicht gewährleistet werden, denn die Männer mußten arbeiten, und ihre Frauen lehnten es kategorisch ab, diese zusätzliche Last auf sich zu nehmen. Einige Aktivisten der Kaninchenaufzuchtbewegung hielten die Tiere auf den Balkons ihrer Wohnungen, was bald Konflikte mit den Nachbarn nach sich zog und dem Experiment ein jähes Ende bereitete.

Als Reaktion auf die allgemeine Notlage wurde den ausländischen Arbeitern in dieser Zeit eine Reihe von Zollvergünstigungen gewährt – nach außen hin als besondere Gunst der Sowjetmacht den Ausländern gegenüber deklariert, war es jedoch ein deutliches Zeichen dafür, daß die Versorgung mit Lebensmitteln aus eigener Kraft nicht gewährleistet werden konnte.

Mit den Erlassen Nr. 82 von 1930 des Hauptzollamtes und Nr. 163/t von 1931 des *Volkskommissariats für Binnenhandel* wurde es jedem Ausländer gestattet, monatlich bis zu fünf Kilo Konserven, 500 Gramm Kaffee, Kakao und Tabak, zwei Kilogramm Süßwaren und Zucker, bis zu drei Kilogramm Butter- oder Milchprodukte sowie Seife zollfrei einzuführen. Hinzu kam die Genehmigung für jährlich einen Mantel und einen Anzug, zwei Kopfbedeckungen und zwei Paar Schuhe, eine Garnitur Trikotagen, sechs Garnituren Unterwäsche, Strümpfe, Socken und drei Pfeifen. In jeder Sendung durfte eine Tube Zahnpasta und Schuhcreme enthalten sein.

In der Praxis wurden diese Vergünstigung aber nur von wenigen genutzt. Deutsche Arbeiter konnten kaum mit Unterstützung aus der Heimat rechnen. In der Regel waren ihre Angehörigen dort eher auf Hilfe aus der UdSSR angewiesen. Wenn sie überhaupt Pakete schickten, dann allenfalls zu den Feiertagen mit bescheidenen Geschenken wie Bonbons und Schokolade oder Kindersachen.

Ende 1935 wurde die Lebensmittelrationierung eingestellt. Die Talsohle der Versorgungskrise nach der verhängnisvollen Zwangskollektivierung der Landwirtschaft war durchschritten, und es ging langsam wieder aufwärts. Für die Ausländer bedeutete das allerdings nicht die Rückkehr zur *Sonderversorgung* vom Ende der 20er Jahre. Das war für immer vorbei.

Propaganda und Terror –
Deutsche Arbeiterfamilien in Moskau

Am 21. November 1933 brach die Hausverwaltung in der Uliza Matross-kaja Tischina 16a das Zimmer Nr. 2 der deutschen Gemeinschaftswohnung Nr. 15 auf. Das Zimmer hatten der deutsche Arbeiter Walter Putzke und seine Frau Erna gemietet.[119] Da die Mieter von ihren Mitbewohnern sehr lange nicht mehr gesehen worden waren, hatten sich diese an die Hausverwaltung gewandt. Später stellte sich heraus, daß Walter Putzke auf Dienstreise in Iwanowo-Wosnesensk unterwegs war und seine Frau sich kurzfristig entschlossen hatte, ihre Verwandten in Deutschland zu besuchen, ohne die Hausverwaltung davon in Kenntnis zu setzen.

In Gegenwart von Zeugen verzeichnete der Hausverwalter auf neun dicht beschriebenen Seiten des Protokolls das gesamte Hab und Gut der Familie, wobei ihm manches recht verwunderlich vorgekommen sein dürfte:

Ein großer Eßtisch mit Tischdecke, Vase, Zuckerdose und Kaffeebüchse, drei Wiener Stühle, ein Doppelbett – komplett mit Matratzen, Federbetten und Decken sowie einem zweiten Satz Bettzeug –, neben dem Bett ein Nachtschränkchen, darauf Bücher in deutscher Sprache, ein Wecker und ein Reißzeug. Im Schränkchen verschiedenes fotografisches Zubehör ... Dazu eine Fahrerbrille, ein Zimmerthermometer, ein Stangenzirkel, einige Dutzend Bücher, Schreibblöcke, eine Schachtel mit Briefen, ein Goldring, eine Taschenuhr, eine Wasserwaage, Grammophonplatten und Gesellschaftsspiele ... weiterhin zwei Schachteln mit verschiedenen Sorten von Steinen – offensichtlich war der Wohnungsinhaber Hobbygeologe; 24 Angelhaken. Ein zweites Nachtschränkchen verwahrte allerlei Maler-, Tischler- und Schlosserwerkzeug. An der Wand stand eine große Kommode mit drei Schubladen. Beim Öffnen der ersten dürften die Mitglieder der Kommission nicht schlecht gestaunt haben. Da lagen 20 Dosen Fischkonserven und 41 Stück Seife. Die zweite Schublade war vollgestopft mit einer riesigen Menge haltbarer Nahrungsmittel: mehrere Pakete Reis, Erbsen, Grieß, Linsen, Bohnen, Zucker, Salz, Soda, Kartoffelmehl, Nudeln, Tee und einige Packungen Kekse. Neben der Kommode stand ein Zehnkilosack Erbsen. In der unteren Schublade befand sich die Leibwäsche der Wohnungsinhaber, zwischen der Wäsche die Wertsachen: zwei Ringe aus Gold und zwei Silberuhren, offenbar aus Deutschland mitgebracht, sowjetische Wertpapiere aus dem dritten Jahr des *ersten Fünfjahrplans* zum Nennwert von 300 Rubel, ein Portemonnaie, ein Zigarettenetui und fünf Packungen Papirossi der Marke »Moskauer Troika«.

Die beiden Kleiderschränke enthielten nach sowjetischen Vorstellungen einen verblüffenden Mix aus eindeutig »bürgerlichen« Kleidungsstücken und »typisch kommunistischen« Sachen. So hing im Schrank ein schwarzer Frack – ein mit der klassischen Vorstellung von einem Proletarier vollkommen unvereinbares Kleidungsstück. Daneben drei teure ausländische Anzüge und ein Covercoat – ein eleganter dreiviertellanger Herrenmantel –, eine Weste, verschiedene Filzhüte, Lederhandschuhe, 18 gestärkte Kragen und 12 verschiedenfarbige Krawatten. Im selben Schrank lagen russische Galoschen, ein Paar Breeches, ein Komsomol-Anzug sowie zwei Komsomol-Schirmmützen, ein Jungsturm-Hemd, ein Pullover und ein Ledergürtel mit Schulterriemen, jeweils mit einem »Rot Front«-Abzeichen versehen. In einer Schublade fand sich ein kleiner Anhänger mit einem Kruzifix. Der Schrank enthielt sechs Paar getragene und ein Paar neue Schuhe.

Weiterhin verzeichnet das Protokoll 20 Handtücher und ebenso viele Taschentücher; 25 Paar warme Socken, diverse Kleiderstoffe – insgesamt 22 Meter. Ferner: eine elektrische Tischlampe, einen Petroleumkocher und einen elektrischen Heizofen. In einer Ecke neben der Tür stand eine große Papierrolle, aus der die Wandzeitung des Betriebs gefertigt wurde, an deren Gestaltung Putzke aktiv teilnahm.

Außer dem Eßtisch und einem Kleiderschrank, der aus dem Fundus des Elektrokombinats stammte, hatten die Putzkes ihre Möbel sowie ihren übrigen Besitz aus Deutschland mitgebracht, wobei offenbar ein nicht unbeträchtlicher Teil beim Transport beschädigt worden war. Putzkes Schadensliste führte eine Gesamtsumme von 2 500 Mark auf, unglaublich viel Geld für jene Zeit.[120]

Das Protokoll mit dem Inventarverzeichnis wirft ein Licht auf die Lebensgewohnheiten deutscher Facharbeiter, auf ihren Bedarf an Komfort und ihre Gewohnheiten in der Freizeit. Es beleuchtet schlaglichtartig die grundsätzlich verschiedenen Lebenswelten russischer und deutscher Arbeiter. Auch wenn die Deutschen mit der Zeit die Sprache erlernten, die sowjetische Staatsbürgerschaft annahmen und täglich Seite an Seite mit ihren russischen Kollegen arbeiteten, blieben sie Fremde, konnten sich nur schwer an die Lebensweise und die kulturellen Traditionen des Landes gewöhnen. Das traf erst recht auf die mitgereisten Ehefrauen zu, was oft zu familiären Konflikten führte.

Auch Erna Putzke, die ihrem Mann in die Sowjetunion gefolgt war, konnte sich hier nicht einleben. Immer wieder drängte sie ihren Mann, nach Deutschland zurückzukehren. Ernas Abreise aus Moskau – sie hatte bereits alle ihre wichtigen Sachen mitgenommen – war die letzte Aufforderung an ihren Mann. Im April 1934 kam sie ein letztes Mal auf Besuch. Wenig später suchte Walter Putzke die Deutsche Botschaft in Moskau auf, um Möglichkeiten seiner Rückreise zu erörtern. Ein Jahr später stand fest, daß er die UdSSR verlassen würde. Wie nicht anders zu erwarten war, wurde die private Entscheidung in eine politische umgemünzt, und Putzke mußte sich von seinen KPD-Genossen vorwerfen lassen, gegen die Parteidisziplin zu verstoßen. Sie bezeichneten den Bestarbeiter und Aktivisten als politisch unzuverlässig und warfen ihm *Verbindungen zur deutschen Botschaft* vor. Die Zeiten wurden rauher, die großen *Säuberungen* kündigten sich an.

Die »Musterfamilien« Huth und Zint

Nachdem der Schleifer Alfons Huth am 1. Februar 1931 seinen Arbeitsvertrag unterschrieben hatte, begann eine 12tägige Probezeit im Elektrokombinat. Einem für die Werksleitung verfaßten Bericht ist zu entnehmen, daß man ihn für die Arbeit im Werk für ungeeignet hielt. Er sollte hier zwar weiter beschäftigt, aber in der Lohngruppe heruntergestuft werden. Dem konnten die Werksleitung und die Parteiorganisation nicht zustimmen. Nur wenige im Elektrokombinat wußten, daß der betagte und unauffällige Alfons Huth ein langjähriges bewährtes Parteimitglied war; er hatte Karl Liebknecht und Rosa Luxemburg noch persönlich gekannt.

In den 20er und 30er Jahren hatte die kinderreiche Familie Huth unter ärmlichen Verhältnissen in Berlin gelebt. Nach langer Arbeitslosigkeit schloß Alfons Huth im Februar 1931 einen Vertrag mit dem Elektrokombinat ab und zog mit seiner Frau und den fünf Söhnen in die UdSSR. Zu Beginn nahm auch seine Frau Julia eine Stelle im Werk an, aber als die Söhne nach und nach zu arbeiten begannen, gab sie diese Stelle auf und wurde Hausfrau.

Die Huths bezogen eine Dreizimmerwohnung im Haus in der Uliza Matrosskaja Tischina. Auch in ihrer neuen Heimat war es nicht leicht, eine siebenköpfige Familie zu ernähren.

Der 20jährige Sohn Bruno trat wie sein Vater in das Elektrokombinat ein. Sein Wunsch war es, an der Arbeiterfakultät der Moskauer Universität zu studieren, um seine Ausbildung zu vervollkommnen. Sein Bruder Bernhard bekam Arbeit als Schlosser im Transformatorenwerk A.T.E. Der älte-

ste Sohn Johannes gehörte bald zu den besten Stoßarbeitern im Elektrokombinat; 1933 prangte sein Foto auf dem Titelblatt der Werkszeitschrift
»Einholen und Überholen«. In einem Artikel wurde er als einer der erfolg-
reichsten ausländischen Arbeiter gewürdigt.

Die Familie Huth, bereits in Deutschland im Geiste des Kommunismus
erzogen, wird zu einer Vorzeigefamilie der sowjetischen Propaganda. An
ihrem Beispiel werden der Öffentlichkeit in Deutschland die Vorzüge des
Lebens in der UdSSR demonstriert. Auf einen Artikel in der *Roten Fahne*,
dem Zentralorgan der KPD, in dem das Leben der Familie Huth in den
schönsten Farben geschildert wird, reagierte der sozialdemokratische »Vorwärts« mit Interviews, in denen deutsche Facharbeiter, die aus der Sowjetunion zuruckgekehrt waren, zu Wort kamen. Und was sie über den sowjetischen Alltag – u.a. auch über das Leben der Familie Huth – zu berichten
hatten, entsprach so gar nicht der schöngefärbten Berichterstattung der
KPD-Presse.

Mit der Broschüre »Berliner Proleten vom Moskauer Elektrosawod erzählen« findet diese Kontroverse ihre Fortsetzung – in ihr wird die Familie
Huth als eine mustergültige und glückliche Zelle der sowjetischen Gesellschaft dargestellt; alle haben Arbeit, studieren und blicken in eine ver-
heißungsvolle Zukunft. Die Botschaft ist eindeutig: Die UdSSR bietet der
Familie aus Deutschland Chancen, die im eigenen Land undenkbar sind.
Die Huths verwandelten sich von gewöhnlichen Leuten aus einfachen Verhältnissen in ein Symbol des Wohlstands. 1935 beschloß die Familie, nicht
mehr nach Deutschland zurückzukehren, und alle Familienangehörigen
nahmen die sowjetische Staatsbürgerschaft an. Bei einer Rückkehr nach
Deutschland wären sie sofort von den Faschisten verhaftet worden – die
Namen der Familienmitglieder standen in der sogenannten Sonderfahn-
dungsliste UdSSR der Sicherheitspolizei und des Sicherheitsdienstes, mit
der später auch die deutschen Truppen im Russlandfeldzug 1941 ausgestattet wurden.

Eine Weile schien es, als würden sich die Hoffnungen der Huths erfüllen.
Johannes besuchte Fortbildungskurse und stieg bald zum Konstrukteur im
Elektrokombinat auf. Paul und Bruno studierten Medizin, und der Klein-
ste, Karl, besuchte die deutsche *Karl-Liebknecht-Schule* in Moskau.

Von der Welle des *Großen Terrors*[121] wurde auch diese »Musterfamilie«
erfaßt. 1938 wurden nacheinander die Söhne Paul, Bernhard, Johannes und
Bruno verhaftet. Karl rettete nur seine Jugend. Die Brüder Huth gehörten
zum Kreis jener 90 Personen, die vom NKWD in einem Verfahren gegen die
erfundene *faschistische Spionageorganisation Hitlerjugend* verurteilt wurden. Außerdem benutzte man ihre Namen im Zuge der Vorbereitung des

Prozesses gegen die Teilnehmer an einer angeblichen »Verschwörung in der Komintern«, denn die Mitglieder der Familie Huth kannten führende Vertreter der deutschen Politemigranten in Moskau.[122]

Alfons Huth, von der Verhaftung seiner vier Söhne zutiefst erschüttert, versuchte verzweifelt, Informationen über ihr Schicksal zu erhalten, aber ohne Erfolg; nicht einmal von ihrer Hinrichtung wurde er in Kenntnis gesetzt. Er arbeitete weiter im Elektrokombinat, weigerte sich konsequent, sich von seinen Kindern loszusagen, wie es von ihm verlangt wurde, brachte öffentlich seinen Unmut über ihre Verhaftung zum Ausdruck und bestand hartnäckig auf ihrer Unschuld. Am 14. Juni 1940 wurde auch Alfons Huth, mittlerweile 62 Jahre alt, vom NKWD verhaftet und im September zu sieben Jahren *Besserungsarbeitslager* verurteilt. Er starb in der Haft.[123] Seine Frau Julia wurde nach Sibirien verbannt, wo sie verhungerte. Als einziger aus dieser vielköpfigen Familie überlebte der jüngste Sohn Karl diese Zeit des irrationalen Terrors.

Das Schicksal der Familie Huth ähnelt dem einer anderen deutschen »Arbeiterdynastie« in Moskau – dem Schicksal der Familie Zint. Auch über die Zints wurde in der Presse berichtet: Am 4. April 1932 veröffentlichte die *Rote Fahne* einen Artikel mit der Überschrift »So lebt eine Berliner Familie im Land des Sozialismus«, in dem ein Korrespondent die Zints als eine ganz gewöhnliche deutsche Familie aus der Ausländerkolonie des Elektrokombinats in Moskau vorstellte. In rosigen Tönen beschrieb er die Wohnverhältnisse der Zints, gab das Einkommen der Erwachsenen an und hob hervor, daß die Kinder kostenlos lernen und Sport treiben konnten. Die Zints selbst nannten darüber hinaus als wichtigste Errungenschaft der UdSSR die Tatsache, daß es keine Arbeitslosigkeit gäbe und daß der Staat eine Rente zahlen würde. Wie im Fall der Familie Huth bezweifelten der »Vorwärts« und andere deutsche Zeitungen den Wahrheitsgehalt der Angaben in der *Roten Fahne* und hielten Berichte ehemaliger deutscher Arbeiter des Elektrokombinats dagegen.

In der Broschüre »Berliner Proleten vom Moskauer Elektrosawod erzählen« wurde diese Diskussion aufgenommen, und man stilisierte die Zints ebenso wie die Huths zu positiven Helden:

»In der Sowjetunion fühlt sich Bernhard Zint wie zu Hause. Er ist vom Sieg des Sozialismus überzeugt und tut alles, was in seinen Kräften steht, um diesen Sieg zu beschleunigen. Sein Sohn Otto war in Deutschland arbeitslos, hier hat er Arbeit. Die Tochter Lotte arbeitete in Deutschland nicht. Jetzt arbeitet sie bei uns im Werk. Die Mutter [Margarete – die Übers.] arbeitet im Haushalt, nimmt jedoch aktiv am politischen und gesellschaftlichen Leben teil. Sie besucht die Kurse der Abenduniversität. Auch Opa Hermann ist kein Stubenhocker. Trotz seines Alters suchte er sich Arbeit im Betrieb. Die jüngsten Kinder [Gerda und Bruno] gehen zur Schule und sind Mitglieder der Pionierorganisation ... Der Lebensunterhalt der Familie ist gesichert. Sie muß sich um den morgigen Tag keine Gedanken machen. Wäre das auch der Fall, wenn die Zints in Deutschland leben würden? Im Land des Kapitalismus, im Land der Arbeitslosigkeit wäre das Schicksal der Familie ein anderes.«[124]

Als die Autoren der Broschüre ihre Texte verfaßten, konnten sie nicht ahnen, welches Schicksal in nicht so ferner Zukunft die Zints, die Huths und auch sie selbst ereilen würde. Die Zints waren durchaus nicht eine so »gewöhnliche« Familie, wie sie die sowjetische Propaganda darstellte. Der Familienvater, Bernhard Zint, seit 1930 Schweißer im Elektrokombinat, konnte auf eine beachtliche revolutionäre Laufbahn zurückblicken. Seit 1907 war er Mitglied der Sozialdemokratischen Partei Deutschlands, seit 1916 der Unabhängigen Sozialdemokratischen Partei und seit 1920 der Kommunistischen Partei Deutschlands – ein Kommunist der ersten Stunde also. Als aktiver Parteigänger verlor er wiederholt seinen Arbeitsplatz und wurde mehrmals verhaftet. Auch seine Frau Margarete war KPD-Mitglied seit Gründung der Partei 1919.[125] Alle vier Kinder wurden in kommunistischem Geiste erzogen und kamen mit in die Sowjetunion.

Das in der Propaganda vermittelte Bild von Wohlstand und Zufriedenheit entsprach jedoch nicht der tatsächlichen Familiensituation. Neben dem Vater arbeitete auch der älteste Sohn Otto im Elektrokombinat und gehörte bald zu den Bestarbeitern. Beide verdienten ca. 250 Rubel im Monat. Das reichte aber nicht, um die Familie zu ernähren – sie litt unter finanziellen Nöten, so daß Bernhard Zint immer wieder im *Ausländerbüro* und in der Verwaltung des Kombinats den geringen Lohn beklagte: Der betagte Vater und die Tochter seien gezwungen mitzuverdienen. In seinem Gesuch vom 4. August 1933 richtete Zint an das *Ausländerbüro* des Elektrokombinats die Bitte, ihn zur Arbeit in den Ural oder irgendwo anders zu überführen. Als Gründe benannte er die unbefriedigende finanzielle Situation der Familie. In den letzten Monaten habe sein Sohn Otto die Familie unterstützt, aber jetzt gründe er seinen eigenen Haushalt. Unter den gegebenen Umständen würde er an seiner Arbeit im Elektrokombinat keinen Gefallen mehr finden, schrieb Zint, er bitte darum, ihm eine Arbeit zuzuweisen, bei der er mindestens 500 Rubel monatlich verdienen könne. Sollte das Werk nicht in der Lage sein, die Angelegenheit zu regeln, würde er sich selbst darum kümmern. Zint deutete damit die Kündigung des Vertrages mit dem Elektrokombinat und eine mögliche Rückreise nach Deutschland an. Das

Otto Zint mit seiner Frau E. A. Grigorjewa 1936 in Moskau,
zwei Jahre vor seiner Verhaftung.

war angesichts des großen Propagandarummels um die Familie Zint uner-
wünscht. Die Mitarbeiter des *Ausländerbüros* schickten das Gesuch mit
ihren Erwägungen an seinen unmittelbaren Vorgesetzten Shelesnjak. »Zint
ist zweifellos ein hervorragender Elektro- und Autogenschweißer mit einer
Berufserfahrung von 33 Jahren«, schrieb Shelesnjak zurück. »Wir sind in
der Lage, seinen Verdienst als Akkordlohn auf 400 Rubel zu steigern, aber
damit ist er nicht zufrieden.«[126]

In diesem Fall fand sich also eine Lösung. Die Zints blieben im Elektro-
kombinat und wohnten weiter in der Wohnung Nr. 2 im Haus in der Uliza
Matrosskaja Tischina. Die Mitglieder der Familie nahmen die sowjetische
Staatsbürgerschaft an. Doch ihr weiteres Schicksal verlief ähnlich tragisch
wie das der Familie Huth. Im Jahre 1938 wurden Bernhard Zint und sein
Sohn Otto wegen »Spionage für Deutschland« verhaftet und auch in Verbindung mit den »Verschwörern in der Komintern« gebracht.[127] Bernhard
Zint verurteilte man zu acht Jahren Haft. Er verstarb noch im gleichen Jahr,
am 14. November 1938, im Gefängnis. Sein Sohn Otto wurde beschuldigt,
ebenso wie die Söhne der Familie Huth, Mitglied in der angeblich in Moskau existierenden *faschistischen Spionageorganisation Hitlerjugend* zu
sein. Otto Zint wurde im Februar 1938, noch vor der Verhaftung seines Vaters, erschossen.

Willi Koch und sein Kreis

Die Veteranen der Wolframabteilung Willi Koch alias Max Schmor und sein engster Kollegenkreis, zu dem Hans Ohlrich alias Rudolph Mühlberg, Franz Heisler alias Paul Schweitzer und auch der sowjetische Ingenieur Moisej Shelesnjak gehörten, bildeten eine geschlossene soziale Gruppe, die sich merklich von den übrigen Mitgliedern der Ausländerkolonie des Elektrokombinats unterschied. Koch, Ohlrich und Heisler verband eine enge langjährige Freundschaft nach »russischer Art« – man traf sich mit den Familien zum Essen, unternahm am Wochenende gemeinsame Ausflüge aufs Land –, was unter Ausländern ziemlich ungewöhnlich war. Diese enge Freundschaft wurzelte in der gemeinsamen politischen Vergangenheit der Männer in der Berliner Bezirksparteiorganisation Lichtenberg, Anfang der 20er Jahre, und hatte sich in der zehnjährigen Zusammenarbeit im Wolframwerk des Elektrokombinats unter der Führung von Moisej Shelesnjak gefestigt.

Auch die Umstände der geheimen Wolframoperation, die sie in die Sowjetunion geführt und zu einem jahrelangen Leben unter falschem Namen gezwungen hatten, schweißten sie eng zusammen. Es ist nachvollziehbar, daß diese Gruppe an einer Erweiterung ihres Bekanntenkreises gar nicht interessiert war. Erst Anfang der 30er Jahre, als eine große Zahl ehemaliger Arbeiter der Berliner Firmen Osram und AEG im Elektrokombinat eintraf, verlor die Existenz im Verborgenen ihren Sinn. 1933 heiratete Willi Koch, der in der UdSSR unter dem Namen Max Schmor lebte, die Arbeiterin Anastasija Abramowa. Die standesamtliche Registrierung der Ehefrau erfolgte unter dem Familiennamen Koch.

Zwei Jahre zuvor, 1931, war Koch unter dem Namen Max Schmor zum Abgeordneten des *Moskauer Stadtsowjets* gewählt worden. Erstmals kandidierten auch eine Reihe ausländischer Staatsangehöriger – Deutsche und Amerikaner – für solch eine Funktion. Mit dieser Aktion sollte der ganzen Welt die Verwirklichung des proletarischen Internationalismus demonstriert und die UdSSR als »Heimat aller Werktätigen« präsentiert werden. Die Zeitungen waren voll von Kommentaren zu diesem Ereignis – das erste Mal in der Geschichte des Landes, daß Ausländer das aktive und passive Wahlrecht ausüben konnten. Die Abgeordneten selbst standen im Zentrum der Aufmerksamkeit.

Die Aufstellung der ausländischen Kandidaten für den *Moskauer Stadtsowjet* war sorgfältig geplant worden. Die Auswahl der Kandidaten erfolgte durch das Moskauer Gebietsgewerkschaftskomitee unter Mitwirkung der Parteiorgane, daran schloß sich die Diskussion in den Arbeitskollektiven an. Die Versammlung des Wolframwerks nominierte Max Schmor (Willi Koch), die des Transformatorenwerks Otto Thiele. Nach ihrer Wahl zu Abgeordneten lernten sich Schmor und Thiele besser kennen und kamen sich dann durch ihre öffentliche Tätigkeit noch näher; beide arbeiteten zuerst in der für die Metro und später in der auch für die Straßenbahn zuständigen Sektion des *Moskauer Stadtsowjets*.

In den Jahren 1933 bis 1935 waren sie zudem Nachbarn in einer Gemeinschaftswohnung im Haus in der Uliza Matrosskaja Tischina. Otto Thiele arbeitete im Elektrokombinat als Dreher. Seine letzte Arbeitsstelle vor der Umsiedlung in die Sowjetunion waren die Berliner Askoma-Werke gewesen. Dort fungierte er als Leiter der Werksparteiorganisation und besaß große Autorität bei den Berliner Arbeitern. Im Januar 1931 nahm er die Arbeit im Moskauer Elektrokombinat auf, im April kamen seine Frau Else und die 16jährige Tochter Charlotte aus Berlin nach. Ihre beiden erwachsenen Kinder blieben in Deutschland zurück.

Schon bald nach ihrer Ankunft in der Sowjetunion brach das Unglück über die Familie herein. Am 30. November 1932 erlitt Tochter Charlotte im Haus in der Uliza Matrosskaja Tischina eine Gasvergiftung, an deren Folgen sie starb.

Die Regelung der familiären Angelegenheiten zwischen Moskau und Berlin erwies sich als aufreibend und finanziell schwierig. Thieles Frau erlitt zudem einen Nervenzusammenbruch und verübte zwei Selbstmordversuche; sein Sohn in Deutschland mußte in eine Nervenheilanstalt. Um die Beisetzung der Tochter in Deutschland zu veranlassen, war Thiele gezwungen, Antrag um Antrag, Gesuch um Gesuch zu schreiben. Er bettelte um Fahrkosten, Valuta, Visa, um die Entbindung von Beiträgen und Zeichnung von Staatsanleihen: »Ich bitte diese Zeit als arbeitslos zu betrachten und mich von den finanziellen Verpflichtungen ... zu entbinden«[128], schrieb er.

Seine Frau Else Thiele wollte nach der Beisetzung in Deutschland eigentlich nicht mehr in die UdSSR zurückkehren, aber materielle Schwierigkeiten zwangen die Familie dazu. Otto arbeitete wie vorher im Elektrokombinat und nahm auch seine Tätigkeit im *Moskauer Stadtsowjet* wieder auf. Aber im Februar 1933 starb unerwartet die älteste Tochter in Deutschland, im März 1935 folgte der kranke Sohn. Wie das Ehepaar den Tod ihrer Kinder verkraftet hat, ist schwer vorstellbar. Die Mitbewohner der Ausländerkolonie halfen den Thieles nach Kräften, das Werk finanzierte der Familie die Reisen zu den Beerdigungen.

Von 1933 bis 1935 wohnten die Thieles in einem 12-Quadratmeter-Zimmer im Haus in der Uliza Matrosskaja Tischina. Ihre Nachbarn wußten,

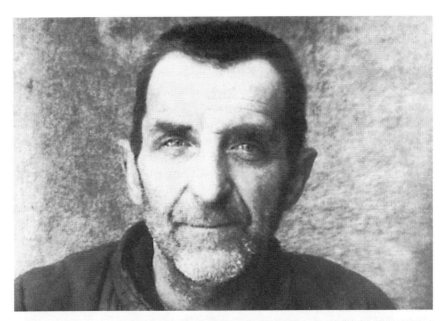

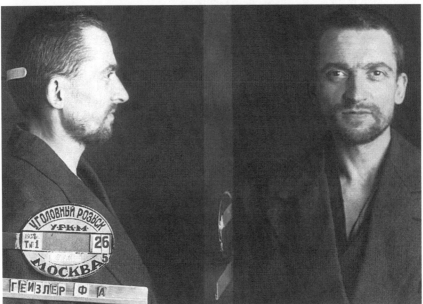

Fotos aus der Haft: Willi Koch 1949 nach der zweiten Inhaftierung (oben) und Franz Heisler 1938, wenige Wochen vor seiner Erschießung (unten).

daß die beiden schon lange darüber nachdachten, wieder nach Deutschland zurückzukehren. Anfang November 1935 verließ dann Else die UdSSR, und bald danach reichte Otto – inzwischen schon im Rentenalter – die Kündigung ein und folgte ihr. Wieder hatte er dafür ein Bittschreiben an das Auslandsbüro des Elektrokombinats verfassen müssen – um Reisespesen, Visa und Geld für den Umzug zu bekommen: »Besondere Umstände erfordern, daß ich mit meiner Frau nach Deutschland übersiedele und meine Arbeit im Elektrokombinat aufgeben muß, ich bitte die dazu nötigen Angelegenheiten bis Anfang November dieses Jahres zu erledigen.«[129]

Der Aufenthalt der Familie endete im November 1935. Otto Thiele schrieb dazu einen Brief an die Werkdirektion: »Werte Genossen ... ich [bin] gezwungen ... in nächster Zeit die Sowjetunion zu verlassen, die Gründe sind Gen. Petrowski ja bekannt. Wenn besondere Umstände es erfordern, das heißt, wenn uns aus diesem oder jenem Grund ein Leben in Deutschland zur Unmöglichkeit wird, wäre mein sehnlichster Wunsch, wieder in der Sowjetunion und im Elektrokombinat zu meinen alten Bedingungen in Arbeit zu treten. Ich verlasse die Sowjetunion und meine hiesige Arbeitsstelle mit schwerem Herzen. In der Hoffnung, daß mein Wunsch in Erfüllung geht, zeichne ich mit kommunistischem Gruß.«[130]

Anders als Otto Thiele machte Willi Koch ab 1934 – immer noch unter dem Namen Max Schmor – eine zweite Wahlperiode im *Moskauer Stadtsowjet* mit. In seinem Verantwortungsbereich, anfangs gemeinsam mit Thiele, lag das gesamte Moskauer Straßenbahn- und Metronetz. Die Berliner, die von zu Hause einen gut funktionierenden städtischen Nahverkehr gewöhnt waren, erkannten sofort, wo etwas zu verbessern war. In den Wagen beispielsweise fehlte es an ganz elementaren Dingen wie etwa Schildern mit Angaben zu Fahrtziel und Route. Doch es kostete die beiden viel Kraft und Mühe, ihre Vorschläge in die Praxis umzusetzen.

Zum engeren Kreis um Koch, Ohlrich und Heisler zählte während der gesamten 30er Jahre auch Shelesnjak. Eine Freundschaft wie diese, zwischen Mitgliedern der Ausländerkolonie und einem sowjetischen Kollegen, war eher selten. Shelesnjaks Tochter hat darüber 1994 berichtet: »Der Vater schätzte die Deutschen hoch: ihren Fleiß, ihre Gründlichkeit, ihre Erfindungsgabe. Zu Hause erzählte er uns, nach den deutschen Arbeitern könne man die Uhr stellen: Sie kommen zehn Minuten vor der Schicht, bereiten ihren Arbeitsplatz vor, und nach der Schicht räumen sie ihn auf. Der Vater stellte sie uns Kindern als Vorbild hin und auch den russischen Arbeitern, von denen viele nicht so gründlich waren. Ich erinnere mich an Gespräche darüber, daß im Elektrokombinat bei weitem nicht allen gefiel, daß der Vater die Ausländer so anpries.«[131]

Sogar in den späteren Verhörprotokollen des NKWD finden sich Hinweise für dieses Verhältnis zwischen Shelesnjak und den deutschen Arbeitern: »Alle wußten, daß Shelesnjak versuchte, Mühlberg und Schmor Autorität zu verschaffen. Sogar in privaten Gesprächen betonte er, daß sie unsere besten Leute sind«,[132] gab im Oktober 1937 der Leiter der Drahtabteilung L. Warlamow als Zeuge zu Protokoll.

Von allen Deutschen erinnerte sich Shelesnjaks Tochter am lebhaftesten an Willi Koch. »Er war besonders oft bei uns zu Hause, er war ein richtiger Freund der Familie ... gutmütig, immer lächelnd und sehr kinderlieb. Bei uns im Hof waren die Kinder ständig um ihn herum. Willi hatte ›goldene Hände‹, er konnte alles reparieren, aus nichts ein Spielzeug basteln. Am liebsten schnitzte er Figuren aus Holz. Aber er selbst hatte keine Kinder.«[133]

Auch an die Freizeitbeschäftigungen der befreundeten Deutschen hat Shelesnjaks Tochter viele interessante Erinnerungen. »Im Jahre 1934 erhielt der Vater als Auszeichnung eine Datscha in der Nähe von Moskau. Die Deutschen fuhren oft dorthin. Sie wanderten gern in Wald und Flur in der Umgebung von Moskau, sammelten Beeren und Pilze und angelten. Unsere Datscha diente als Basis für solche Wanderungen, man konnte dort übernachten und sich ausruhen. Die Deutschen unternahmen ihre Wanderungen immer in großer Gesellschaft und mit der ganzen Familie. Ein kleines Kind trugen sie in einem Rucksack spazieren. Das sorgte für großes Interesse und Aufregung bei den Dorfbewohnern.«[134]

Vermutlich war das eines der beiden Heisler-Kinder, an deren Erziehung der Freundeskreis regen Anteil nahm. Franz Heisler hatte in Berlin im Januar 1925, einige Monate vor seiner Abreise nach Moskau, geheiratet. Seine Frau kam viel später in die UdSSR. Im Oktober 1931 wurde ihr Sohn Fritz geboren, im Jahr 1937 die Tochter Gerda.

Zwischen den Familien Koch und Ohlrich bestand eine enge Beziehung. Eine Mitbewohnerin der Gemeinschaftswohnung, Jewlampija Kotowa, verstand zwar kein Deutsch, gleichwohl diente sie dem NKWD als wichtige Zeugin des Alltags ihrer deutschen Nachbarn. »Ich weiß, daß Shelesnjak oft bei Ohlrich (Mühlberg) zu Besuch war, er blieb sogar zum Essen. Auch Koch (Schmor) und die anderen Deutschen kamen oft zu ihm. Ohlrich war sehr verschlossen, er verkehrte hauptsächlich mit den Deutschen. Russen besuchten ihn nicht, außer Shelesnjak. Ohlrich und seine Frau Gertrud nahmen 1935 die sowjetische Staatsbürgerschaft an. Ich erinnere mich, daß in den Jahren 1936/37 Ohlrich zusammen mit Koch und Shelesnjak oft auf seine Datscha bei Malojaroslawetz fuhr. Die Familie bekam ungefähr alle zwei Wochen Briefe aus Deutschland, aber drei Wochen vor der Verhaftung haben sie sämtliche Briefe im Badeofen verbrannt.«[135]

Abschied von der Weltrevolution

Ab 1932 wurden keine weiteren Ausländer für die Arbeit im Elektrokombinat angeworben. Zu diesem Zeitpunkt hatte die Ausländerkolonie des Kombinats mit 170 bis 180 Personen ihren höchsten Stand erreicht – von da an verringerte sie sich stetig. Viele Arbeiter, deren Verträge ausliefen, reisten ab. Diese Entwicklung vollzog sich auch in den anderen sowjetischen Industriebetrieben. Die von sowjetischer Seite gehegte Hoffnung, die UdSSR würde für die Mehrheit der Ausländer, die bei ihrer Ankunft mit dem Sowjetsystem wenigstens sympathisiert hatten, zur zweiten Heimat werden, erfüllte sich nicht – die ausländischen Arbeiter, die man noch gestern als »Freunde des Sowjetlandes« begrüßt hatte und zur Avantgarde der Weltrevolution rechnete, stimmten mit den Füßen ab. Die sowjetische Propaganda beschuldigte sie daraufhin des »Kleinbürgertums« und hielt ihnen die russischen Arbeiter als heldenhafte, echte Proletarier entgegen.

Während im Jahre 1928 die »Prawda« noch einen Artikel mit der Überschrift »Was müssen wir von den ausländischen Arbeitern lernen?« veröffentlicht hatte, in dem sich 17 ausländische Arbeiter zu Mängeln und Verbesserungsmöglichkeiten äußerten, war die Losung, die man Mitte der 30er Jahre in den Zeitungen las, eine völlig andere. Jetzt hieß es: »Was müssen die Ausländer in der UdSSR lernen?«

Vom Klassenbruder zum Feind des Sowjetvolks

Nachdem Hitler in Deutschland an die Macht gekommen war, gerieten die in der UdSSR lebenden »Staatsbürger faschistischer Staaten« – Deutsche und Italiener, später Finnen, Esten und Japaner – zunehmend in das Visier von Parteiorganen und Geheimdienst. Auch die Rußlanddeutschen und selbst jene Ausländer, die die sowjetische Staatsbürgerschaft angenommen hatten, galten von diesem Zeitpunkt an als potentielle Feinde der UdSSR. Die »Spionomanie« und antideutsche Stimmungen wurden gezielt angeheizt und griffen um sich.

Die sowjetische Ausländerpolitik war in dieser Zeit bemerkenswert widersprüchlich. Einerseits galt die strikte Forderung, die ausländischen Arbeitskräfte im Land zu »verankern« und ihre Reemigration zu verhindern. Andererseits verkündete man lautstark, daß es der Unterstützung durch ausländische Arbeitskräfte nicht mehr bedürfe. Es gab inzwischen genug qualifizierte Kader im eigenen Land. Das Elektrokombinat richtete zum Beispiel im Juni 1931 zusammen mit dem Moskauer Elektromechanischen Institut eine Arbeiterfakultät ein, in der Elektroingenieure ausgebildet wurden, und eröffnete im März 1932 eine Werksschule, in der Facharbeiter und Spezialisten Fortbildungskurse abhielten.

Die spürbare Abwanderung der Wirtschaftsimmigranten ab 1933 wurde zum Teil durch die politischen Flüchtlinge aus Deutschland, Polen und Österreich, die in die Sowjetunion kamen, kompensiert. Es handelte sich in der Regel um Funktionäre der kommunistischen Parteien ihrer Heimatländer, die verpflichtet wurden, die sowjetische Staatsbürgerschaft anzunehmen. Sie besaßen meistens keine hohe Qualifikation, waren aber »lenkbarer« als ihre Vorgänger. Eine Ausnahme bildeten die österreichischen *Schutzbündler*, die Ende 1934 in die UdSSR kamen, unter ihnen erfahrene Meister und hochqualifizierte Facharbeiter, die früher bei Siemens-Schuckert, Waagner-Biro oder Austro-Fiat in Wien gearbeitet hatten. Mehr als 20 von ihnen fanden Arbeit im Elektrokombinat.

Es war demnach nicht die Angst vor einem Mangel an qualifizierten Arbeitskräften, die die sowjetischen Behörden veranlaßte, ihre Politik der »Verankerung« so nachdrücklich zu betreiben, sondern die Befürchtung, die reemigrierten Arbeiter könnten in aller Welt die Propaganda Lügen strafen und die Wahrheit über die Lage in der Sowjetunion verbreiten.

In diesen Jahren mehrten sich die Fälle von Diskriminierung, Verfolgung und Repression. In der Ausländerkolonie breitete sich Unruhe aus. Oft löste die Abreise eines Arbeiters eine Kettenreaktion unter seinen Landsleuten aus. Die »Tschistka« des Jahres 1933, d. h. die *Säuberung* der Kommunistischen Partei von »fremden Elementen«, war ein weiterer Schritt auf dem Weg zur Sowjetisierung der ausländischen Belegschaft und ihrer Familien. In November 1933 »enthüllte« das NKWD in Moskaus einziger deutscher Schule, der *Karl-Liebknecht-Schule*, eine vermeintliche nationalchauvinistische Schülervereinigung, die sich mit faschistischer Propaganda beschäftigt haben sollte. Die Schule wurde unter verschärfte Kontrolle gestellt, das Lehrerkollegium »gesäubert«. Viele Angehörige der Ausländerkolonie, deren Kinder diese Schule besuchten, sahen darin eine gezielte politische Aktion.

Ein anderes »Ereignis«, das für großes Aufsehen sorgte, war die skandalöse Flucht des Politemigranten Erich Wollenberg aus Moskau. Wollenberg war ein bewährter und ehedem hochgeachteter Funktionär der KPD, zeitweilig Vorsitzender der Ausländersektion des *Moskauer Stadtsowjets*. Willi Koch und Hans Ohlrich kannten ihn aus der Arbeit im Moskauer deutschen Klub, Wilhelm Baumert noch von der Parteiarbeit in Deutschland her. Anfang der 30er Jahre war Erich Wollenberg als politischer Flüchtling in die UdSSR gekommen, schon 1933 wurde er »wegen Verdachts oppositioneller Tätigkeit« festgenommen und aus der KPD ausgeschlossen. Wieder auf freiem Fuß, wurde ihm angesichts der Entwicklung der politischen Lage Ende 1933, Anfang 1934 klar, daß er in höchstem Grade gefährdet war und jederzeit wieder verhaftet werden konnte. Wollenberg nutzte seine Erfahrungen aus der Zeit der illegalen politischen Arbeit und führte die *Abteilung Internationale Verbindungen*, den Geheimdienst der Komintern, an der Nase herum. Mit gefälschtem Paß floh er zunächst nach Prag und dann weiter nach Paris, wo er sich den Trotzkisten anschloß.

In der Folge gerieten viele ehemalige KPD-Funktionäre in das Visier des NKWD. Das Denunziantentum breitete sich auch innerhalb dieser Kreise massiv aus.

Unter der Losung »Verstärkung der Wachsamkeit« lief 1933 im Elektrokombinat – wie auch landesweit – eine *Säuberung* der Parteiorganisationen. Auch die Ausländer waren in die Kampagne einbezogen, viele von ihnen erlebten zum ersten Mal eine politische Aktion von solchem Ausmaß – mit hochnotpeinlichen Befragungen, Anhörungen in öffentlichen Versammlungen und massiven Übergriffen auf das Privatleben. Insgesamt wurden während dieser *Säuberung* im Werk 193 Personen aus der Partei ausgeschlossen, das waren 6,7 Prozent aller Parteimitglieder. Verglichen mit dem gesamten Moskauer Gebiet ein relativ geringer Anteil. In der Regel gab es im Zuge der Aktionen doppelt so viele Parteiausschlüsse.

Von den *Säuberungen* waren auch die ausländischen Kommunisten betroffen. Fritz Heckert, einer der Führer der KPD, rief in der Vollversammlung der ausländischen Arbeiter des Elektrokombinats dazu auf, wachsam zu sein und die Feinde zu entlarven. Die Säuberungskommission befand, daß die Partei seit 1931 keine ausreichende politische Erziehungsarbeit unter den Ausländern geleistet habe. Daraufhin wurde in den Sitzungen der Ausländersektion des Moskauer Gebietsgewerkschaftskomitees der Ton schärfer. Am 9. April 1934 warnte der Leiter der Sektion, Frido, die Vertreter der Moskauer Betriebe: »Der Klassenfeind schläft nicht!«, und forderte das versammelte Aktiv auf, alle Verdächtigen unter den ausländischen Arbeitern zu beobachten – ihre Stimmungen und ihr Verhalten – und in allen

Einzelheiten darüber Bericht zu erstatten. Allerdings räumte er ein: »Aber man kann auch nicht jede schlechte Einstellung dem Klassenfeind zuschreiben. Man muß nicht immer schlagen, sondern auch lehren und umerziehen.« Doch zwischen »Schlagen« und »Lehren« neigte sich die Waagschale immer mehr zum »Schlagen«. Am 4. November 1934 faßte das ZK der KPdSU(B) den Beschluß »Über die Arbeit unter der deutschen Bevölkerung«, dessen Stoßrichtung der Kampf gegen antisowjetische und »unloyale« Elemente war, was zur Folge hatte, daß alle ausländischen Mitglieder der Parteiorganisation einer Überprüfung unterzogen und genötigt wurden, die sowjetische Staatsbürgerschaft anzunehmen.

Das NKWD konzentrierte sich auf die Entlarvung »faschistischer Elemente«, zum Anlaß erfand man oft »konterrevolutionäre Organisationen«. Im Zuge des Umtausches der Parteimitgliedsbücher im Jahre 1935 widmete man Ausländern und jenen Parteimitgliedern, die aus anderen kommunistischen Parteien in die KPdSU(B) überführt worden waren, besondere Aufmerksamkeit. In nichtöffentlichen Parteiversammlungen war immer wieder die Rede von »faschistischen Elementen« und »faschistischen Handlungsweisen«. Zu diesen zählte bereits der Briefwechsel mit den Verwandten in Deutschland oder ein Gang zur Deutschen Botschaft oder in das Konsulat. Erste Verhaftungen wurden vorgenommen. Zwischen 1935 und 1936, also noch vor dem Beginn der Massenrepressionen, wurden in Moskau und im Moskauer Gebiet 126 deutsche Politemigranten, durchweg ehemalige KPD-Funktionäre, verhaftet.[136]

Im Elektrokombinat sammelten das *Ausländerbüro* und das Parteikomitee Informationen über alle hier beschäftigten Ausländer und übergaben sie dem Volkskommissariat für Schwerindustrie und dem NKWD. In den Personalakten verlagerte sich der Schwerpunkt der persönlichen Beurteilungen; wenn früher die berufliche Qualifikation im Vordergrund stand, lag jetzt das Schwergewicht auf der Frage nach der ideologischen und politischen Zuverlässigkeit. Man suchte gezielt nach negativem und die Ausländer kompromittierendem Material.

In den Jahren 1936/1937 wurden ca. 3000 in der UdSSR lebende Mitglieder der deutschen Sektion der Komintern überprüft, um »Trotzkisten, Spione und antisowjetische Elemente zu entlarven« und aus der Partei zu entfernen. Belastendes Material aus dieser Überprüfung wurde an das NKWD weitergeleitet. Grundlage für spätere Verhaftungen vieler ausländischer Arbeiter waren insbesondere die Informationen, die das NKWD vom Parteikomitee des Werks erhalten hatte.

Darüber hinaus wurden aber Mitte der 30er Jahre verstärkt sogenannte Geheime Mitarbeiter [russ. Sekretnye sotrudniki – die Übers.] angeworben, um umfassende Informationen über die Stimmung und das Denken unter den Immigranten zu erhalten. Viele erklärten sich unter Zwang zur Zusammenarbeit mit dem NKWD bereit; andere zogen es vor, der UdSSR den Rücken zu kehren, und entgingen dadurch letztlich Stalins Folterkammern.

Parteiorganisation und Betriebsverwaltung setzten jeden unter Druck, der den Wunsch äußerte, die UdSSR zu verlassen, um die Abreise zu verhindern. Das Parteikomitee des Elektrokombinats drohte mit Ausschluß. Die besten und qualifiziertesten Arbeiter fielen so bei der Partei in Ungnade. Das letzte formale Band, das die deutschen Arbeiter mit der Heimat verknüpfte und ihnen nicht nur das Recht auf Rückkehr gab, sondern auch einen gewissen Schutz vor unberechenbaren politischen Aktionen in der UdSSR, blieb die deutsche Staatsbürgerschaft. Deshalb zögerten viele die Annahme der sowjetischen Staatsbürgerschaft so lange wie möglich hinaus. Sogar unter denen, die bereits aus der KPD in die KPdSU(B) überführt worden waren, gab es viele, die den deutschen Paß behalten hatten und folglich auch in unregelmäßigen Abständen die deutsche Botschaft zur Verlängerung der Aufenthaltsgenehmigung aufsuchten. Dazu gehörten auch Willi Koch, Hans Ohlrich und Franz Heisler. Im April 1932, als die Ausländerparteizelle des Elektrokombinats 66 Kommunisten zählte, besaßen nur sieben von ihnen die sowjetische Staatsbürgerschaft.[137] Nach Hitlers Machtergreifung galt allein schon der Gang zur deutschen Botschaft in Moskau als Verrat, was ein Aufsuchen der diplomatischen Vertretungen nahezu unmöglich machte. Der Druck auf die ausländischen Kommunisten, die sowjetische Staatsbürgerschaft anzunehmen, wurde immer stärker. Trotzdem schoben viele die endgültige Entscheidung unter allen möglichen Vorwänden vor sich her, weil sie wußten, daß dies den endgültigen Verzicht auf ihre Rückkehr nach Deutschland bedeuten würde. Es kam oft vor, daß ein zögerlicher Kommunist vors Parteikomitee zitiert und ultimativ vor die Entscheidung gestellt wurde. Wer sich weiterhin weigerte, dem drohten Ausschluß aus der Partei, Kündigung im Werk und Ausweisung nach Deutschland.

Willi Koch, Hans Ohlrich und Erich Wittenberg, alles loyale Kommunisten, entschlossen sich erst im September 1935, die sowjetische Staatsbürgerschaft anzunehmen. Hans Ohlrich und seine Frau Gertrud zweifelten lange an der Richtigkeit dieses Schrittes. Laut Shelesnjak war in ihrem Falle besondere »Aufklärungsarbeit« nötig. Sie baten zuvor allerdings noch um die Genehmigung, Frau Ohlrich für Oktober und November 1935 wegen dringender familiärer Angelegenheiten nach Deutschland fahren zu lassen.

Obwohl den Ohlrichs zu verstehen gegeben wurde, daß die Reise nicht erwünscht sei, fuhr Gertrud Ohlrich nach Deutschland. Nach ihrer Rückkehr wurde Hans Ohlrich vor das Parteikomitee beordert und mußte sich für das Benehmen seiner Frau rechtfertigen: »Ich muß sagen, daß meine Frau und ihre Mutter einander sehr lieben und sie mich gebeten hat, ihre Mutter ein letztes Mal sehen zu dürfen.«[138] Ohlrich konnte nicht wissen, daß dieses Treffen seiner Ehefrau mit den Verwandten in Deutschland tatsächlich das letzte gewesen sein sollte.

Franz Heisler wurde wegen seiner Unentschlossenheit, auf die »faschistische Staatsbürgerschaft« zu verzichten, Ende 1935 aus der Partei ausgeschlossen. Im Sitzungsprotokoll der Parteiversammlung vom 26. Dezember 1935 wurde vermerkt, daß Heisler es seit zehn Jahren unter allen möglichen Vorwänden ablehne, die Staatsbürgerschaft zu wechseln.[139] Möglicherweise aus Angst, auch noch aus der UdSSR ausgewiesen zu werden, entschloß sich Heisler im Sommer 1936 dann doch zu diesem Schritt.

Nach Hitlers Machtübernahme befanden sich die deutschen Arbeiter des Elektrokombinats in der Sowjetunion »zwischen Hammer und Amboß«. Es wurde für sie immer schwerer, die Verbindung mit den Verwandten in Deutschland aufrechtzuerhalten. Betriebsleitung und Parteikomitee sorgten dafür, daß Urlaubsreisen nach Deutschland auf ein Mindestmaß reduziert wurden. Die öffentliche Meinung in der UdSSR gegenüber den Deutschen änderte sich unter dem Einfluß der wachsenden faschistischen Bedrohung stark zum Negativen. Wer in dieser Situation den Wunsch äußerte, in die Heimat zurückzukehren, stand nicht nur vor einer äußerst schweren Wahl mit unbekannten Folgen, sondern mußte auch damit rechnen, der indirekten Unterstützung des Faschismus beschuldigt zu werden.

Rückreise und Ausweisung

1934 war die materielle Lage der Ausländer in der Sowjetunion ziemlich schlecht. Es gab keine *Sonderversorgung* mehr, es wurden keine Valutalöhne mehr gezahlt, die letzten Ersparnisse gingen zur Neige. Auf der anderen Seite hatte sich die ökonomische Lage im Westen, besonders in Deutschland, wesentlich verbessert.

Mit den Gründen für die Rückreisewelle setzte sich die Leitung des Volkskommissariats für Schwerindustrie in einem Brief an die Leitung der Einheitsgewerkschaft vom 21. April 1935 auseinander:

»Die veränderte Konjunktur im Ausland (vor allem in Deutschland) hat nach der Machtübernahme des Faschismus und der Belebung der Rüstungsindustrie (des Hüttenwesens, der chemischen und insbesondere der metallverarbeitenden Industrie) zu einer Abwanderung eines bedeutenden Teils der ausländischen Arbeiter und Facharbeiter aus der Sowjetunion geführt. Die große Masse von ihnen ist in der Hoffnung ausgereist, dort Arbeit zu finden, und weil sie in der UdSSR keine Devisen erhalten, um diese zu sparen oder für den Unterhalt der in Deutschland verbliebenen Angehörigen zu verwenden ... Die offiziellen Vertreter der deutschen Botschaft betreiben eine intensive Propaganda unter den ausländischen Arbeitern und fordern dazu auf, die Sowjetunion zu verlassen; sie versprechen Arbeitsplätze und drohen damit, eine spätere Rückkehr in die Heimat zu untersagen.«[140]

Das blieb nicht ohne Wirkung. Viele deutsche Proletarier, darunter auch zahlreiche Kommunisten, entschlossen sich zur Rückkehr. Nachdem sich die Chance auf einen Arbeitsplatz zu Hause erhöht hatte, gaben sie Hitlerdeutschland und nicht Stalins Sowjetunion den Vorzug, wobei sie sogar eine drohende Verhaftung wegen ihrer Mitgliedschaft in der KPD in Kauf nahmen.

Die neuen Machthaber in Deutschland unterstützten diese Rückkehrbewegung aktiv, nicht nur mit aggressiver antisowjetischer Propaganda.[141] Die NSDAP richtete eine spezielle Koordinationsstelle für die Angelegenheiten Zurückkehrender ein – die Gründe dafür waren doppelter Natur. Zum einen ließ sich die Reemigration propagandistisch ausschlachten, zum anderen waren diese Personen für die deutsche Abwehr eine unschätzbare Informationsquelle, denn bis Mitte der 30er Jahre arbeiteten noch viele ausländische Spezialisten in sowjetischen Rüstungsbetrieben.

Zu den deutschen Kommunisten, die nach Deutschland zurückkehrten, gehörten Ende 1934, Anfang 1935 auch Erich Matté und Fritz Pose – zwei der Autoren, die in der Broschüre »Berliner Proleten vom Moskauer Elektrosawod erzählen« kurz zuvor noch die deutschen Arbeiter von den Vorteilen des Lebens in der UdSSR überzeugen wollten. Zwischen März und Oktober 1935 reisten Max Schultze, Walter Putzke, Max Nitzboral und Arthur Schwitzing mit ihren Familien aus, wenig später folgte ihnen der ehemalige Abgeordnete des *Moskauer Stadtsowjets* Otto Thiele. Im Mai 1936 verließ Bernhard Zessin, er gehörte der KPD seit 1920 an, die Sowjetunion.

Wer sich nicht zu diesem Schritt durchringen konnte, aber auch nicht die sowjetische Staatsbürgerschaft annehmen wollte, wurde ab 1936 zwangsweise ausgewiesen. Langjährige Mitglieder der KPD wie Erich Schenk, Richard Kretzscher, Hermann Lange und Walter Friedländer wurden auf diese Weise direkt an die Gestapo ausgeliefert. 1937 kündigte man in den sowjetischen Betrieben allen Ausländern, die sich weigerten, die sowjetische Staatsbürgerschaft anzunehmen.

In auswegloser Lage waren die deutschen Immigranten jüdischer Abstammung, die der sowjetischen Propaganda von der internationalen proletarischen Solidarität Glauben geschenkt hatten und jetzt ins faschistische Deutschland zurückgeschickt wurden. »Wie ist das möglich, daß die auf der ganzen Welt proklamierte Theorie des Kommunismus, die in Stalins Verfassung steht, in den feierlichen Losungen, in den Reden der Regierungsmitglieder über das Asylrecht für die Emigranten aus den faschistischen Ländern, so gebrochen wird?« schrieb Eva Friedländer in einem verzweifelten Brief an das Präsidium des *Obersten Sowjet*, in dem sie um die Revidierung der Ausweisung ihres Mannes Walter flehte. Sie verglich das Vorgehen des NKWD mit dem der Faschisten und klagte, daß sie »hier, in der UdSSR, zum Opfer des Faschismus werde«.[142]

Reemigranten im faschistischen Deutschland

Zwischen 1936 und 1938 kehrten Hunderte von deutschen Arbeitern aus der UdSSR in die Heimat zurück. Der Strom der Rückkehrer war erheblich stärker als in der ersten Hälfte der 30er Jahre. In den eineinhalb Jahren von Mitte 1934 bis Ende 1935 registrierte die Gestapo 380 Reemigranten aus der UdSSR, allein in den ersten drei Monaten des Jahres 1936 wurden 300 Rückkehrer erfaßt, bis Anfang 1937 noch einmal 400. Im April 1938 trafen 258 deutsche Staatsbürger aus der Sowjetunion in Berlin ein, davon 118 Männer, 99 Frauen und 41 Kinder, im Mai noch einmal 170 Personen.[143] Ungefähr 70 Prozent dieser Rückkehrer registrierte die Gestapo als Kommunisten oder KPD-Sympathisanten.[144] Alle wurden verhört und unter strenge behördliche Aufsicht gestellt. Sie mußten einen speziellen Fragebogen über die Organisation der Kommunistischen Partei in den Betrieben und über ihre Funktionäre ausfüllen und Angaben zu Aktivisten machen. Diese Angaben verglich die Gestapo mit den Informationen, die der sowjetischen Presse entnommen waren, und stellte auf dieser Grundlage Fahndungslisten von »Personen, die eine besondere Gefahr für das Regime darstellen«, zusammen. Jüdische Rückkehrer wurden in Konzentrationslager gesperrt, ebenso kommunistische Funktionäre sowie Personen, die bezichtigt wurden, in der UdSSR antideutsche Propaganda betrieben zu haben.

Wer in dieser Zeit nach Deutschland zurückkam, war von den bitteren Erfahrungen zermürbt oder psychisch gebrochen. Ein großer Teil von denen, die nicht verhaftet wurden, verfiel in politische Apathie und verhielt sich neutral oder loyal zum faschistischen Regime. Die vor ihrer Ausreise aus Deutschland als politisch unzuverlässig geltenden Personen, so hieß es in Gestapo-Berichten aus Dortmund, Lüneburg und Dresden aus dem Jahre 1938, würden nach ihrer Rückkehr keinen Anlaß für das Eingreifen der Gestapo bieten.[145] Aus der Pfalz wurde 1938 gemeldet, daß von den hier registrierten 37 Rückkehrern aus der Sowjetunion 19 auf eigenen Wunsch ausgereist sind, 13 mit Gewalt des Landes verwiesen wurden, fünf Personen die Aufenthaltsgenehmigung nicht verlängert wurde.

Stalin hat der UdSSR kaum mehr schaden und Hitler und der national-sozialistischen Ideologie kaum ein wertvolleres Geschenk machen können, als er es mit der Verfolgung prosowjetisch eingestellter Emigranten und der Diskriminierung der in der UdSSR lebenden Deutschen, mit ihrer Verhaftung oder Ausweisung aus dem »Vaterland aller Werktätigen« tat.

Für den einfachen deutschen Arbeiter bedeutete die Enttäuschung, die ihm mit dem Alltag des sowjetischen Sozialismus am eigenen Leib wider-fahren war, nicht nur den Zusammenbruch seiner Ideale und Hoffnungen, sondern ließ so manchen nach Alternativen suchen, zu denen durchaus auch der Nationalsozialismus gehören konnte.

Ausländer und ihre Familien während der Massenrepression

Bei den Ausländern, die zwischen 1934 und Anfang 1937 in der Sowjet-union blieben, als es noch die Chance gab, den Mühlsteinen der Massen-repression zu entfliehen, handelte es sich in der Regel um prosowjetisch eingestellte Immigranten und um jene, die bereits die sowjetische Staats-bürgerschaft angenommen hatten. Sie nahmen zu Recht an, daß ihre Na-men auf den »Schwarzen Listen« oder in den Fahndungsbüchern der Na-tionalsozialisten verzeichnet waren. Auch ehemalige Parteifunktionäre und »Illegale«, die in der Heimat wegen ihrer Teilnahme an revolutionären Ak-tionen oder bewaffneten Zusammenstößen gesucht wurden, blieben in der UdSSR. In der Regel waren sie als Politemigranten anerkannt. Schließlich blieben, wenn man sie ließ, die Deutschen jüdischer Abstammung. Auslän-dische Arbeiter, die von der Regierung gewürdigt oder mit Auszeichnungen geehrt wurden, zogen es ebenfalls vor, die Sowjetunion nicht zu verlassen.

Für Ohlrich, Koch und Heisler, Hoffmann und Deibel war der Rückweg ohnehin versperrt, weil sie mit gefälschten Pässen in die Sowjetunion ge-kommen waren oder hier unter falschem Namen lebten. Andere, die russi-sche Frauen geheiratet hatten, blieben aus persönlichen Gründen.

Am 20. Juli 1937 beschloß das Politbüro des ZK der KPdSU(B), dem NKWD den Auftrag zu erteilen, alle Deutschen, die in Rüstungsbetrie-ben arbeiteten, zu verhaften. Ein Teil der Verhafteten sollte ins Ausland abgeschoben werden. Über den Verlauf der Operation und die Zahl der Verhafteten sollte dem ZK täglich Bericht erstattet werden.[146] Am 6. August meldete Nikolai Jeshow, als Volkskommissar des Innern auch Chef des Geheimdienstes, an Stalin, daß innerhalb einer Woche im Zuge der *deutschen Operation* in den größten Industriebetrieben insgesamt 19 »Spionagenester« aufgedeckt wurden. Bis zum 28. August 1937 waren 472 deutsche Staatsbürger verhaftet, davon allein in Moskau und in der Moskauer Region 130. In den Betrieben der Rüstungsindustrie gab es jetzt keinen einzigen Deutschen mehr. Sie galten generell als *Fünfte Kolonne*.

Dessen ungeachtet gestattete das Politbüro am 31. Januar 1938 dem NKWD, die *nationale Operation* zur Vernichtung der Spionage- und Sabotagekontingente aus Polen, Letten, Deutschen, Esten, Finnen, Griechen, Iranern, Chinesen und Ungarn, seien es nun ausländische oder sowjetische Staatsbürger, bis zum 15. April 1938 fortzusetzen.

Die Verhaftungen wurden in der Öffentlichkeit propagandistisch begleitet. 1937 erschien in Minsk ein Sammelband über »Ausländische bürgerliche Spionage und Gegenspionage«, der mit der Rede Stalins vom 3. März desselben Jahres auf dem Februar-März-Plenum des ZK der KPdSU(B) eingeleitet wurde. Stalin hatte in dieser Rede hervorgehoben, daß »die bürgerlichen Staaten ins Hinterland der Sowjetunion doppelt und dreimal soviel Schädlinge, Spione, Diversanten und Mörder schicken müssen als in das Hinterland eines beliebigen bürgerlichen Staates«[147]. In einer 1937 in Minsk veröffentlichten Broschüre mit dem Titel »Über einige heimtückische Methoden der Anwerbungsarbeit ausländischer Spionagedienste« hieß es, daß »jeder Spion, der aus den kapitalistischen Ländern zu uns geschickt wurde, versucht, sich möglichst schnell den sowjetischen Verhältnissen anzupassen, sich wie ein sowjetischer Mensch zu verhalten, eine Arbeitsstelle zu finden«. Zur Erfüllung des Spionageauftrags, so hob der Autor hervor, sei dem Spion jedes Mittel recht, von der aktiven Teilnahme am gesellschaftlichen Leben, der Stoßarbeit, der Annahme der sowjetischen Staatsbürgerschaft bis hin zur Heirat einer Sowjetbürgerin und dem Eintritt in die KPdSU(B). Dieser absurden Logik folgend, wurden gerade die prosowjetisch eingestellten Ausländer als Spione verdächtigt.

Die Erfindung der »Verschwörung in der Komintern« ist beispielgebend für diese Denk- und Verfahrensweise: Die in den Jahren 1937/38 angelegten Untersuchungsakten dokumentieren, wie beharrlich das NKWD versuchte, Geständnisse über Spionage- und konterrevolutionäre Organisationen zu erhalten, die angeblich von den Führungsmitgliedern der Komintern unter den ausländischen Arbeitern der sowjetischen Industriebetriebe »aufgebaut« worden waren.

Ab August 1937 wurde bei der Verurteilung der Ausländer ein vereinfachtes Prinzip, das sogenannte *Album-Verfahren* praktiziert. Das NKWD erstellte nach Abschluß der Ermittlung einen eigenen Auskunftsbericht über jeden Häftling (er enthielt einige biographische Angaben und die Anklageformel), dem eine Urteilsempfehlung beigegeben war. Diese Auskunftsberichte wurden gesammelt und im Querformat gebunden; damit ähnelten sie Fotoalben. Der Gebietsverwaltungsleiter des NKWD und der jeweilige Staatsanwalt unterzeichneten die Berichte und legten sie dem Volkskommissar für Inneres und dem Generalstaatsanwalt der UdSSR zur Bestätigung des Urteils vor. Danach wurden die Alben in die Kreisverbände zurückgeschickt und die Urteile vor Ort vollstreckt. Diese Alben waren Dienstdokumente des NKWD und sind damit der Forschung bisher zumeist nicht zugänglich. Acht davon befinden sich heute im Archiv des Sicherheitsdienstes der Russischen Föderation für Moskau und die Moskauer Region. Sie enthalten Angaben zu einigen Hunderten zwischen Ende 1937 und Anfang 1938 repressierten Bürgern. Neben jedem Familiennamen steht das Strafmaß an den Seitenrand geschrieben: »R« [russ. Rasstrel für Erschießen – die Übers.] oder die Haftzeit.

Aus diesen Archivdokumenten wird deutlich, daß sich entgegen früheren Auffassungen die Massenverhaftungen von Ausländern in den Jahren 1937 bis 1938 nicht ausschließlich auf Rüstungsbetriebe erstreckten, sondern sich auf alle Betriebe in Moskau und in der Moskauer Region ausdehnten, *Kolchosen* und *Sowchosen* eingeschlossen. Die Untersuchungsführer aus dem NKWD erfanden »Spionageorganisationen«, die in allen Moskauer Großbetrieben mit Ausnahme des Elektrokombinats und des Metrobaus agiert haben sollen. Das Prozedere der Repressionen folgte keiner bestimmten Logik, sondern nur dem Zufall und der Willkür. Das gilt für die Auswahl der Person, für Zeitpunkt und Ort der Festnahme wie auch für die Methoden des Verhörs und das Strafmaß.

Für die russischen Arbeiter stellte ein hoher Ausländeranteil in ihrem Kollektiv somit einen erheblichen »Risikofaktor« dar. Um den frei erfundenen Spionagetatbestand in den Betrieben zu untermauern, legte das NKWD Wert auf die »Aufdeckung« glaubwürdiger Beziehungen und Kontakte der Verhafteten. Von besonderem Interesse waren daher sowjetische Bürger ausländischer Nationalität, die sich schon im Ausland aufgehalten oder dort Verwandte hatten.

Verfolgung und Verhaftung

Bis 1937 ging die Zahl ausländischer Arbeiter im Elektrokombinat auf ungefähr 20 bis 30 zurück. Genaue Angaben sind nicht überliefert, weil die meisten von ihnen bereits die sowjetische Staatsbürgerschaft angenommen hatten und formal nicht mehr als Ausländer registriert wurden.

Die Verhaftungen und Zwangsausweisungen in den Jahren 1937 und 1938 leiteten nicht nur die Auflösung der Ausländerkolonie ein, sondern spalteten die verbliebene Gemeinschaft im wesentlichen in zwei Gruppen: die Männer, von denen die meisten im Gefängnis saßen, und die Frauen und Kinder, die nun auf sich gestellt waren.

Im April 1938, auf dem Höhepunkt der Massenrepressionen, wurde das Elektrokombinat, das sich zu einem schwer regierbaren »Ungetüm« ausgewachsen hatte und schon seit einigen Jahren als ein Konglomerat aus verschiedenen selbständigen Betrieben existierte, formal aufgelöst und in vier unabhängige Industriebetriebe aufgeteilt: Es entstanden das Moskauer Elektrolampenwerk, das Transformatorenwerk »Kujbyschew«, das Werk für Kraftfahrzeug- und Traktorenelektrik sowie die Moskauer Maschinenbaufabrik. Diese Splittung und die Massenverhaftungen führten dazu, daß die Ausländerkolonie des Elektrokombinats als stabile soziale Gemeinschaft endgültig zerbrach. Die Frauen, vor allem jene, die im Haus in der Uliza Matrosskaja Tischina wohnten, pflegten auch weiterhin die alltäglichen Bekanntschaften. Nur in Ausnahmefällen standen sie im Briefkontakt mit ihren verhafteten Männern.

Im Gefängnis saßen jetzt Wilhelm Baumert, Erich Schmidt, Karl Schröder, Erich Wittenberg, Erich Schütze, Walter Kintzel, Josef Kotschmarski, Werner Weinert, Paul Meißner, Otto Szech, Alfons Dolski, Rudolf Margis, Israel Herzenstein, Max Lichtenstein und seine Frau Eva Schneider, Bernhard Stehrenberg, die Mitglieder der Familien Huth und Zint, von denen schon die Rede war, aber auch Hans Ohlrich, Willi Koch, Franz Heisler und viele andere.

Irma Schröder, die Tochter von Karl Schröder, erinnert sich, wie 1938 allein aus ihrer Gemeinschaftswohnung Nr. 27 im Haus in der Uliza Matrosskaja Tischina vier Personen »verschwanden«: ihr Vater, Erich Schmidt und zwei alleinstehende Frauen, die Deutsche Paula Bauer und die Polin Hela Rogozinskaja, die beide im Elektrokombinat beschäftigt waren.[148]

Ende 1937 arbeiteten im Betrieb nur noch fünf KPD-Mitglieder. Es waren die Ehefrauen deutscher Arbeiter, die weiterhin in der Uliza Matrosskaja Tischina wohnten.[149] 1938 war der Ungar Imre Natonek, der die sowjetische Staatsbürgerschaft bereits 1930 angenommen hatte, der einzige im Elektrokombinat beschäftigte ausländische Arbeiter, der den Verhaftungen entgangen war.

Das »Szenario« der Verhaftungen vollzog sich immer nach dem gleichem Muster, weil fast alle verhafteten Ausländer bis 1937 aus ihren jeweiligen nationalen kommunistischen Parteien in die KPdSU(B) überführt worden waren. In der Regel fand zunächst eine Überprüfung der Kaderakte statt, auf die unmittelbar der Parteiausschluß folgte. Nur in Ausnahmefällen war ein Ausländer zum Zeitpunkt seiner Verhaftung noch Parteimitglied; in diesem Fall erfolgte der Parteiausschluß im nachhinein.

Die Leitung der Werksparteiorganisation hielt sehr engen Arbeitskontakt zum NKWD, die Überprüfung der Kaderakte erfolgte in vielen Fällen auf Initiative des NKWD. An den Vorgesprächen in der Kreis- oder Bezirksleitung der KPdSU(B) war stets ein Vertreter des NKWD anwesend. Daraufhin informierte der Betrieb die örtliche NKWD-Dienststelle über die Ausschlüsse aus der Partei, und das NKWD stellte die Haftbefehle aus. Zwischen der Sitzung des Parteikomitees und der Ausstellung des Haftbefehls lagen ein bis zwei Tage; manchmal wurden die Haftbefehle noch am selben Tag ausgefertigt.

Ausländer, die 1937 die sowjetische Staatsbürgerschaft noch nicht angenommen hatten, zählten zu den ersten Opfern der Massenrepression. Dieser Sachverhalt wurde als antisowjetische und profaschistische Einstellung gewertet und genügte unter Umständen allein schon als Verhaftungsgrund. Einer der aus diesem Grund Inhaftierten war Erich Schütze, engagierter Kommunist, Bestarbeiter, Neuerer, ehrenamtlicher Aktivist des Elektrokombinats und Mitglied des Bezirkskomitees der Elektrogewerkschaft des *Stalinrayons*. Vermutlich hätte er sich vor diesem Zeitpunkt längst dafür entschieden, die sowjetische Staatsbürgerschaft anzunehmen, wenn seine Frau Elsa, die er 1932 in Moskau geheiratet hatte, sich dem nicht widersetzt hätte. Erich Schütze verbrachte dreieinhalb Monate im Gefängnis, dann wurde er am 15. November 1937 zusammen mit seiner Frau nach Deutschland abgeschoben. Schützes Kollege Otto Szech wurde am 30. Juni 1937 verhaftet und am 29. Dezember ausgewiesen.

Der Arbeiter Erich Schmidt, am 27. August verhaftet und im Dezember zu zehn Jahren Lagerhaft verurteilt, wurde zunächst nach Workuta transportiert. Dort bestand er weiterhin beharrlich darauf, deutscher Staatsbürger zu bleiben, und wurde tatsächlich am 3. Februar 1940 aus der UdSSR abgeschoben. Aus Stalins Lager geriet er direkt in ein faschistisches Konzentrationslager; aber er überlebte.

126

*Wilhelm Baumert, Schlosser im Elektrokombinat, zwei Jahre vor seiner Verhaftung
und Erschießung 1938; seine Ehefrau Emilie Baumert wurde 1941 nach Kasachstan
ausgesiedelt (Aufnahme von 1947).*

Von den Veteranen der Wolframoperation geriet als erster Hans Ohlrich in
die Folterkammern des NKWD. Er wurde am 27. August 1937 verhaftet.
Am 4. September folgte Shelesnjak und am 11. September Willi Koch. Alle
drei wurden der gemeinschaftlichen Spionage für Deutschland und der
konterrevolutionären Tätigkeit angeklagt und in das berüchtigte Butyrka-
Gefängnis verbracht.

Vor ihrer Verhaftung waren alle drei in das Rayonparteikomitee bestellt
worden, wo sie vom Sekretär der Betriebsparteiorganisation und dem Sekretär des Rayonparteikomitees einer Befragung unterzogen wurden. An
den »Gesprächen« nahm außerdem ein Mitarbeiter des NKWD teil, der
sich für Einzelheiten aus ihrem Leben interessierte und sich nach Details
ihrer Einreise in die Sowjetunion erkundigte.

Zwei Tage nach Ausstellung des Haftbefehls für Shelesnjak wurde die
Parteileitung des Betriebes am 19. August 1937 in der Mittagspause zusam-
mengerufen. Sie schloß Shelesnjak kurzerhand aus der Partei aus. Die Vollversammlung der Abteilungsparteiorganisation stimmte am 29. August
dem Ausschluß nachträglich zu, die Parteileitung des Elektrokombinats
ihrerseits am 2. September. Am 4. September wurde Shelesnjak verhaftet.

Der Untersuchungsführer versuchte während der Verhöre Shelesnjak, Ohlrich und Koch gegeneinander auszuspielen. Er behauptete gegenüber Shelesnjak, Ohlrich habe zugegeben, ein deutscher Spion zu sein, und gestanden, daß Shelesnjak ihm Informationen über die Produktion des Werks geliefert habe. Auch Koch habe ein Geständnis abgelegt. Shelesnjak aber ließ sich nicht täuschen: »Der Untersuchungsführer versprach mir eine Gegenüberstellung mit Ohlrich. Am 27. September wurde ich nachts aus meiner Zelle geholt und zu einem Verhör in die Lubjanka gebracht. Auch Hans Ohlrich wurde aus der Nachbarzelle geholt und ebenfalls dorthin gefahren. Aber die Gegenüberstellung fand nicht statt.«[150]

Obwohl der psychische Druck, vor allem für die Deutschen, sehr groß war, ließ sich keiner der drei zu irgendwelchen Falschaussagen oder Denunziationen bewegen. Da zu diesem Zeitpunkt im Butyrka-Gefängnis nicht gefoltert wurde, ist auch keiner zu einem Geständnis gezwungen worden.

»Der Untersuchungsführer Kostin wollte mir einreden, ich wäre ein Konterrevolutionär und hätte den ehemaligen deutschen Arbeitern Ohlrich und Koch bei ihrer Spionagetätigkeit geholfen. Worin meine konterrevolutionäre Tätigkeit und meine Teilnahme an der Spionagearbeit bestand, ist für mich bis jetzt unklar«, berichtete Shelesnjak, der 1940 vorzeitig aus dem Lager entlassen wurde, weil er an Tuberkulose erkrankt war. Auch Ohlrich und Koch lehnten jedes Schuldgeständnis ab. Shelesnjak erzählte seiner Tochter Anfang 1945, kurz vor seinem Tod in Tobolsk, von seiner letzten Begegnung mit Koch im Herbst 1937 im Butyrka-Gefängnis. »Während der Untersuchungshaft führte man uns zum Spaziergang in den Gefängnishof. Einmal sah ich dort Willi Koch, und es gelang mir, in seine Nähe zu kommen. Da ich an einem warmen Septembertag direkt auf der Straße verhaftet worden war, trug ich nur sehr leichte Kleidung. Das fiel im Gefängnis auf, außerdem hatte meine Krankheit schon begonnen, und ich hustete ununterbrochen. Willi Koch sah das, zog vor aller Augen seinen warmen Pullover aus und gab ihn mir. Dieser Pullover verlängerte mein Leben mindestens um einige Jahre.«[151]

Ohne Gerichtsverhandlung und ohne Beweise wurden Koch, Ohlrich und Shelesnjak am 29. Dezember 1937 von der Sonderberatung des NKWD zu jeweils zehn Jahren Lagerhaft wegen konterrevolutionärer Tätigkeit verurteilt. Der Hauptanklagepunkt – Spionage für Deutschland – wurde allerdings fallengelassen.

Die Verhaftungen im Haus in der Uliza Matrosskaja Tischina gingen weiter. Über das Schicksal der Verschleppten erfuhren die zurückgebliebenen Familienangehörigen nichts. Russische Bewohner des Hauses, damals Arbeiter des Elektrokombinats, die in den freigewordenen Wohnungen einquartiert wurden, erinnerten sich 1994 daran, daß sich im März 1938 eine Frau, deren Mann verhaftet worden war, aus einem Fenster im vierten Stock in den Tod stürzte.[152] Die Frau wohnte in der Wohnung Nr. 30; an ihren Namen konnte sich niemand erinnern. Sechzig Jahre später findet sich im Staatlichen Russischen Archiv für Sozialpolitische Geschichte ein schriftlicher Bericht des deutschen Mitarbeiters des Exekutivkomitees der Kommunistischen Internationale, Paul Dietrich, an das ZK der KPD, der den Namen der Selbstmörderin nennt: Gertrud Mühlberg (Ohlrich).

Im März 1938, als sich Hans Ohlrich alias Rudolph Mühlberg schon in einem *Besserungsarbeitslager* in Norilsk und Willi Koch alias Max Schmor sowie Shelesnjak in einem Lager bei Karaganda in der kasachischen Steppe befanden, wurde auch Franz Heisler alias Paul Schweitzer – der letzte noch im Werk verbliebene Teilnehmer der Wolframoperation – verhaftet und wie die anderen der Spionage beschuldigt. Heisler war zu diesem Zeitpunkt Meister im Elektrolampenwerk des Elektrokombinats. Das Protokoll der Verhaftung und Wohnungsdurchsuchung hält fest: »In dem 21 m^2 großen Zimmer wohnten noch die Ehefrau [Emmi; in russ. Schreibweise Maria Friedrichowna – die Übers.] und zwei Kinder im Alter von fünf Monaten und sechs Jahren.«[153] Heisler kam allerdings ins Taganka-Gefängnis, das als Foltergefängnis bekannt war. Am 25. März unterschrieb er das »Geständnis«, Spionage für Deutschland geleistet zu haben, indem er seinem Vater, einem ehemaligen Polizisten, während eines Urlaubsaufenthalts Informationen »über die Arbeit des Elektrokombinats, über die Entwicklung der Wolframproduktion, über das Leben und die Einstellungen der Arbeiter gemacht habe«[154].

Doch auch unter der Folter weigerte sich Heisler, Namen von Personen zu nennen, die ihn »angeworben« hätten und mit denen er während seiner »Spionagetätigkeit« in Verbindung gestanden haben soll. Außer dem Namen seines Vaters, der außer Reichweite des NKWD in Deutschland lebte, gab er keinen anderen preis. Die Kommission des NKWD verurteilte den »freiwilligen Einzelgänger-Spion« Heisler am 17. Mai 1938 zum Tod durch Erschießen. Am 28. Mai 1938 wurde das Urteil vollstreckt. Emmi Heisler wurde mit ihren beiden Kindern nach Karaganda verbannt. Bis Ende der 50er Jahre wußte sie nicht, was mit ihrem Mann geschehen war.

Treue und Verrat

Willi Koch und Anastasija Abramowa lernten sich Ende der 20er Jahre im Drahtwerk des Elektrokombinats kennen. Anastasija hatte vor der Revolution als 12jähriges Mädchen in der Jelochowskaja-Fabrik gearbeitet. Diese Fabrik wurde 1928 in das Elektrokombinat eingegliedert. Willi und Anastasija waren einige Jahre befreundet, bevor sie 1933 heirateten. Die Ehefrau erhielt die Erlaubnis, den richtigen Familiennamen des Mannes – Koch – anzunehmen. Eine Schiffsreise auf der Wolga, als Belohnung für die besten ausländischen Stoßarbeiter von der Gewerkschaft des Betriebes organisiert, war für das frischgebackene Ehepaar Koch zugleich die Hochzeitsreise.

Anastasija besaß wie viele Frauen ihrer Altersgruppe und Stellung nur eine minimale Schulbildung, trotzdem hatte sie sich durch ihre natürliche Auffassungsgabe und viel Eigeninitiative ein beachtliches Wissen angeeignet. Die Briefe, die sie von 1930 bis 1950 schrieb, sind die einer gebildeten und klugen Frau. Anastasija arbeitete in den 30er Jahren als Leiterin einer Brigade im Elektrokombinat. Den Beurteilungen ist zu entnehmen, daß sie mehrfach ausgezeichnet wurde, sich aktiv am gesellschaftlichen Leben beteiligte und ein überzeugtes Parteimitglied war.

Nach der Verhaftung ihres Mannes mußte sich Anastasija Koch zwischen ihrem Mann und der Partei entscheiden. Anastasija hielt zu ihrem Mann; sie ließ sich weder von ihm scheiden noch legte sie seinen Familiennamen ab. Sie blieb bei ihrer Entscheidung, auch, als sie aus der Partei ausgeschlossen wurde und als vier Jahre später der Krieg gegen die Sowjetunion begann – die Tatsache, daß Willi Koch nicht nur ein verurteilter Volksfeind war, sondern zudem auch Staatsangehöriger des faschistischen Deutschlands, machte die Situation umso schwieriger. Anastasija wartete 17 Jahre lang auf ihren Mann. In all diesen Jahren ging sie von Instanz zu Instanz, um die Unschuld ihres Gatten zu beweisen, und schrieb Eingaben wegen des ungerechten Urteils.

Willi Koch saß während dieser Zeit in einem Lager des NKWD in Karaganda. Er hatte das Recht auf Korrespondenz und konnte auf diese Weise die Verbindung zu seiner Frau aufrechterhalten, allerdings sind nicht alle seine Briefe bei Nastja Koch angekommen. Ohne ihre Unterstützung hätte er das *Besserungsarbeitslager* wohl nicht überlebt.

Ende 1939 bat Nastja ihren Mann um einen ausführlichen Lebenslauf und eine Reihe anderer Angaben, die sie benötigte, um einen Antrag zwecks Revision seines Falles zu verfassen. Am 8. März 1940 antwortete er: »Guten Tag, Nastja! Bis zum heutigen Tag warte ich, aber immer noch kein Brief. Hast Du meinen Brief vom 30. Januar erhalten? Wie steht es um Deine

Gesundheit? Vielleicht bist Du ja krank, aber konntest es mir nicht schreiben? Ich schicke Dir meinen Lebenslauf ...«

In diesem Brief erwähnte Koch neben vielen Details seiner Abgeordnetentätigkeit auch Nikolai Bulganin, auf dessen Hilfe er hoffte. »Bulganin, damals Direktor des Elektrokombinats und später Vorsitzender des Moskauer Stadtsowjets, kannte mich und wußte von meiner Arbeit, er hat mir wiederholt eine Reihe von Aufträgen erteilt.«[155]

Noch im Lager bemühte sich Koch selbst unter den ungeheuer schweren Bedingungen, durch sein Verhalten und seine gewissenhafte Arbeit zu beweisen, daß seine Verurteilung ein Irrtum war.

»Im Januar habe ich eine Geldprämie erhalten und wurde zum Stoßarbeiter ernannt. Wie ist das Wetter bei Euch? Hier war drei Tage lang Schneesturm und alles liegt unter dem Schnee begraben, aber wir alle glauben, daß der Frühling bald Einzug hält. Mir geht es gesundheitlich auch besser, ich hatte keine Furunkel. Ich habe noch eine Bitte – wenn Du mir ein Paket schickst, vergiß nicht, ein Schreibheft, Briefumschläge, Postkarten, Nägel und einen Becher hineinzulegen ...«[156]

Ende 1939, Anfang 1940 entschloß sich Anastasija endlich, Bulganin einzuschalten. Der Brief erreichte den hohen Adressaten und wurde kommentarlos an das NKWD weitergeleitet.

»Ich wende mich an Sie mit einer Bitte und hoffe, Sie werden mir Ihre Hilfe nicht verweigern. Am 11.9.1937 wurde mein Mann Koch (Schmor), W. K., verhaftet. Er kam 1925 aus Deutschland in die UdSSR und arbeitete im Elektrolampenwerk in der Wolframproduktion, die damals gerade angelaufen war. Bei uns im Land gab es noch keine Erfahrungen mit der Herstellung von Wolfram. Mein Mann hatte in Deutschland bei Osram gearbeitet und setzte jetzt hier all seine Erfahrungen dafür ein, die Produktion in Gang zu bringen. Er erzählte mir zum Beispiel, daß er sich von ehemaligen Kollegen bei Osram, mit denen er gut bekannt war, Informationen, Zeichnungen von Gesenköfen u. a. beschafft hat ... Kurzum, er tat, was er konnte, und gab all sein Wissen für unsere Produktion ... Ich kann mir einfach nicht vorstellen, daß mein Mann bewußt der Sowjetunion Schaden zufügen könnte. Drei Jahre lang arbeitete er als Abgeordneter des Moskauer Stadtsowjets in der Sektion Metro. Er hat mir begeistert von der Schönheit der Metro-Stationen erzählt und gesagt, daß so etwas nur in der Sowjetunion möglich ist. Ich habe seine Berichte über seine geleistete Arbeit persönlich abgeschrieben, weil er die russische Sprache nicht ausreichend beherrschte.

Im alltäglichen Leben kenne ich ihn als ausgesprochen ehrlichen Menschen. Wann immer jemand seine Hilfe brauchte, hat er geholfen ... Er hatte von den Abgeordneten den Auftrag erhalten, für den 8. März Holz für die Arbeiterbaracken aufzutreiben. Wie hat er sich gefreut, als es ihm gelang, sogar mehr Holz zu besorgen, als verlangt war. Er sagte: ›Was für ein Vergnügen ist es, zu arbeiten und die Ergebnisse seiner Arbeit zu sehen und gleichzeitig anderen Menschen eine Freude zu bereiten.‹

Am Wochenende sind wir oft aufs Land gefahren zur Erholung. Einmal kamen wir spät abends zurück und sahen einige brennende Bäume. Zuerst hat er sich sehr aufgeregt, daß die Leute so unvorsichtig mit Feuer umgehen, aber dann hat er Erde aufgegraben und die Wurzeln der Bäume und das Gras drumherum damit zugeschüttet. Wir sind erst nach Hause gefahren, als er sicher war, daß alles gelöscht war und nicht wieder anfangen würde zu brennen ... Ich könnte noch viele Beispiele anführen, die ihn als ehrlichen Bürger unserer Heimat zeigen, aber ich denke, diese sind ausreichend. Wenn er ein Volksfeind wäre, hätte er sich doch über die Unglücksfälle gefreut und nicht versucht, sie zu beheben!

Ich selbst arbeite seit meinem zwölften Lebensjahr im Elektrolampenwerk (seit 1915). Vierundzwanzig Jahre meines Lebens habe ich der Fabrik gegeben, ich fühlte mich wie in einer Familie. Jetzt hat man mich hinausgeworfen und vergessen. Was noch schlimmer ist, man verachtet mich, aber wofür? Ich weiß es nicht. Seit 1930 war ich Mitglied der Partei. Ich wurde nur deswegen ausgeschlossen, weil ich gewagt hatte zu sagen, es falle mir schwer zu glauben, daß mein Mann ein Feind des Volkes sein könnte. Als man ihn verhaftet hatte, wurde ich auf der Parteiversammlung vor die Entscheidung gestellt: Entweder du sagst dich von ihm los und erklärst ihn für schuldig – oder wir schließen dich aus der Partei aus. Ich weiß nicht, ob ich damals richtig gehandelt habe, aber ich konnte ihn nicht für schuldig erklären, ohne irgendwelche Beweise zu haben. Das hat nichts damit zu tun, daß er mein Mann ist – es hätte ja bedeutet, einen Menschen zu verdammen, der vielleicht fälschlicherweise verhaftet wurde.

Ich bat in der Parteiversammlung, mir zu sagen, wessen er schuldig war. Man antwortete mir, das wisse man selbst nicht, aber wenn das NKWD ihn verhaftet habe, dann gebe es einen Grund dafür. Diese Antwort befriedigte mich nicht, sondern quälte mich nur noch mehr. Ich fragte: Wie kann man ihn einen Volksfeind nennen? Fast alle Maschinen im Betrieb hat doch er konstruiert (er arbeitete als Konstrukteur), und bis jetzt funktionieren sie zuverlässig, und in der gesellschaftlichen Arbeit galt er als besonders ehrlich und zuverlässig. Darauf wurde mir geantwortet: ›Siehst du, alle unsere Feinde werden sich immer darum bemühen, gute Produktionsarbeiter zu sein und gut in der Öffentlichkeit dazustehen, um sich besser zu tarnen.‹ Ich kann das nicht verstehen. Wenn einer schlecht arbeitet und nicht an der gesellschaftlichen Arbeit teilnimmt, dann wird er als Faulpelz und asoziales Subjekt angesehen, dann zählt er überhaupt nicht als Mensch. Aber wenn man ehrlich seine Arbeit tut und sich ganz für seine Arbeit hingibt, heißt das, man will sich tarnen. Von all diesen Fragen ist mir schwindlig.

Vor kurzem bekam ich von ihm einen Brief, in dem er schreibt, daß er zu zehn Jahren Besserungsarbeitslager verurteilt worden ist, wofür, weiß er nicht: ›Schreibe einen Brief an den Genossen Bulganin, vielleicht hilft er mir. Er weiß, wie wir in die Sowjetunion gekommen sind, wie wir gearbeitet haben, was wir getan haben, um uns von ausländischer Abhängigkeit zu befreien. Ich habe immer wie ein ehrlicher sowjetischer Bürger gearbeitet, zum Nutzen der Heimat, und jetzt hat man mich verhaftet und vertraut mir nicht mehr.‹

Genosse Bulganin! Helfen Sie mir, die Wahrheit herauszufinden! Das Leben hat jeden Wert für mich verloren ... Wenn es sicher wäre, daß er tatsächlich unserer Heimat geschadet hat, dann wüßte ich, daß man mich mit Recht aus der Partei ausgeschlossen hat, und finde mich damit ab. Aber wenn er unschuldig ist und freigelassen wird, werde ich die Partei bitten, mich wieder in ihre Reihen aufzunehmen, damit ich mit ganzen Kräften für das allgemeine Wohl arbeite.

Genosse Bulganin! Ich bitte Sie nochmals sehr, helfen Sie mir, eine Revision des Falles zu erreichen. Damit helfen Sie mir, mich von den Qualen zu befreien, die ich schon seit zweieinhalb Jahren durchmache.«[157]

Bulganin gehörte Ende der 30er Jahre zur Elite der Partei- und Staatsführung. In den Jahren 1939/1940 hatte er gleichzeitig mehrere hohe Ämter inne: Er war Mitglied des ZK der KPdSU(B) und Stellvertretender Vorsitzender des Rates der Volkskommissare der UdSSR. Zu seiner steilen Karriere – über den Direktorenposten des Elektrokombinats und den Vorsitz des *Moskauer Stadtsowjets* – trugen zweifellos die Erfolge des Kombinats in den 20er und 30er Jahren bei. Die Angehörigen der Ausländerkolonie hatten daran einen beträchtlichen Anteil. Bulganin aber fürchtete, seiner Karriere zu schaden, wenn seine Beziehungen zu den inzwischen als Feinde und Spione verurteilten Ausländern in die Aufmerksamkeit des NKWD geraten würden. Deshalb versagte er sowohl Kochs Ehefrau als auch der Familie Shelesnjak, die ihn ebenfalls um Beistand gebeten hatte, seine Hilfe.

In den Verliesen des NKWD

Am 14. Januar 1938 wurde Erich Wittenberg verhaftet – der einzige der drei Autoren der Broschüre »Berliner Proleten vom Moskauer Elektrosawod erzählen«, der noch in der UdSSR geblieben und nicht, wie Matté und Pose, nach Deutschland zurückgereist war. Allein sein enger Kontakt zu dem verhafteten Willi Koch, aber auch seine Beziehungen zur intellektuellen Elite deutscher Emigranten in Moskau – Redaktionsmitglieder der *Deutschen Zentral-Zeitung* und des Verlags ausländischer Arbeiter, Schriftsteller und Arbeiterkorrespondenten, die während des *Großen Terrors* besonders stark zu leiden hatten – waren Gründe genug, ihn zu verdächtigen. Je aktiver ein Ausländer am gesellschaftlichen Leben der UdSSR teilnahm und damit seine Kontakte erweiterte, desto größer wurde die Wahrscheinlichkeit seiner Verhaftung.

Erich Wittenberg war im Dezember 1930 als Werkzeugschlosser ins Elektrokombinat aufgenommen worden. Er wurde Bestarbeiter und Neuerer, die Werkszeitung veröffentlichte mehrere Fotos von ihm. Bald hatte er sich als Arbeiterkorrespondent einen Namen gemacht, innerhalb einer Bewegung, die Anfang der 30er Jahre sehr verbreitet war. Tausende einfacher Menschen schrieben regelmäßig für Zeitungen und Zeitschriften, nahmen Stellung zu den Ereignissen in der Welt und informierten über das Leben ihrer Arbeitskollektive. Im Elektrokombinat gab es Zirkel, in denen Arbeiter unter Anleitung von Schriftstellern das Handwerk des Schreibens erlernten. Auch Wittenberg begeisterte sich dafür und begann in seiner Freizeit Erzählungen und Reportagen für deutsche Zeitungen in der UdSSR zu verfassen. Er hatte sogar vor, einen Roman zu verfassen. Das Schreiben rückte immer mehr in den Mittelpunkt seines Interesses. Sein Bekanntenkreis erweiterte sich allmählich und reichte weit über die Ausländerkolonie des Elektrokombinats hinaus. Zwischen 1935 und 1937 fand der vielversprechende Arbeiterschriftsteller Kontakt zu Journalisten aus dem Kreis deutscher Emigranten. Kern dieser Gruppe waren deutsche Intellektuelle, deren Zahl sich in Moskau seit 1933 stetig vergrößerte.

In Deutschland hatte sich Wittenberg nicht sonderlich für Politik interessiert, obwohl er in seiner Jugend für kurze Zeit mit den Anarchisten sympathisierte. Entscheidend für seine Ausreise in die Sowjetunion war seine Arbeitslosigkeit, politische Motive blieben zweitrangig. 1932 trat er in die KPdSU(B) ein, 1934 heiratete er die russische Arbeiterin Polina Jegorowa. Die beiden wohnten in der Wohnung Nr. 10 des »deutschen« Hauses, wo 1936 ihre Tochter Ludmila geboren wurde. Im Dezember 1937 wurde Wittenberg wegen seiner Beziehungen zu »Volksfeinden« und wegen seines

Innenhof mit Innerem Gefängnis der NKWD-Zentrale in der Lubjanka-Straße in Moskau (Aufnahme aus den 30er Jahren).

fortgesetzten Briefwechsels mit Verwandten und Freunden in Deutschland aus der KPdSU(B) ausgeschlossen. Ihm wurde vorgeworfen, mit »deutschen Spionen« (seinen Koautoren der Broschüre »Berliner Proleten vom Moskauer Elektrosawod erzählen«, Fritz Pose und Erich Matté, sowie dem vom NKWD verhafteten Deutschen Erich Schmidt) befreundet gewesen zu sein. Unmittelbar nach dem Parteiausschluß wurde Wittenberg verhaftet.

Beim Verhör »gestand« Wittenberg, als Spion agiert, Informationen über das Elektrokombinat, über die Produktion und die Stimmung unter den Arbeitern gesammelt und verbreitet zu haben. Er gab zu, die Broschüre sei zu Spionage- und Sabotagezwecken geschrieben worden. Darin seien geheime Informationen über die Produktion des Kombinats veröffentlicht worden. Diesen Auftrag habe er 1932 erhalten.

Das ist um so absurder, als sie immerhin die sowjetische Zensur passiert hatte. Welche Spionageinformationen die Broschüre eigentlich enthalten sollte, wurde selbstredend nicht erwähnt. Der Weggang der Mitautoren nach der Veröffentlichung der Broschüre wurde ihnen als Flucht ins Ausland ausgelegt, und man unterstellte ihnen faschistische Propaganda. Wittenberg nannte als »Komplizen« bei der »Spionage« im Elektrokombinat den Arbeiterkorrespondenten Josef Kotschmarski und den Politemigranten Wilhelm Baumert, die ebenfalls vom NKWD verhaftet worden waren.[158] Auch Wittenbergs Bekannte unter den deutschen Schriftstellern und Journalisten wurden im Zuge der Untersuchung überprüft. Den zuständigen Behörden lag zum Zeitpunkt von Wittenbergs Verhaftung eine Reihe von »Geständnissen« Inhaftierter vor, in denen er als Mitglied einer Spionageorganisation benannt wurde. Wittenberg brachte man wie Heisler ins Taganka-Gefängnis. Das Verhör führte der Untersuchungsführer Stepanow, der später der Anwendung von Folter überführt wurde. 1956, im Zuge der Rehabilitierungen, berichtete N. Agafonow, ein ehemaliger Untersuchungsführer der 10. Abteilung der Moskauer Gebietsverwaltung des NKWD:

»In den Jahren 1937 und 1938 wurde die Untersuchung in der Abteilung unter groben Verstößen gegen die sozialistische Gesetzlichkeit durchgeführt. Die Häftlinge, insbesondere die im Taganka-Gefängnis, wurden gefoltert, um Aussagen zu erpressen. Stepanow, Gorbunow und Kasanzew waren dafür zuständig. Die Häftlinge wurden während des Verhörs geschlagen ... Ich war Zeuge, wie Stepanow Häftlinge schlug, dafür benutzte er manchmal einen Gummiknüppel, den er aus einem Autoreifen geschnitten hatte.«[159]

Kasanzew erinnerte sich an 20 Jahre zurückliegende Ereignisse bis in kleinste Details, an die Namen der Häftlinge und sogar daran, wer gegen Wittenberg ausgesagt hatte. 1956 berichtete er:

»Als ich den Beschuldigten Peter Holm im Taganka-Gefängnis verhörte, betraten plötzlich der stellvertretende Volkskommissar Sakowski und der stellvertretende Leiter des UNKWD, Jakubowitsch, das Vernehmungszimmer. Holm stand zu dieser Zeit an der Wand, Sakowski näherte sich mir mit übelsten Beschimpfungen und schrie: ›Warum agitierst du ihn?‹ Er trat Holm in den Bauch und sagte: ›So muß man ihn verhören!‹. Jakubowitsch fügte hinzu: ›Erklär ihm das ABC des Kommunismus!‹ und ging weg. Danach wandte ich physische Methoden an.«[160]

Peter Holm hielt der Folter nicht stand und belastete Dutzende von Menschen, einschließlich Wittenberg. Auch Wittenberg wurde gefoltert. Am 8. Juni 1938 verurteilte man ihn wegen »konterrevolutionärer Tätigkeit« zu zehn Jahren *Besserungsarbeitslager*. Am 7. Dezember starb er in der Haft in einem Lager des NKWD im Nordosten der UdSSR.

Das »Wespennest« – Die Frauen in der Uliza Matrosskaja Tischina

Die Ehefrauen der repressierten Ausländer blieben auf sich gestellt zurück, ohne Einkommen, mit ihren Kindern, die versorgt werden mußten. Die meisten von ihnen verfügten nicht über ausreichende Sprachkenntnisse; sie fanden sich umgeben von Menschen, die ihnen jetzt feindlich gesonnen waren. Manchen drohte nach der Verhaftung ihrer Männer der Verlust der Wohnung. Einige Frauen zogen sich in ihrem Kummer vollkommen zurück, andere hingegen versuchten ihren Bekanntenkreis bewußt zu erweitern; sie tauschten Informationen aus und halfen einander.

Vor Beginn der Massenrepression schenkte das NKWD der politischen Haltung und den sozialen Kontakten der Frauen in der Ausländerkolonie – von denen die meisten in keinem Arbeitsverhältnis standen und sich um Haushalt und Familie kümmerten – wenig Beachtung. Traditionell betrachtete man die Frauen als nebensächlich und in ihren politischen Ansichten nicht meinungsbildend. Aus diesem Grund waren sie von den direkten Repressionen wesentlich weniger betroffen als die Männer, obwohl dem NKWD die kritischen Einstellungen und Meinungsäußerungen der Hausfrauen durchaus bekannt waren.

Das schloß nicht aus, daß die in der Ausländerkolonie verbliebenen Ehefrauen verstärkt in das Blickfeld des NKWD gerieten. Die Verhaftungen der Männer zogen in den Familien teils offene, teils versteckte Opposition und Verzweiflung nach sich, die man unter Kontrolle halten wollte. Die Frauen wurden aktiv – sie liefen von Behörde zu Behörde, von Gefängnis zu Gefängnis, wandten sich an die Staatsanwaltschaft, sprachen in den Parteiorganisationen vor, suchten nach ihren Männern und forderten Gerechtigkeit. Ihre Kontakte innerhalb der Ausländerkolonie wurden enger; intensiv tauschten sie Informationen über die Ergebnisse ihrer Suche und ihrer Beschwerden aus. Einige Familien versuchten, die UdSSR zu verlassen, nahmen deswegen Kontakt mit den ausländischen Botschaften auf und führten regen Briefwechsel mit Verwandten in der Heimat und mit Freunden und Bekannten, die der UdSSR bereits den Rücken gekehrt hatten.

In der ersten Zeit nach Beginn der Massenrepression reisten nur wenige Ehefrauen aus. Zum einen hofften die meisten noch darauf, daß die Verhaftung ihrer Männer sich als Mißverständnis erweisen würde und sie bald zurückkämen. Zum andern wußten sie, wie wichtig ihre moralische und materielle Unterstützung für ihre Männer während der Untersuchungshaft war. Und schließlich mußten sie als Ehefrauen deutscher Kommunisten in der Heimat damit rechnen, daß es ihnen nicht viel besser als hier ergehen würde und sie vielleicht sogar ins KZ geraten könnten. Aber in ihrer »zweiten Heimat« fühlten sie sich immer mehr als Ausgestoßene, trotz ihrer sowjetischen Staatsbürgerschaft; das machte die Entscheidung über Bleiben oder Gehen zunehmend schwerer, vor allem für jene Frauen und Familien, die man von den langen Haftstrafen für ihre Männer in Kenntnis gesetzt hatte. In anderen Fällen waren die Männer inzwischen bereits zum Tode verurteilt und erschossen worden, ohne daß die Frauen davon wußten.

Jede Nachricht von den Reemigrierten aus der Heimat war also in dieser Zwangslage für die Frauen von großer Bedeutung und verbreitete sich in Windeseile. Die Briefe wurden nicht mit der Post verschickt, sondern mit größter Vorsicht auf allen möglichen anderen Wegen übermittelt. Das entging den »Organen« natürlich nicht: Zwischen 1938 und 1940 beobachteten Komintern und NKWD die Entstehung mehrerer informeller Frauenzentren in Moskau. Eines davon war das »deutsche Haus« in der Uliza Matrosskaja Tischina.

Ende 1939 übergab die Vertretung der KPD beim Exekutivkomitee der Komintern in Person ihres Leiters Walter Ulbricht dem Generalsekretär der Komintern Georgi Dimitroff einen geheimen Brief mit der Bitte, die ihm bekannten Fakten an die entsprechenden Organe weiterzuleiten. Darin wird die Besorgnis der KPD darüber ausgedrückt, daß die Ehefrauen der Verhafteten versuchten, nach Deutschland zurückzukehren, und im Zusammenhang damit antisowjetische Tätigkeit in der UdSSR ausübten. In dem Brief war davon die Rede, daß in den letzten Monaten mehrere Frauen Inhaftierter mit Hilfe der deutschen Botschaft nach Deutschland ausgereist waren. Diese »Feinde der Sowjetunion«, so hieß es, würden jetzt Briefe an ihre in der UdSSR verbliebenen Bekannten schicken in der Absicht, sie für eine Rückkehr nach Deutschland zu gewinnen.

Weiter wies Ulbricht darauf hin, daß die bloße Tatsache der Reemigration in Deutschland zu Propagandazwecken genutzt werde. »Ehemalige Kommunisten ziehen es vor, aus der UdSSR nach Deutschland zurückzukehren«, würde in den Zeitungen stehen. Gleichzeitig wollten die »Feinde der Sowjetunion erreichen, daß die Frauen der Inhaftierten allerlei schreckliche Geschichten über die Sowjetunion hinsichtlich der Lage der Inhaftierten erzählen«.[161]

Das wollten sowohl die Führer der KPD als auch ihre sowjetischen Verbündeten unter allen Umständen vermeiden. Deswegen schlug Ulbricht vor, die Ausreise der Frauen nach Deutschland einzuschränken, vor allem derer mit »antisowjetischer Einstellung«. Aber seine Bemühungen kamen zu spät: Schon 1938 hatte die deutsche Öffentlichkeit Einzelheiten über die stalinistischen Schrecken erfahren – vornehmlich von ehemaligen Gefangenen des NKWD, die aus der UdSSR ausgewiesen worden waren und die über die Folterungen während der Verhöre berichteten. Die Gestapo legte bei der Befragung der Reemigranten besonderen Wert auf diese Informationen, und die Propagandaabteilung der NSDAP benutzte sie erfolgreich für ihre Zwecke. 1939 hätten die Frauen aus der Uliza Matrosskaja Tischina bei einer Rückkehr nach Deutschland das ohnehin schon untergrabene Ansehen der UdSSR kaum noch wesentlich mehr schädigen können. Trotzdem wurden sie als potentieller Gefahrenherd angesehen. Für die *deutsche Sektion der Komintern* war das »deutsche Haus« ein Unruheherd.

In dem erwähnten Brief führte Ulbricht einige Beispiele dafür an: So betreibe »die dort wohnende Baumert«, wie er mitteilte, antisowjetische Propaganda. Ulbricht wollte den Eindruck erwecken, als habe er diesen Namen vorher nie gehört. Dabei handelte es sich um die deutsche Kommunistin Emilie Baumert, Ehefrau des inhaftierten Politemigranten Wilhelm Baumert. Beide waren Ulbricht aus ihrer gemeinsamen Parteiarbeit in Deutschland sehr gut bekannt. Als Baumert 1932 nach seiner Ankunft in Moskau die obligatorischen Fragebogen ausfüllte, machte er in der Rubrik »Wer kann für Sie bürgen?« die Angabe: »Albert Künz und Walter Ulbricht«.

Emilie Baumert war am 18. November 1931 zusammen mit ihrem Mann in die Sowjetunion gekommen. Bis 1934 arbeitete sie als Gütekontrolleurin, danach bis 1937 in der Bibliothek der *Schutzbündler* in Moskau. Diese Arbeit gab den Baumerts die Möglichkeit, einen großen Bekanntenkreis aufzubauen, der sich vom normalen sozialen Umfeld der meisten Angehörigen der Ausländerkolonie deutlich unterschied.

Nach der Verhaftung ihres Mannes am 4. Februar 1938 mußte Emma, um die Dienstwohnung nicht zu verlieren, die Bibliothek der *Schutzbündler* – die bald darauf aufgelöst wurde – verlassen und im Elektrokombinat wieder als Gütekontrolleurin arbeiten. Im Jahre 1938 wurde sie aus der Partei ausgeschlossen, weil sie sich weigerte, ihren Mann als Volksfeind zu bezeichnen, und weiterhin auf seiner Unschuld bestand.

Wie viele andere Frauen wußte auch Emilie Baumert nichts vom Verbleib ihres Mannes. Niemand hatte sie davon in Kenntnis gesetzt, daß ihr Mann am 29. Juli 1938, weniger als ein halbes Jahr nach seiner Verhaftung, zum Tod durch Erschießen verurteilt worden war.[162] Wilhelm Baumert gehörte zu den hochrangigen Kommunisten, die wegen »ihrer Verstrickung in den Komintern-Fall« verfolgt wurden.

Auch Emilie Baumerts Nachbarin Helen Schröder hatte keinerlei Informationen über den Verbleib ihres Mannes, der inzwischen bereits in der Haft gestorben war. Die beiden Frauen hatten sich nach der Verhaftung ihrer Männer angefreundet und suchten gegenseitigen Beistand in ihrem schweren Schicksal. Auch das, wie fast jeder ihrer Schritte, blieb dem NKWD nicht verborgen – 1940/1941 häuften sich ausführliche Spitzelberichte über das »Wespennest« in der Uliza Matrosskaja Tischina. Sie schienen die Informationen der Komintern über die »verdächtige Tätigkeit« Emilie Baumerts und ihrer Umgebung zu bestätigen. Unter den Decknamen »Lenskaja« und »Gromow«[163] wohnten zwei Spitzel des NKWD mit im Haus und hatten sich das Vertrauen der Frauen erschlichen. Beide Spitzel kannten einander nicht und arbeiteten unabhängig voneinander. In ihren Berichten informierten sie lückenlos über alle Kontakte, auch über die brieflichen, nach Deutschland.

Somit wußte das NKWD bestens über alles Bescheid, was bei den Emigrantinnen vor sich ging, hielt sich aber noch lange zurück. Erst mit Beginn des Krieges wurde das »Wespennest« ausgehoben. Im August 1941 schickte man die deutschen Frauen als Präventivmaßnahme entweder in die Verbannung in den asiatischen Teil der UdSSR, wie im Fall von Emilie Baumert, oder, wie Helen Schröder, in die *Arbeitsarmee.*

Noch fünf Jahre zuvor durften dieselbe Frau und ihre Familie für Propagandazwecke herhalten. Am 7. November 1935 erschien anläßlich der Oktoberfeier in der Zeitung für die Lebensmittelindustrie ein Artikel mit der Überschrift »Helen Schröder erzählt«, der die materiellen Vorzüge des Lebens in der UdSSR pries: »In meiner kleinen Familie«, so begann der Artikel, »gibt es heute mehr als einen Grund zum Feiern: Zum fünften Mal begehen wir den Jahrestag der Oktoberrevolution in der Sowjetunion.« Die Tochter eines Berliner Schuhmachers schilderte im weiteren ihr Arbeitsleben, das schon im Alter von 14 Jahren begonnen hatte, beschrieb Ausbeutung und Arbeitslosigkeit in Deutschland und hielt dagegen: »Der Tag der Ankunft in der UdSSR war der Tag unserer Befreiung.« Mit Begeisterung sprach sie über das Leben in der Sowjetunion und pries ihren materiellen Wohlstand: »Mein Mann und ich arbeiten im Elektrokombinat. Karl ist Ausbilder in der Schweißerbrigade, und ich bin Gütekontrolleurin. Karl verdient 350 Rubel im Monat, ich 200. Unsere Irma geht in die Schule, in die fünfte Klasse. Sie ist schon bei den Pionieren ...« Immer wieder hob Helen Schröder hervor, wie hoch ihr Lebensstandard sei und wie gut es ihnen ging: »In der Kantine nehmen wir immer zwei Gänge und unbedingt mit Fleisch. Nach der Arbeit gehe ich ins Geschäft und kaufe ein halbes Kilo Bockwürste, Fleisch oder Leber und koche Ragout mit Kartoffeln ... Zum Abendbrot gibt es Butter und Eier, außerdem Käse, Schweinsbrust, Leberwurst ... Am Wochenende bekommen die Mitglieder unserer Familie ihre Lieblingsgerichte. Irma bestellt gewöhnlich gebratenes Huhn oder Ente, und Karl kauft eine Flasche Porter. Täglich verbrauchen wir 250 Gramm Butter oder Schmalz. Jeder von uns ißt nicht weniger als 300 Gramm Fleisch am Tag. Für Irma kaufe ich außerdem ein Kilo Äpfel.«

Davon konnten ihre Bekannten in Deutschland nur träumen, und Helen Schröder vergaß nicht zu erwähnen, daß ihr ehemaliger Nachbar in Deutschland sie gebeten habe, ihm eine Arbeit in Moskau zu beschaffen und daß sie ihren Bruder daheim mit Lebensmitteln versorgen müsse. Die geschilderte Idylle im Moskau des Jahres 1935 entsprach keineswegs den tatsächlichen Verhältnissen. Der beschriebene »Warenkorb« würde bedeuten, daß die Familie 27 Kilo Fleisch und 7,5 Kilo Butter pro Monat verbraucht hätte. Das Kartensystem, das bis Ende 1935 in Kraft war, sah jedoch für einen Arbeiter fünf Kilo Fleisch und ein Kilo Butter für diesen Zeitraum und halb so viel für jedes Familienmitglied vor.[164] Nach Abschaffung der Lebensmittelrationierung hätte Familie Schröder zwar doppelt so viel Butter und Fleisch verbrauchen können, aber das wäre kaum finanzierbar gewesen. Und all die Dinge für den reich gedeckten Tisch, wie ihn Helen Schröder dem Korrespondenten geschildert haben soll, dürften damals in Moskau nur schwer zu beschaffen gewesen sein. Kaffee war eine teure Mangelware; Hühner, Eier, Käse, Wurst, Obst und Gemüse gab es nur zu überhöhten Preisen auf den Bauernmärkten; Porter-Bier u.v.a. war nicht nur eine kostspielige Angelegenheit, sondern in Moskau kaum zu haben. Würde man die Artikel für bare Münze nehmen, dann hätte die Familie ihr gesamtes Einkommen im Jahre 1935 nur für die Ernährung ausgeben müssen – für Kleidung oder andere Dinge hätte es nicht mehr gereicht, schon gar nicht für Urlaub und Erholung. In den Spitzelberichten, die jede Äußerung über die Zustände im Land wortgetreu wiedergeben, zeichnen die Frauen ein ganz anderes Bild. Zu den alltäglichen Sorgen kamen grundloser Terror, Tod und Elend – das hinterließ tiefe Enttäuschung und untergrub den Glauben an den Kommunismus und die UdSSR.

Auch Helen Schröder sprach mit ihren Leidensgenossinnen offen über das, was sie erlebt hatte, und wird am 29. Juni 1941, nach Beginn des Krieges mit Deutschland, vom NKWD verhaftet. In der Anklageschrift stand, sie habe »eine verdächtige Lebensweise geführt und Spionage betrieben, enge Verbindungen zu den Deutschen unterhalten, die in der UdSSR lebten und von denen manche die deutsche Botschaft besucht hatten«. »Sie war antisowjetisch eingestellt«, hieß es in der Schrift, »sammelte die Ehefrauen von Personen, die wegen konterrevolutionärer Tätigkeit repressiert wurden, um sich und leistete unter ihnen systematisch konterrevolutionäre Agitation. Sie äußerte Unzufriedenheit über die Staatsform der UdSSR und über Veranstaltungen, die von der KPdSU und der sowjetischen Regierung durchgeführt wurden, verbreitete verleumderische Äußerungen über Lebensumstände der Bürger, lobte das Leben der Arbeiter im faschistischen Deutschland. Sie wurde verhört und bekannte sich schuldig ...«[165]

Die »Voruntersuchung« wurde nach dem Angriff der Faschisten auf Moskau im Gefängnis von Omsk eilig abgeschlossen. Helen Schröder verurteilte man zu acht Jahren *Besserungsarbeitslager*.

Irma Schröder, die Tochter von Helen Schröder, erinnerte sich im Jahr 1994 an das Schicksal ihrer Mutter: »Wenn man alles aufschreiben will, was sie im Gefängnis und bei den Verhören, in den Lagern und auch später in der Verbannung erlebt hat, dann muß man ein Buch schreiben. Sie kam erst im Sommer 1954 zu uns. Sie war krank und mit ihren Nerven vollkommen am Ende. Sie hatte acht Jahre im KARLag in Dshesgaskan verbracht und nach ihrer Entlassung aus dem Lager weitere fünf Jahre in der Verbannung. In den letzten Jahren wurde sie psychisch krank ... Nach ihrer Befreiung lebte sie noch 17 Jahre.«[166]

GULAG und Rehabilitation

Nach Stalins Tod begann nach und nach die Rückkehr der zu Unrecht Inhaftierten aus den Lagern und aus der Verbannung. Dreißig Jahre waren vergangen, seit die ersten deutschen Arbeiter in die UdSSR gekommen waren und unter Leitung des Ingenieurs Shelesnjak im Wolframwerk ihre Arbeit aufgenommen hatten. Das Schicksal riß die kleine Gruppe von Veteranen der sowjetischen Elektrolampenproduktion, die die schrecklichen Jahre 1937 und 1938 überlebt hatten, völlig auseinander.

Der Ingenieur Shelesnjak mußte den größten Teil seiner Haft im Lagerlazarett der UCHTIMLag in der Komi ASSR verbringen, und wurde im Sommer 1943 zusammen mit anderen hoffnungslos kranken Häftlingen entlassen, um kurz darauf in Freiheit zu sterben. Der GULAG brauchte keine Invaliden, sondern gesunde Arbeitskräfte. Weil sich Shelesnjak kaum noch allein bewegen konnte und den langen Weg nach Moskau nicht überlebt hätte, wurde er nach Tobolsk zu seinen Verwandten geschickt. »Aus Tobolsk bekam ich Nachricht, daß der Vater dort ist ...«, erzählt Indebor Shelesnjak, die Tochter des Ingenieurs. »Ich fuhr zu ihm, was während des Krieges nicht einfach war. Der Vater lag im Sterben. Er sagte mir, daß man ihn unschuldig verurteilt hatte und daß die Verwandten sich nicht für ihn zu schämen bräuchten. Im Frühling 1945 starb er an Tuberkulose.«[167]

1954 beantragte I. M. Shelesnjak beim Generalstaatsanwalt der UdSSR die Rehabilitation des Vaters. »Ich sah meinen Vater vor seinem Tod. Er schwor, daß er unschuldig sei.«[168] Im Jahre 1955 wurde Moisej Shelesnjak postum rehabilitiert.

Hans Ohlrich wurde nach Ablauf der zehnjährigen Haftzeit nach Norilsk verbannt. 1955 kam er endlich frei, wurde rehabilitiert und kehrte nach kurzem Aufenthalt in Moskau Ende der 50er Jahre für immer nach Deutschland – in die DDR – zurück, wo er noch Verwandte hatte.

1960 ging Emmi Heisler mit ihren beiden Kindern aus der Verbannung in Karaganda in die Heimat zurück. Vor der Abreise erreichte sie die Nachricht von der postumen Rehabilitierung ihres Mannes. Aber auch jetzt erfuhr sie nicht die Wahrheit über seinen Tod: Sie erhielt ein Schriftstück, in dem fälschlicherweise erklärt wurde, Franz Heisler sei im April 1942 in der Haft an Blutvergiftung gestorben. Damals war es verboten, den Verwandten mitzuteilen, daß ihre Angehörigen erschossen worden waren. Nach dem Krieg reisten die beiden überlebenden Töchter der ehemaligen sowjetischen »Musterfamilie« Zint, Lotte und Gerda, in die DDR aus.

Willi Koch wurde nach Verbüßung seiner zehnjährigen Lagerhaft im Jahre 1947 nach Westkasachstan verbannt, wo er als Dreher in einer Maschinen-Traktoren-Station arbeitete. Koch stand unter strenger Aufsicht des örtlichen NKWD. Praktisch jeder seiner Schritte wurde überwacht. Die Mitarbeiter des Geheimdienstes kannten den Inhalt des Briefwechsels mit seiner Ehefrau Anastasija, wußten über sein Verhalten und seine Gespräche im Alltag und am Arbeitsplatz genauestens Bescheid. Die Menschen, bei denen Koch wohnte, und seine Arbeitskollegen waren Informanten des NKWD.

Koch lebte sehr zurückgezogen. Seine Gastgeber hatten den Auftrag, mit ihm vertrauliche Gespräche über seine Vergangenheit, über sein Leben in

Deutschland und über seine Haltung zur UdSSR zu führen. Die Spitzel berichteten, Koch erzähle von seiner Familie, seiner schweren Kindheit, von der Stoßarbeit im Elektrokombinat – offenbar war aber nichts dabei, was man ihm anlasten konnte. Trotzdem wurde er im Januar 1949 erneut verhaftet, der konterrevolutionären Tätigkeit beschuldigt und ins Gefängnis der Stadt Uralsk verbracht. Erneute Untersuchungshaft, erneute Verhöre über die Umstände seines Umzugs in die UdSSR im Jahre 1925, über den deutschen Bekanntenkreis und die Arbeit im Elektrokombinat folgten. Wiederum konnten die Ermittlungsbeamten keinerlei Beweise für Spionage oder konterrevolutionäre Aktivität finden. Am 11. März 1949 mußte der Ermittlungsbeamte Oberleutnant Jefimow zugeben: »Antisowjetische Tätigkeit nach der Entlassung aus dem Lager wurde nicht festgestellt.«[169]

Trotzdem erging nach vier Monaten Gefängnis ein neues Urteil: Verbannung in das Gebiet Krasnojarsk, wo Koch schon mehr als fünf Jahre hatte verbringen müssen.

Im Jahre 1955, zwei Jahre nach Stalins Tod, wurde Willi Koch endlich aus der Verbannung entlassen und konnte nach Moskau zu seiner Ehefrau Anastasija, in die alte Wohnung Nr. 30 des ehemaligen »deutschen Hauses« zurückkehren. Im Jahre 1955 war er 60 Jahre alt, die Hälfte seines Lebens hatte er in der UdSSR verbracht, zwölf Jahre davon in Lagern und in der Verbannung. Nach der Rückkehr nahm er seine alte Stelle als Konstrukteur in seinem ehemaligen Arbeitskollektiv im Moskauer Lampenwerk wieder an, obwohl er ja bereits das Rentenalter erreicht hatte. Er arbeitete noch einige Jahre, so lange es seine Gesundheit erlaubte, und ging erst Mitte der 60er Jahre in Rente. In diesen Jahren war Willi Koch der einzige Deutsche, der in diesem Betrieb arbeitete.

Zwischen 1955 und 1956 trafen sich Willi Koch und Hans Ohlrich in Moskau. Seit 1937 hatten sie nichts mehr über das Schicksal der anderen erfahren, auch nichts über den schrecklichen Tod Gertrud Ohlrichs. Über Shelesnjak wußten sie ebenfalls nichts.

»Willi und Hans kamen zu uns nach Hause, aber außer mir war von unserer Familie niemand am Leben geblieben«, erinnerte sich Shelesnjaks Tochter. Die Mutter hatte die Verhaftung ihres Mannes nicht überlebt – sie war 1941 gestorben.

Später, nachdem Ohlrich schon nach Deutschland zurückgekehrt war, besuchte Willi Koch manchmal allein oder mit seiner Frau Anastasija Indebor Shelesnjak zu Hause oder auf deren Datscha. »Ich erkannte Willi kaum wieder, so stark war er nach der Zeit im Lager verändert und gealtert. Er mußte dort die allerschwersten Arbeiten verrichten, wie er erzählte, zum Beispiel Holzfällen ...«, so Shelesnjaks Tochter. Sie war der Überzeugung,

Baracken des ehemaligen Frauenlagers in Dolinka in Kasachstan, dem Sitz der Zentralen Verwaltung des Karagandinsker GULAG (oben); ehemaliger Lagerfriedhof in Dolinka (Aufnahmen 2002).

daß Anastasija ihren Mann vor dem Tod im GULAG gerettet hatte, indem sie 20 Jahre lang in Treue auf ihn gewartet, ihm Pakete geschickt und ihn in ihren Briefen moralisch unterstützt hatte.

Im Unterschied zur Mehrheit der Deutschen, die den GULAG überlebt hatten, entschloß sich Willi Koch, nicht nach Deutschland zurückzukehren, obwohl er und seine Frau mehrmals dorthin reisten, um ihre Angehörigen und auch Hans Ohlrich und die Familie Heisler zu besuchen.

Im Haus in der Uliza Matrosskaja Tischina wohnten seit Ende der 30er Jahre nur russische Familien. Keiner dort kannte Willi Koch alias Max Schmor oder wußte etwas vom Schicksal der vielen anderen Deutschen in diesem Haus.

Anhang

Anmerkungen

1   Majakowski, Wladimir: Gedichte russisch und deutsch. Nachdichtung von Paul Wiens, hrsg. von Gerhard Schaumann. Leipzig 1985, S. 63. Majakowski spricht im hier zitierten Gedicht von der in Rußland herrschenden »ägyptischen Finsternis«, in die – Nägeln gleich – Glühlampen eingeschlagen werden.

2   Gosudarstwennyj Archiw Rossijskoj Federazii (im folgenden GARF), F. 7952, Op. 3, D. 540, L. 57.

3   Zentralnyj munizipalnyj archiw g. Moskwy (im folgenden ZMAM), F. 2090, Op. 1, D. 636, L. 7.

4   ZMAM, F. 2090, Op. 1, D. 1355.

5   Maximow, P.: Elektrosawod. In: Prawda, 3.11.1928, S. 3.

6   Iwanow, P. N.: Sowjetskaja elektrotechnitscheskaja industrija [Die sowjetische elektrotechnische Industrie]. Moskau 1933, S. 54.

7   Zum Vergleich: Im Oktober 1932 verzeichneten die größten Elektrotechnikbetriebe der UdSSR folgende Belegschaften: im Elektrosila 8800, im Elektrobribor 5000, im Charkower Elektromotorenwerk 12800 Arbeiter (nach: Abolin, A. K.: Itogi i osnownye wywody po tschistke partorganisazii Elektrosawoda [Ergebnisse und Schlußfolgerungen der Reinigung der Parteiorganisation des Elektrokombinats]. Moskau 1934, S. 63).

8   Archiv Uprawlenija Federalnoj slushby besopasnosti Moskwy i Moskowskoj oblasti (im folgenden Archiv UFSB MiMO), Strafakte P-40522, L. 89.

9   Ebd., L. 76.

10 Ebd., L. 53.

11 Ebd., L. 82.

12 Rossijskij gosudarstwennyj archiv sozialno-polititscheskoj istorii (im folgenden RGASPI), F. 17, Op. 98; Archiv UFSB MiMO, Strafakte P-40522, L. 54.

13 Archiv UFSB MiMO, Strafakte P-61307, L. 29.

14 Ebd., L. 30.

15 Längeneinheit, 1 Mikron = 10^{-6} Meter.

16 Archiv UFSB MiMO, Strafakte P-40522, L. 110.

17 GARF, F. 5451, Op. 39, D. 5, L. 2.

18 Ebd., L. 71.

19 Ebd.

20 Interview des Autors mit I. M. Shelesnjak am 25. März 1994.

21 GARF, F. 7952, Op. 3, D. 532, L. 143.

22 Archiv UFSB MiMO, Strafakte P-40522, L. 113.

23 Jede nationale Gruppe organisierte sich in einem »semljatschestwo«, einer Landsmannschaft. Hier wurden Nachrichten und Informationen aus der Heimat und dem Gastland ausgetauscht. Zentrum und Treffpunkt der deutschen Landsmannschaft war der Klub.

24 Archiv UFSB MiMO, Strafakte P-40522, L. 54.

25 Die Akte befindet sich im Zentralarchiv des Föderalen Sicherheitsdienstes der Russischen Föderation (ZA FSB RF).

26 Iwanow, P. N.: Sowjetskaja elektrotechnitscheskaja industrija [Die sowjetische elektrotechnische Industrie]. Moskau 1933, S. 54.

27 Sutton, Anthony: Western Technology and Soviet Economic Development [Westliche Technologie und sowjetische Wirtschaftsentwicklung]. Three-Volume Series, Vol. 1. Stanford, Hoover Institution 1968, S. 272 f.

28 Es handelt sich um Auskünfte über Bernhard Zessin und Julius Sawekow.

29 Dehl, Oleg: Verratene Ideale. Zur Geschichte deutscher Emigranten in der Sowjetunion in den 30er Jahren. Berlin 2000, S. 30f.

30 ZMAM, F. 2090, Op. 1., D. 98, L. 31f.

31 1933 bestanden keine diplomatischen Beziehungen zur UdSSR. Die Botschaften der USA in Berlin und Riga regelten die Konsularangelegenheiten.

32 United States National Archives (im Folgenden NA), RG-84, 1933, Vol. 161. Die Abteilung Osteuropa des State Department erstellte Listen aller in die UdSSR reisenden amerikanischen Bürger.

33 Pose, Fritz; Matté, Erich; Wittenberg, Erich: Berliner Proleten vom Moskauer Elektrosawod erzählen. Moskau 1933 (deutsche und russ. Ausgabe), S. 12, (zit. nach der deutschen Ausgabe).

34 Im Charkower Traktorenwerk gab es 328 ausländische Beschäftigte, im Autowerk in Gorki 221 und im Magnitogorsker Kombinat 250. Im Stalingrader Traktorenwerk arbeiteten 152 Ausländer, im Kombinat Uralmasch 150. Im Moskauer Autowerk waren es 73 (im Kugellagerwerk).
    Die Angaben sind entnommen aus: Ismenenija kolitschestwa i sostawa rabotschego klassa [Veränderungen in Anzahl und Zusammensetzung der Arbeiterklasse]. Moskau 1961, S. 38f.

35 Siehe Aufstellung im Anhang des Buches.

36 Wassilewski, A. I.: Dejatelnost Moskowskoj partijnoj organisazii dlja raswitija meshdunarodnych otnoschenij trudjaschichsja stolizy s sagranizej w 1928–1932 gg. Awtoreferat [Die Tätigkeit der Moskauer Parteiorganisation zur Entwicklung der internationalen Verbindungen der Werktätigen der Hauptstadt mit dem Ausland 1928–1932, Autorreferat]. Moskau 1981, S. 11, 13.

37 ZMAM, F. 2090, Op. 1, D. 833, L. 1–6. Auskunftsbericht der Parteileitung des Elektrokombinats über die ideologische und Erziehungsarbeit unter den ausländischen Arbeitern vom 9. Oktober 1931.

38 Aus den Angaben für die Jahre 1931 und 1932 ist ersichtlich, daß auf die 170 ausländischen Arbeiter 551 Verbesserungsvorschläge und Erfindungen zurückgehen. 1931 wurden im gesamten Werk 9530 Rationalisierungsvorschläge registriert, 1933 waren es ca. 12000 Erfindungen bei einer Belegschaft von etwa 24000.

39 Vgl.: Reuter, Victor G.: The Brothers Reuter and the Story of the UAW [Die Brüder Reuter und die Geschichte des UAW]. Boston 1976, S. 100f.

40 Deutsche Zentral-Zeitung (DZZ), 6. und 16. November 1932; Trud, 20. November 1932.

41 ZMAM, F. 2090, Op. 2l/s, D. 138, L. 1.

42 Es handelt sich um den Ungarn Imre Natonek.

43 Zentralnyj gosudarstwennyj archiw Moskowskoj oblasti (im folgenden ZGAMO), F. 2080, Op. 1, D. 821, L. 4.

44 In den 30er Jahren existierten darüber hinaus noch Klubs für ausländische Ingenieure, für ausländische Facharbeiter, nationale Klubs sowie ein Klub für Politemigranten.

45 ZGAMO, F. 2180, Op. 1, D. 822, L. 6–6ob.

46 Sgovio, Thomas: Dear America! The Odyssey of an American Communist Youth, who Miraculously Survived the Harsh Labour Camps of Kolyma [Liebes Amerika! Die Odyssee eines jungen amerikanischen Kommunisten, der auf wundersame Weise die rauhen Arbeitslager von Kolyma überlebte]. New York 1979, S. 110.

47 Sawod – Krepost [Der Betrieb – eine Festung]. Moskau 1932, S. 45.
48 ZMAM, F. 2090, Op. 1, D. 637, L. 3–4.
49 ZMAM, F. 2090, OP. 1, D. 125, L. 13–14, (fond 2090, Opis' 2 l/s, file 125, pages 14–14 ob; in engl. Sprache).
50 Osokina, E. A.: Sa fasadom stalinskogo isobilija. Raspredelenie i rynok w snabshenii naselenija w gody industrialisazii [Hinter der Fassade des »Stalinschen Überflusses«: Verteilung und Markt bei der Versorgung der Bevölkerung in den Jahren der Industrialisierung]. Moskau 1998, S. 137.
51 ZMAM, F. 2090, Op. 1, D. 637, L. 2.
52 ZMAM, F. 2029, Op. 1, D. 833, L. 5ob.
53 Stalin, Josef W.: Neue Verhältnisse – neue Aufgaben des wirtschaftlichen Aufbaus. Rede auf der Beratung der Wirtschaftler. 23. Juni 1931. In: J. W. Stalin: Werke, Bd. 13, Berlin 1955, S. 50ff.
54 Sa industrialisaziju, 22. Januar 1932.
55 Pose, Fritz; Matté, Erich; Wittenberg, Erich: Berliner Proleten vom Moskauer Elektrosawod erzählen, a.a.O., S. 17 (zit. nach der deutschen Ausgabe).
56 Ebd., S. 24.
57 ZMAM, F. 2090, Op. 2l/s, D. 139, L. 8.
58 Ebd., L. 9–10.
59 Ebd., L. 8.
60 Ebd., L. 2.
61 Ebd., L. 8.
62 GARF, F. 5451, Op. 39, D. 101, L. 79–83.
63 ZMAM, F. 2090, Op. 21/s., D. 70, L. 1.
64 GARF, F. 5451, Op. 39, D. 101, L. 83.
65 Die Statistik sagt folgendes: Neun Personen erhielten weniger als 190 Rubel, 64 zwischen 200 und 240 Rubel, weitere 14 zwischen 250 und 280 Rubel Lohn. Der am besten bezahlte Arbeiter des Elektrokombinats im Jahre 1931 war der amerikanische Arbeiter Stephen Karsh mit einem Lohn von 500 Rubel. Die Ehefrauen deutscher Arbeiter, Johanna Zander und Klara Lippek, erhielten nur ca. 120 Rubel. Ihre Männer Leo Zander und Max Lippek verdienten 220 bzw. 200 Rubel monatlich. Der Lohn der Frauen war eine wichtige Ergänzung des Familienbudgets.
66 ZMAM, F. 2090, Op. l, D. 833, L. 5ob.
67 Ebd., L. 18.
68 ZMAM, F. 2090, Op. 21/s., D. 70, L. 1.
69 Ebd., L. 2.
70 GARF, F. 5515, Op. 31, D. 154.
71 ZMAM, F. 2090, Op. 21/s, D. 70, L. 48.
72 RGASPI, F. 17, Op. 98, D. 2518.
73 ZMAM, F. 2090, Op. 21/s, D. 30, L. 19.
74 Ebd., L. 6.
75 ZMAM. F. 2090, Op. 21/s, D. 12, L. 5.
76 ZMAM, F. 2090, Op. 2, D. 49, L. 32ob.
77 ZMAM, F. 2090, Op. 2, D. 55, L. 13.
78 ZMAM, F. 2090, Op. 1, D. 637, L. 25.
79 Ebd.
80 ZMAM, F. 2090, Op. 21/s, D. 133, L. 26.
81 Ebd., L. 20.
82 Ebd., L. 11.

83 Archiv UFSB MiMO, Strafakte P-40522, L. 113.
84 Ebd., L. 25.
85 ZMAM, F. 2090, Op. 21/s, D. 114, L. 3.
86 Ebd.
87 Ebd., L. 2.
88 ZMAM, F. 2090, Op. 21/s, D. 106, L. 2.
89 Pose, Fritz; Matté, Erich; Wittenberg, Erich: Berliner Proleten vom Moskauer Elektrosawod erzählen, a. a. O., S. 63 (zit. nach der russ. Ausgabe).
90 ZMAM, F. 2090, Op. 21/s, D. 7, L. 18.
91 ZMAM, F. 2090, Op. 21/s, D. 37, L. 48.
92 ZMAM, F. 2090, Op. 21/s, D. 82, L. 7.
93 ZMAM, F. 2090, Op. 21/s, D. 637, L. 23.
94 Über das Phänomen der sowjetischen Kommunalka: Schlögel, Karl: Kommunalka – oder Kommunismus als Lebensform. Zu einer historischen Topographie der Sowjetunion. Historische Anthropologie. Kultur. Gesellschaft. Alltag. 1998, S. 329–346.
95 ZMAM, F. 2090, Op. 21/s, D. 82, L. 7 (Brief in deutscher Sprache).
96 Ebd., L. 1.
97 Ebd., L. 34.
98 ZMAM, F. 2090, Op. 21/s, D. 37, L. 11.
99 ZMAM, F. 2090, Op. 21/s, D. 98, L. 11 (Brief in deutscher Sprache).
100 Smith, Andrew: I was a Soviet Worker [Ich war ein sowjetischer Arbeiter]. New York 1936, S. 47f.
101 GARF, F. 7952, Op. 7, D. 249, L. 252.
102 Interview des Autors mit K. Iwanzowa am 10. Januar 1999.
103 GARF, F. 5451, Op. 39, D. 5, L. 26.
104 Ebd., L. 28.
105 ZMAM, F. 2090, Op. 21/s., D. 14, L. 29 (Brief in deutscher Sprache).
106 ZMAM, F. 2090, Op. 21/s., D. 14, L. 8.
107 Ebd., L. 6.
108 Ebd., L. 4–6, 39–40.
109 GARF, F. 7523, Op. 23, D. 150, L. 14.
110 ZMAM, F. 2090, Op. 21/s, D. 80, L. 4.
111 GARF, F. 7952, Op. 3, D. 540, L. 66.
112 GARF, F. 1235, Op. 141, D. 583, L. 204 (unveröffentl. Brief).
113 GARF, F. 7952, Op. 3, D. 509, L. 20.
114 ZMAM, F. 2090, Op. 1, D. 833, L. 4ob.
115 ZMAM, F. 2090, Op. 1, D. 832, L. 1–2.
116 Osokina, E. A.: Hinter der Fassade des »Stalinschen Überflusses«, Moskau 1998, a. a. O., S. 254.
117 ZMAM, F. 2090, Op. 21/s, D. 14, L. 13 (Brief in deutscher Sprache).
118 Ebd., L. 11.
119 ZMAM, F. 2090, Op. 21/s, D. 101, L. 26–34.
120 Ebd., L. 79.
121 Vgl. Hedeler, Wladislaw (Hrsg.): Stalinscher Terror 1934–41. Berlin 2002.
122 Archiv UFSB MiMO, Strafakte P-22720, T. 2, L. 8, 104.
123 Archiv UFSB MiMO, Strafakte P-61307, L. 43.
124 Pose, Fritz; Matté, Erich; Wittenberg, Erich: Berliner Proleten vom Moskauer Elektrosawod erzählen, a. a. O., S. 43 f. (zit. nach der russ. Ausgabe).
125 Personalakte. RGASPI, F. 17, Op. 98, D. 3927.

126 ZMAM, F. 2090, Op. 21/s, D. 124, L. 1.
127 Archiv UFSB MiMO, Strafakte P-22720, T. 2, L. 27–50, 198, 205.
128 ZMAM, F. 2090, Op. 21/s, D. 108, L. 17 (Brief in deutscher Sprache).
129 Ebd., L. 6 (Brief in deutscher Sprache).
130 Ebd., L. 3 (Brief in deutscher Sprache).
131 Interview des Autors mit I. M. Shelesnjak am 15. Mai 1994.
132 Archiv UFSB MiMO, Strafakte P-40522, L. 48.
133 Interview des Autors mit I. M. Shelesnjak am 15. Mai 1994.
134 Ebd.
135 Archiv UFSB MiMO, Strafakte P-40522, L. 50–51.
136 Vgl. Dehl, Oleg: Verratene Ideale, a.a.O.
137 GARF, F. 5451, Op. 39, D. 5, L. 27.
138 Archiv UFSB MiMO, Strafakte P-40522, L. 60.
139 Archiv UFSB MiMO, Strafakte P-61307, L. 27.
140 GARF, F. 5451, Op. 19, D. 585, L. 284–285.
141 Vgl. Tischler, Carola: Flucht in die Verfolgung. Deutsche Emigranten im sowje- tischen Exil. Münster 1996.
142 GARF, F. 7523, Op. 23, D. 201, L. 49–51.
143 Zentralnaja chranenija istoriko-dokumentalnych kollekzij, (im folgenden ZChIDK), F. 501, Op. 3, D. 344, L. 38–39.
144 ZChIDK, F. 500, Op. 1, D. 439, L. 3–5.
145 ZChIDK, F. 501, Op. 3, D. 344, L. 3; 4; 22–24.
146 Zur deutschen Operation des NKWD vgl. Ochotin, Nikita; Roginsk, Arseni: Zur Geschichte der »Deutschen Operation« des NKWD 1937–1938. In: Jahrbuch für Historische Kommunismusforschung 2000/2001. Berlin 2001, S. 89–125.
147 Stalin, J. W.: Über die Mängel der Parteiarbeit. In: Stalin, J. W.: Werke, Bd. 14. Dortmund 1976, S. 124.
148 Archiv Natalia Musienko.
149 Dehl, Oleg: Verratene Ideale, a.a.O.
150 Archiv UFSB MiMO, Strafakte P-40522.
151 Interview des Autors mit I. M. Shelesnjak am 15. Mai 1994.
152 Archiv des Autors.
153 Archiv UFSB MiMO, Strafakte P-61307, L. 4.
154 Ebd., L.11.
155 Archiv UFSB MiMO, Strafakte P-40522, L.113–114.
156 Ebd.
157 Ebd., L. 110–112.
158 Archiv UFSB MiMO, Strafakte P-32590, L. 8ob.
159 Ebd., L. 41.
160 Ebd., L. 39, 43.
161 RGASPI, F. 495, Op. 74, D. 143, L. 2–5.
162 Archiv UFSB MiMO, Strafakte P-22720, T. 2, L. 148–150.
163 Archiv UFSB MiMO, Strafakte P-32818.
164 Osokina, E. A.: Hinter der Fassade des »Stalinschen Überflusses«. Moskau 1998, a.a.O., S. 254.
165 Archiv UFSB MiMO, Strafakte P-32818.
166 Brief von Irma Schröder an Natalia Musienko vom 7. Mai 1994.
167 Interview des Autors mit I. M. Shelesnjak am 15. Mai 1994.
168 Archiv UFSB MiMO, Strafakte P-40522, L. 126.
169 Ebd., L. 67.

Abbildungsnachweis

Archiv BasisDruck Verlag: S. 135

Archiv Ch. Links Verlag: S. 55 o., 64

Archiv Wladislaw Hedeler: S. 2, 9 o., 23, 31 u., 65, 86, 90, 91, 145

Archiv Sergej Shurawljow: S. 41 o.

Agitatizionno-massowoe iskusstwo. Oformlenie prasdnestw. Moskau 1984: S. 31 o.

Elena Osokina: Sa fasadom Stalinskogo isobilija. Moskau 1998: S. 54, 55 u., 97

Sergej Shurawljow: Malenkie ljudi i bolschaja istorija. Moskau 2000: S. 9 u., 14, 17, 20, 26, 34, 35, 41 u., 47, 87, 100, 108, 111, 127,

Verzeichnis der Arbeiter aus Deutschland und Österreich im Moskauer Elektrokombinat

Die hier erstmals veröffentlichte Liste (aus dem Betriebsarchiv) enthält die Namen jener deutschen Facharbeiter und Familienangehörigen, die 1928 zu Produktionsbeginn des Elektrokombinats nach Moskau kamen. Nach Ablauf der Arbeitsverträge 1932 wurde die Aufstellung nicht mehr weitergeführt, so daß die Namen der deutschen Politemigranten, die nach 1933 Arbeit im Elektrokombinat fanden, hier nicht verzeichnet sind.

Name	Geb.	Tätig als	Vertrag bis zum	Familienangehörige
Ackermann	1904	Werkzeugmacher in der Scheinwerferabteilung		Ehefrau
Amboss, Bruno				
Bandsch, Otto				
Bandsch, Siegfried		Schlosser		ledig
Baumert, Wilhelm	1886	Schlosser in der Abteilung KFZ/Traktorenelektrik	18.11.1931	Ehefrau Emma
Baumgardt, Paul	1878	Dreher in der Scheinwerferabteilung	1.1.1932	Ehefrau Marta und Mutter Maria Siebert
Beißert, Hans	1905	Schlosser in der Scheinwerferabteilung		Ehefrau
Borchardt, Max		Einrichter		ledig
Bransky, Ewald	1896	Mechaniker, Einrichter in der Wolframabteilung	31.1.1932	Ehefrau
Brünke, Willi	1904	Monteur im Transformatorenbau	1.1.1932	Ehefrau
Brüß, Willi				Ehefrau Gertrud
Demski, Wlad		Schleifer in der Abteilung KFZ/Traktorenelektrik	1.4.1932	
Dolski, Alfons	1909	Schleifer	1909	
Edel, Hans	1895	Glasbläser in der Lampenabteilung	1932	ledig
Ehlmann, Walter		Werkzeugmacher in der Abteilung KFZ/Traktorenelektrik		ledig
Falcke, Walter	1896	Ingenieur im Transformatorenbau	1.6.1932	Ehefrau und Kinder
Faustman, Ernst	1900	Dreher im Werkzeugbau KFZ/Traktorenelektrik		ledig
Fischer, Georg		Schleifer in der Abteilung		Ehefrau
Fritsche, Bernhard	1897	Werkzeugmacher		Ehefrau und Bruder
Fritsche, Richard	1896	Werkzeugschlosser	Dez. 1931	
Genrion				
Gericke, Leopold	1901	Instrumentenbauer		Ehefrau Frieda

Name	Geb.	Tätig als	Vertrag bis zum	Familienangehörige
Gericke, Paul		Schlosser	11.1.1932	ledig
Giera, Paul	1892	Schlosser in der Lampenabteilung		Ehefrau und Kind
Görner, Bruno		Werkzeugmacher	1.3.1932	ledig
Gubeler, Fritz	1893	Dreher im Werkzeugbau	Dez. 1931	Ehefrau Emma
Gundlach, Gustav				
Günter, Alfred	1906	Dreher in der Scheinwerferabteilung	1.2.1932	
Heiking, Karl	1902	Schleifer in der Wolframabteilung	1.5.1932	Ehefrau
Heisler, Franz	1897	Schlosser, Meister in der Wolframabteilung		Ehefrau Emmi und 2 Kinder
Hering, Johannes	1899	Schlosser in der Lampenabteilung	1.2.1932	Ehefrau und 2 Kinder
Hinz, Karl		Brigadier der Schweißer im Transformatorenbau	1.3.1932	Familie mit 4 Erwachsenen
Hirschmann, Johannes	1885	Brigadier in der Wolframabteilung		
Horn, Hans		Monteur im Transformatorenbau	1.2.1932	Ehefrau
Horn, Hermann		Meister und Einrichter in der Lampenabteilung	Aug. 1931	Ehefrau
Huth, Alfons	1878	Rundschleifer	1.2.1932	mit Familie 7 Personen
Kiefer, Josef	1903	Schlosser in der Wolframabteilung		ledig
Kielblock, Werner	1905	Dreher, Werkzeugmacher in der Wolframabteilung		Ehefrau und Kind (bis 1931)
Kieselnitsky, Herbert	1906	Elektroschweißer im Transformatorenbau	1.3.1932	Ehefrau und Kind
Kieslich, Karl	1884	Schlosser, Meister in der Wolframabteilung		Ehefrau Mary
Klemp, Max	1905	Dreher in der Abteilung KFZ/Traktorenelektrik	1.1.1932	Ehefrau
Klowsky		Instrukteur im Transformatorenbau		
Knappe, Bruno	1896	Werkzeugmacher in der Abteilung KFZ/Traktorenelektrik		Ehefrau
Knobat, Wilhelm	1882	Wickler im Transformatorenbau	2.10.1932	Ehefrau
Koch, Willi (Schmor, Max)	1895	Dreher, Konstrukteur in der Wolframabteilung		ledig
Krause, Emil	1886	Einrichter an Stanzen im Transformatorenbau	1.1.1932	Ehefrau
Krause, Kurt		Mechaniker	1.5.1932	Ehefrau
Krause, Willi	1901	Schlosser im Transformatorenbau	1.3.1932	Ehefrau

Name	Geb.	Tätig als	Vertrag bis zum	Familienangehörige
Kretschmer, Meta	1894	Wicklerin in der Abteilung KFZ/Traktorenelektrik		Ehefrau von Richard Kretschmer
Kretschmer, Richard	1882	Schleifer in der Wolframabteilung	1.1.1932	Ehefrau Meta und Kind
Krumrei, Max	1904	Fräser in der Scheinwerferabteilung	1.1.1932	Ehefrau
Kuhne, Wilhelm		Mechaniker in der Scheinwerferabteilung	1.1.1932	ledig
Kupsch, Rudi	1907	Transformatorenmonteur im Transformatorenbau	1.1.1932	ledig
Lampe, Otto	1893	Schlosser in der Abteilung KFZ/Traktorenelektrik	1.1.1932	Ehefrau
Lamprecht, Paul	1873	Dreher in der Abteilung KFZ/Traktorenelektrik	1.1.1932	Ehefrau
Lamprecht, Karl	1900	Einrichter in der Abteilung KFZ/Traktorenelektrik	1.1.1932	Ehefrau
Lange, Hermann	1882	Gießer, Brigadier in der Wolframabteilung		Ehefrau Elise und Tochter
Laugsch, Otto	1901	Wickler im Transformatorenbau	1.1.1932	
Laum			1932	
Lehmann, Arno	1897	Azetylenschweißer im Transformatorenbau	1932	Ehefrau Klara
Lehmann, Klara		Klempnerin und Wicklerin in der Abteilung KFZ/Traktorenelektrik		Ehefrau von Arno Lehmann
Lenz, Erna		Diamantschleiferin in der Wolframabteilung		Ehemann
Leznievsky, Iwan	1906	Transformatorenbauer, später Gewerkschaftsinstrukteur		Ehefrau Emma Sachse
Lindner, Emil				
Lippek, Klara		Arbeiterin in der Lampenabteilung		Ehefrau von Max Lippek
Lippek, Max		Schlosser, Meister in der Lampenabteilung	1.2.1932	Ehefrau Klara
Lükner, Hans	1901	Einrichter in der Lampenabteilung	1.1.1932	ledig
Margis, Rudolf	1917	Dreher in der Transformatorenabteilung		
Markgraf, Arthur		Schlosser, Werkzeugmacher in der Abteilung KFZ/Traktorenelektrik		
Matté, Erich	1893	Einrichter in der Abteilung KFZ/Traktorenelektrik		Ehefrau und Kinder
Medrow, Albert		Fräser	1.1.1932	Ehefrau Charlotte und Tochter Monika
Meißner, Paul	1903	Mechaniker	Okt. 1932	

156

Name	Geb.	Tätig als	Vertrag bis zum	Familienangehörige
Michaelis, Richard	1896	Schlosser im Transformatorenbau	30.10.1932	Ehefrau und 2 Kinder
Mikkeleitis, Gertrud		Arbeiterin		Ehefrau von Hans Ohlrich
Müller, Willi	1886	Meister im Transformatorenbau	1.1.1932	Ehefrau, Mutter, Söhne Paul, Arthur
Müller, Arthur	1902	Brigadier im Transformatorenbau		Ehefrau und 2 Kinder
Müller, Paul	1897	Monteur im Transformatorenbau	1.3.1932	Ehefrau und 2 Kinder
Müller, Willi	1905	Meistergehilfe im Transformatorenbau		ledig
Niedling, Wilhelm	1896	Fräser in der Scheinwerferabteilung		Ehefrau und 2 Töchter
Nietzboral, Max	1900	Autogenschweißer im Transformatorenbau		Ehefrau Viktoria und Sohn
Ohlrich, Hans (Mühlberg, Rudolph)	1893	Konstrukteur in der Wolframabteilung		Ehefrau Gertrud Mikkeleitis
Oschinsky, Erich		Tischler in der Abteilung KFZ/Traktorenelektrik		
Otter, Johann	1889	Schleifer in der Abteilung KFZ/Traktorenelektrik		Ehefrau
Pechhacker, W. A.		Kesselbauer im Transformatorenbau		
Piehl, Emil		Schleifer		Ehefrau und 3 Kinder
Poenecke, Alwin	1883	Schleifer in der Abteilung KFZ/Traktorenelektrik		Ehefrau
Pose, Anna		Werkzeugmacherin in der Abteilung KFZ/Traktorenelektrik		Ehefrau von Fritz Pose
Pose, Fritz	1895	Dreher in der Abteilung KFZ/Traktorenelektrik		Ehefrau Anna und Tochter
Putzke, Bernhard	1903	Schlosser im Transformatorenbau		Ehefrau und Sohn Walter
Putzke, Walter	1900	Brigadier, Monteur im Transformatorenbau		Ehefrau Erna
Raddatz, Otto		Mechaniker in der Scheinwerferabteilung	1.1.1932	Ehefrau
Rakow, Heinz		Arbeiter in der Abteilung KFZ/Traktorenelektrik		Sohn von Adolf Schwartz
Rekts, Georg		Werkzeugmacher		Ehefrau
Resch, Karl	1905	Dreher in der Wolframabteilung		Ehefrau
Ring, Fritz	1887	Schlosser		Ehefrau und Kind
Rummel, Hermann	1888	Elektroingenieur in der Wolframabteilung		Ehefrau Valentina und 2 Kinder

Name	Geb.	Tätig als	Vertrag bis zum	Familienangehörige
Sandhagen, Kurt	1896	Schlosser im Transformatorenbau	1.11.1932	Ehefrau und 3 Kinder
Scheibel, Karl		Monteur im Transformatorenbau		
Schippel, Roman		Meister		
Schmidt, Erich	1907	Mitglied der Gewerkschaftsleitung		Ehefrau Johanna
Schmidt, Rudolf		Meister		
Schneider, Adolf	1898	Montageschlosser im Transformatorenbau		Ehefrau Eva und Sohn
Schröder, Helen		Gütekontrolleurin		Ehefrau von Karl Schröder
Schröder, Karl	1886	Autogenschweißer im Transformatorenbau, Instrukteur		Ehefrau und Tochter Irma
Schultze, Erich	1900	Schweißer im Transformatorenbau		ledig
Schultze, Konrad	1903	Werkzeugmacher in der Abteilung KFZ/Traktorenelektrik		Ehefrau
Schultze, Max		Arbeiter in der Scheinwerferabteilung		Ehefrau
Schulz, Willi	1900	Monteur im Transformatorenbau		Ehefrau und Kind
Schütze, Erich	1906	Dreher in der Scheinwerferabteilung		Ehefrau Elsa
Schwarz, Adolf	1885	Meister in der Transformatorenwickelei	16.4.1932	Ehefrau und Sohn
Schwitzing, Arthur	1902	Werkzeugschlosser in der Abteilung KFZ/Traktorenelektrik		Ehefrau Gertrud
Seifert, Fritz August	1891	Schlosser und Mechaniker in der Lampenabteilung	1931	Ehefrau Martha
Siepelt, Karl	1902	Zerspaner im Werkzeugbau	Ende 1932	Ehefrau Frida Lingenau
Siewert, Fritz	1879	Einrichter im Transformatorenbau	1.1.1932	
Simson, Viktor		Schlosser in der Scheinwerferabteilung		Ehefrau und 3 Kinder
Stolberg, Walter		Werkzeugmacher in der Abteilung KFZ/Traktorenelektrik		ledig
Sturgap		Schlosser in der Abteilung KFZ/Traktorenelektrik		ledig
Sukow, Wilhelm		Dreher in der Scheinwerferabteilung	1.3.1932	Ehefrau Irma
Süss		Facharbeiter in der Abteilung KFZ/Traktorenelektrik		

Name	Geb.	Tätig als	Vertrag bis zum	Familienangehörige
Tesch, Max	1889	Meistergehilfe in der Abteilung KFZ/Traktorenelektrik	31.1.1932	Ehefrau
Thiele, Otto	1892	Dreher in der Abteilung KFZ/Traktorenelektrik		Ehefrau Else und Tochter Charlotte
Voitke, Bruno Wilhelm	1892	Dreher		Ehefrau Waldhauer, Ehefrau Emma und Töchter Gerda und Hildegard
Weinert, Werner		Automechaniker in der Scheinwerferabteilung		Ehefrau und 2 Kinder
Willimeck, Edmund		Transformatorenbau		Ehefrau Josephine und 2 Kinder
Winzer, Heinrich				
Wittenberg, Erich	1902	Schlosser und Werkzeug- macher in der Abteilung KFZ/Traktorenelektrik		Ehefrau
Wolf, Albert	1908	Schlosser in der Scheinwerferabteilung		ledig
Wolf, Gerhard				
Wolff, Georg	1904	Schlosser		ledig
Wurzel, Ernst		Werkzeugschlosser		
Zander, Johanna	1890	Arbeiterin		Ehefrau von Leo Zander
Zander, Leo	1890	Einrichter in der Lampenabteilung		Ehefrau Johanna und Sohn Leo
Zander, Leo	1917			Sohn von Leo Zander
Zappe, August		Fräser in der Wolframabteilung		Ehefrau und Tochter
Zessin, Bernhard	1891	Schlosser in der Lampenabteilung		
Zint, Bernhard	1885	Schweißer im Transformatorenbau		Familie mit 8 Personen
Zint, Margarete	1888	Arbeiterin		Ehefrau von Bernhard Zint
Zint, Otto	1911			Sohn von Bernhard Zint
Züss, Kurt	1885	Meister in der Abteilung KFZ/Traktorenelektrik	25.11.1931	Ehefrau und Sohn

Glossar

Abteilung Agitprop des Moskauer Komitees der KPdSU(B) – Für die Agitation und Propaganda der Moskauer Organisation der Kommunistischen Partei der Sowjetunion (*Bolschewiki*) zuständige Abteilung des Stadt- und Gebietsparteikomitees der KPdSU(B). Eine Unterabteilung war für die Arbeit unter Angehörigen nationaler Minderheiten zuständig. Im Januar 1930 erfolgte die Untergliederung dieser Abteilung in eine für Agitation und Massenpropaganda und eine für Kultur und Proganda zuständige Einheit. 1939 wurde die Unterteilung wieder aufgehoben.

Abteilung internationale Verbindungen – Russ. Abkürzung für Otdel meshdunarodnoj swjasi (auch Slushba swjasi, Abkürzung: SS) [Abteilung für internationale Verbindungen (Verbindungsdienst)]. Seit 1936 lautete der Name: Verbindungsdienst des Sekretariates des EKKI. Sogenannte Verbindungspunkte/Verbindungsstellen gab es in Paris, Prag, Brüssel, Zürich, Athen, Stockholm, Istanbul sowie in Hafenstädten. Die Verbindungspunkte waren für die Bereitstellung von Papieren (Paßwesen/Paßtechnik), Geheimschriften sowie die Verschlüsselung von Dokumenten verantwortlich. 1937 wurde die Chiffrierabteilung zu einer selbständigen Struktureinheit und unterstand unmittelbar dem Generalsekretär der Komintern. Seit Anfang 1939 hieß der Verbindungsdienst des Sekretariats des EKKI Institut 301. Leiter des Instituts war N. Schewelkow, sein Stellvertreter K. Sucharjow. Leiter des Verbindungsdienstes waren bis Oktober 1936 A. Abramow, bis Mai 1937 B. Melnikow, bis Dezember 1937 J. Anwelt, dann K. Sucharjow und I. Morosow.
(Weiterführende Literatur: Adibekow, G. M.; Schachnasarowa, E. N.; Schirinja, K. K.: Organisazionnaja struktura Kominterna 1919–1943. Moskau 1997.)

Abwehrapparat der KPD – Seit Mitte der 20er Jahre leitete Hans Kippenberger den Nachrichtendienst der Kommunistischen Partei Deutschlands. Der ursprünglich als Spitzelwarndienst geschaffene Apparat wurde beständig ausgebaut. Zu seinen Aufgaben gehörten neben der Überwachung von Parteimitgliedern auch Industriespionage, Herstellung von Pässen sowie die Bereitstellung von Waffen und Munition.

Album-Verfahren – Im Befehl Nr. 00485 des NKWD der UdSSR war eine genaue Aufzählung der zu »repressierenden Kontingente« enthalten. Es wurden jene Bereiche erwähnt, die in erster Linie zu säubern waren, und die Fristen der Aktion und die Art und Weise der Berichterstattung festgelegt. Vorgesehen war auch ein besonderes (zum ersten Mal in der Praxis des NKWD gehandhabtes) Verfahren der Verurteilung – das »Album-Verfahren«. Die Mitarbeiter der NKWD-Verwaltungen vor Ort erstellten nach Ende der Untersuchung für jeden Verhafteten eine sogenannte Sprawka, d.h. einen Auskunftsbericht, der einen Vorschlag für das Strafmaß (Erschießen oder fünf bis zehn Jahre Lager) enthielt. Diese wurden in einer speziellen Liste (dem »Album«) erfaßt und vom Leiter des UNKWD sowie dem örtlichen Staatsanwalt (im Hinblick auf das vorgeschlagene Strafmaß) korrigiert und unterschrieben. Danach wurde das Album nach Moskau geschickt, wo der Volkskommissar des Inneren (Jeshow) und der Generalstaatsanwalt der UdSSR (Wyschinski) die endgültige Entscheidung fällten. Das Urteil wurde vollstreckt, wenn das Album wieder in der Gebietsverwaltung des NKWD eintraf.

Allunionsvereinigung für Elektrotechnik der Hauptverwaltung elektrotechnische Industrie und Dampfkessel- und Turbinenbau des Volkskommissariats für Schwerindustrie der UdSSR – Wsesojusnoe elektrotechnitscheskoe objedinenie Glawnowo uprawlenija elektrotechnitscheskoj i kotloturbinnoj promyschlennosti Narkomtjashproma SSSR. Von 1929 bis 1933 eine Institution zur Leitung der elektrotechnischen Industrie.

Arbeitsarmee – Trudowaja armija. Seit Mitte Februar 1942 diente die Arbeitsarmee der Mobilisierung von Arbeitskräften unter Kriegsbedingungen. Zunächst wurden Männer im Alter von 17 bis 50 Jahren einberufen, die Verfügung vom 7. Oktober 1942 bezog in die Mobilisierung Männer der Altersgruppen 15 bis 16 und 51 bis 55 Jahre ein. Auch Frauen zwischen 16 und 45 konnten einberufen werden. Die Arbeitsverpflichtung galt für die Dauer des Krieges. Etwas mehr als die Hälfte der gesamten Trudarmisten war dem Volkskommissariat des Inneren unterstellt. Sie wurden beim Bau von Eisenbahnen, Straßen und Kanälen sowie für Forstarbeiten eingesetzt. (Weiterführende Literatur: Tischler, Carola: Flucht in die Verfolgung. Deutsche Emigranten im sowjetischen Exil 1933–1945, Münster 1996).

Ausländerbüro des Allunionszentralrats der Gewerkschaften – 1932 gegründet, um die Einbeziehung der in der Sowjetunion beschäftigten ausländischen Arbeiter in den sozialistischen Wettbewerb zu koordinieren.

Besserungsarbeitslager des NKWD – Von 1929 bis 1930 nahm die Zahl der Lagerhäftlinge, die von nun an an wichtigen Objekten des Fünfjahrplanes eingesetzt wurden, ständig zu. Anfang 1930 waren es 250 000 bis 300 000 Häftlinge. Aber erst in den Jahren 1931 bis 1934 war das Lagersystem so weit umstrukturiert, daß die Arbeitslager eine »Planposition« darstellten. Bis 1934 hatten außer der OGPU auch das NKWD und das Volkskommissariat für Justiz Besserungsarbeitslager unterhalten. Im Juli 1934 wurde die Hauptverwaltung Lager (GULAG) innerhalb des NKWD geschaffen, der fortan die Verwaltung aller Lager oblag. 1934 gab es 14 Arbeitsbesserungslager, in denen 510 309 Häftlinge Zwangsarbeit leisten mußten. Von 1935 bis 1937 betrug die Gesamtzahl aller Häftlinge (einschließlich der Gefängnisse und Arbeitskolonien) in der UdSSR über eine Million. 1937, im Zusammenhang mit der erneuten Umstrukturierung und Effektivierung des Zwangsarbeitssystems, ging die Zahl etwas zurück. Erst zu diesem Zeitpunkt hatte sich das für die Stalinzeit typische Lagersystem herausgebildet. Auf dem Höhepunkt des Massenterrors vom 1. Juli 1937 bis 1. April 1938 befanden sich in den Besserungsarbeitslagern des NKWD über zwei Millionen Häftlinge. Angaben zu 476 Lagerverwaltungen, darunter zu den im Buch erwähnten Lagern KARLag, SEWWOSTLag und Norilsk. (Weiterführende Literatur: (Sistema Isprawitelno-trudowych lagerej w SSSR, 1923–1960. Sprawotschnik. [Das System der Besserungsarbeitslager in der UdSSR 1923–1960. Handbuch.] Zusammengestellt von M. B. Smirnow. Unter Redaktion von N. G. Ochotin und A. B. Roginski. Moskau 1998.)

Bolschewiki – Historische Bezeichnung für die Mitglieder der KPdSU. Der Begriff entstand 1903 auf dem II. Parteitag der Sozialdemokratischen Arbeiterpartei Rußlands (SDAPR), als die Anhänger von Wladimir Iljitsch Lenin bei den Wahlen zu den zentralen Parteiinstitutionen die Mehrheit (russ. bolschinstwo) errangen.

Charkower Traktorenwerk »Sergo Ordshonikidse« – Der Bau des größten, nach dem Volkskommissar für Schwerindustrie Sergo Ordshonikidse benannten Traktorenwerkes der UdSSR begann im April 1930. Im Oktober 1931 gingen die ersten Traktoren vom Band. 1932 wurde das Werk für die Produktionserfolge mit dem Leninorden ausgezeichnet.

Deutsche Operation – Der operative Befehl des NKWD Nr. 00439 wurde von Nikolai Jeshow am 25. Juli 1937 erlassen und am selben Tag als Telegramm an alle Verwaltungen des NKWD geschickt. Die Präambel enthielt die Begründung der geplanten Repressalien:

»Durch Agentur- und Untersuchungsmaterialien der letzten Zeit ist bewiesen, daß der deutsche Generalstab und die Gestapo in breitem Umfang Spionage- und Diversionstätigkeit in den wichtigsten Industriebetrieben, in erster Linie in der Verteidigungsindustrie, organisiert und sich zu diesem Ziel der dort eingenisteten Kader, die deutsche Staatsbürger sind, bedient.

Die aus deutschen Staatsbürgern bestehende Agentur hat bereits Schädlings- und Diversionsakte durchgeführt und richtet ihre Hauptaufmerksamkeit auf die Organisation von Diversionshandlungen für die Periode des Krieges und bereitet zu diesem Ziel Diversantenkader vor.«

Um diese »Tätigkeit völlig zu durchkreuzen«, befahl der Volkskommissar des Inneren Jeshow, alle deutschen Staatsbürger, die in der UdSSR lebten und in der Verteidigungsindustrie sowie im Transportwesen arbeiten (oder gearbeitet haben), zu verhaften. Für die Verhaftungen wurden fünf Tage, vom 29. Juli an, veranschlagt. Im Anschluß an eine »besonders sorgfältige« Untersuchung sollten die Fälle dem Militärkollegium des Obersten Gerichts oder der Sonderberatung des NKWD zur Prüfung vorgelegt werden.

Gleichzeitig wurde vorgeschrieben, eine sofortige Erfassung aller deutschen Staatsbürger vorzunehmen, die in allen anderen Zweigen der sowjetischen Volkswirtschaft arbeiteten, und darüber hinaus auch der ehemaligen deutschen Staatsbürger, die die sowjetische Staatsbürgerschaft angenommen und früher in der Verteidigungsindustrie gearbeitet haben. Für sie alle mußten nach Moskau Memoranden mit kompromittierendem Material »zwecks Entscheidung der Frage ihrer Verhaftung« geschickt werden.

Dem in die Regionen ergangenen Befehl wurden Dutzende von Telegrammen mit Aufstellungen von Militärbetrieben und für die Rüstungsindustrie relevanten Fabrikhallen, in denen Verhaftungen vorzunehmen waren, nachgesandt.

(Weiterführende Literatur: Ochotin, Nikita; Roginski, Arseni: Zur Geschichte der »Deutschen Operation« des NKWD 1937–1938. In: Jahrbuch für Historische Kommunismusforschung 2000/2001, Berlin 2001, S. 89–125.)

Deutsche Sektion der Komintern – Bezeichnung für die KPD als Mitglied der Komintern. Alle Parteien, die der Kommunistischen Internationale beitreten wollten, mußten gemäß den Aufnahmebedingungen der Kommunistischen Internationale ihren Namen anpassen. »Jede Partei, die der Kommunistischen Internationale beitreten will, muß den Namen führen: Kommunistische Partei dieses oder jenes Landes (Sektion der Kommunistischen Internationale).«

Deutsche Zentral-Zeitung (DZZ) – Am 1. Januar 1926 gab das Zentralbüro der deutschen Sektionen beim ZK der KPdSU(B) »Unsere Bauernzeitung« heraus. Seit dem 16. Mai 1926 erschien sie unter dem Titel »Deutsche Zentralzeitung für Stadt und

Land«. Die Ergänzung »für Stadt und Land« behielt die Zeitung bis zum 31. Juli 1927. Seit August 1929 arbeitete der ungarische Emigrant Imre Komor als Chefredakteur der Zeitung. Nachdem das Zentralbüro der deutschen Sektionen beim ZK der KPdSU(B) aufgelöst worden war, kam die Zeitung unter die Vormundschaft der deutschen Vetretung bei der Komintern. Ihr Untertitel hieß nunmehr »Zentralorgan der deutschen Werktätigen in der Sowjetunion«. Seit 1931 erschien die Zeitung als Tageszeitung in einer Auflage von bis zu 20000 Exemplaren.
(Weiterführende Literatur: Dehl, Oleg: Verratene Ideale. Berlin 2000.)

Dwoika – Zweierkommission. Rund die Hälfte aller außergerichtlich erhobenen Anklagen nach Artikel 58 wurde von der Dwoika behandelt, wie die Kommission des NKWD-Kommissars und des Generalstaatsanwalts umgangssprachlich genannt wurde. Listen der Häftlinge, in denen das empfohlene Strafmaß vermerkt war, wurden per Kurier nach Moskau geschickt. Jeshow und Wyschinski oder deren Stellvertreter bestätigten mit ihren Unterschriften die Urteile. Intern nannte man dieses Schnellverfahren die »Album-Methode«.

Erster Fünfjahrplan – Am 28. Mai 1929 faßte der 5. Sowjetkongreß der UdSSR den Beschluß »Über den Fünfjahrplan der Entwicklung der Volkswirtschaft (1928/29–1932/33)«. Der erste Fünfjahrplan ging von einer Tandementwicklung, der wechselseitigen Stimulierung von Industrie und Landwirtschaft aus. Innerhalb des industriellen Sektors sollte außerdem der Wachstumsfortschritt von Leicht- und Schwerindustrie koordiniert werden. So würden Investitionen und Konsum gleichzeitig zunehmen, der Kapitalstock des Landes vervielfacht und gleichzeitig bessere Lebensbedingungen für die Bevölkerung geschaffen, von denen Arbeiter und Bauern im gleichen Maß profitieren konnten. Der erste Fünfjahrplan wurde für erfüllt erklärt, als die Kennziffern stagnierten und eine rückläufige Entwicklung einsetzte. Das war selbstverständlich kein Thema für die Propaganda, die nur ein Bild des stetigen Aufschwungs vermittelte und unter Berufung auf den angeblich erfolgreichen Verlauf für den zweiten Fünfjahrplan ein noch höheres Tempo forderte.

Faschistische Spionageorganisation Hitlerjugend – Am 28. April 1938 wurden bei der Deutschen Vertretung des EKKI 842 verhaftete Deutsche gemeldet. Im Anschluß an die Verhaftungen begann im NKWD die Konstruktion »konterrevolutionärer faschistischer Gruppen«. Eine von diesen Gruppen soll die konterrevolutionäre »faschistische Spionageorganisation Hitlerjugend« gewesen sein, die angeblich in Moskau unter deutschen Jugendlichen – Kindern von Facharbeitern und politischen Emigranten – gebildet wurde. Unter dieser Anschuldigung wurden von Januar bis März 1928 mindestens 71 Deutsche und Österreicher sowie einige Rußlanddeutsche verhaftet. Die meisten von ihnen arbeiteten in Moskauer Großbetrieben.
(Weiterführende Literatur: Dehl, Holger; Mussijenko, Natalija: Hitlerjugend in der UdSSR? In: Beiträge zur Geschichte der Arbeiterbewegung, 1996, Nr. 1, S.76–84; Mussienko, Natalia: Vorwurf: Mitglied einer Hitlerjugend. In: Neues Deutschland, 28.8.1995. Liste der Opfer der »Operation Hitlerjugend« zusammengestellt von Natalija Mussienko, abgedr. In: Dehl, Oleg; Mussienko, Natalija; Barck, Simone; Plener, Ulla (Hrsg.): Verratene Ideale. Zur Geschichte deutscher Emigranten in der Sowjetunion in den 30er Jahren. Berlin 2000, S. 197–207.)

Fünfte Kolonne – Politische Gruppe mit verdeckter Aktivität.

Gewerkschaftskomitee des Betriebes – Das ist die Gewerkschaftsleitung des Betriebes.

Großer Terror – Jahre des »Großen Terrors« in der UdSSR. Im weiteren Sinne Synonym für Jeshowschtschina, i.e. die Bezeichnung für die Amtszeit des Volkskommissars des Inneren, Nikolai Jeshow, 1936 bis 1938; im engeren Sinne von Juli 1937 bis April 1938. Zeitgleich zu den Moskauer Schauprozessen 1936, 1937 und 1938 führte die Geheimpolizei NKWD die nationalen Operationen durch.
(Weiterführende Literatur: Wladislaw Hedeler, Hrsg., Stalinscher Terror 1934–41. Berlin 2002.)

Industrialisierung – Die Industrialisierung wurde als Kernstück der Modernisierung der UdSSR, als Überwindung der kulturellen Rückständigkeit des Landes und notwendige Bedingung für den Sieg über den Kapitalismus im ökonomischen Wettstreit angesehen. Auf dem 14. Parteitag der KPR(B) im Dezember 1925, der die Industrialisierung der UdSSR beschloß, wurde die Entwicklung der Industrie nicht diskutiert, obwohl die Thesen bestätigt und veröffentlicht worden waren. Auch auf der nachfolgenden Parteikonferenz gab es keine Industrialisierungsdebatte. Diese begann erst im Zusammenhang mit dem *ersten Fünfjahrplan* 1929. »Wir haben die fortgeschrittenen kapitalistischen Länder in der Entwicklung eines neuen politischen Systems, des Sowjetsystems, eingeholt und überholt. Das ist gut, genügt aber noch nicht«, hob Stalin 1928 in seiner Rede über die Industrialisierung und die rechte Abweichung hervor. »Um den endgültigen Sieg des Sozialismus zu erreichen, müssen wir diese Länder auch in technisch-wirtschaftlicher Beziehung überholen. Entweder werden wir das erreichen, oder man wird uns zermalmen.« 1935 stellte Stalin rückblickend fest: »Die Aufgabe bestand darin, dieses Land von den Bahnen des Mittelalters und der Unwissenheit auf das Gebiet der modernen Industrie und der mechanisierten Landwirtschaft hinüberzuleiten. ... Die Frage stand so, entweder lösen wir diese Aufgabe in kürzester Frist und festigen den Sozialismus in unserem Lande, oder wir lösen sie nicht, und dann verliert unser Land, das technisch schwach und kulturell rückständig ist, seine Unabhängigkeit und wird zum Spielball der imperialistischen Mächte.«

Interbrigaden – Antifaschistische Kampfeinheiten im Spanischen Freiheitskampf von Juli 1936 bis Januar 1939. Das Zentralkomitee der Kommunistischen Partei Deutschlands rief am 7. August 1936 alle deutschen Antifaschisten zur Solidarität mit dem spanischen Volk auf. Es gab insgesamt sieben Internationale Brigaden, denen ca. 35 000 Freiwillige aus 53 Ländern angehörten. In den Internationalen Brigaden kämpften ca. 5 000 Deutsche.

Karl-Liebknecht-Schule – Die Schule existierte in Moskau vom 15. März 1924 bis 24. Januar 1938. 1924 lebten in Moskau 8 037 Deutsche, davon 1 607 Kinder im schulpflichtigen Alter. Der erste Direktor der Schule, der die vier Klassen mit 137 Kindern unterrichtete, war Emmanuel Schnur. 1927 übernahm Else Weber für vier Jahre die Leitung. Ihre Nachfolgerin wurde Jolanta Kelen-Fried. 1932 zog die Schule aus der Gemeinschaftswohnung in der Bolschaja Spasskaja Uliza in die Sadowo-Spasskaja Uliza 6 um und erhielt den Namen »Karl Liebknecht«. Helmut Schinkel wurde Direktor. 1934, als Kinder von *Schutzbündlern* aus Österreich in der Sowjetunion eintrafen, reichte der Platz nicht mehr aus. 1935 bezog die Schule ein neues Gebäude in der Kropotkinskaja Uliza 12. Unter den 750 Schülern waren 116 Kinder aus Österreich. Direktorin der Schule wurde die Ungarin Sofija Krammer. In den Jahren des Terrors wurden viele Lehrer und Schüler sowie deren Eltern verhaftet, die Schule geschlossen. 1939 wurde das *Kinderheim Nr. 6*, das für die Kinder der *Schutzbündler* eingerichtet worden war, geschlossen, und die Kinder verlegte man in das sowjetische Kinderheim »Spartacus«.

(Weiterführende Literatur: Mussienko, Natalija: Schule unserer Träume. Katalog zur Ausstellung im Goethe-Institut. Moskau 1996.)

Kinderheim Nr. 6 – Viele Kinder von Kommunisten, Sozialdemokraten und Parteilosen, heute sind 130 namentlich bekannt, sind mit Transporten der Roten Hilfe nach den Februarereignissen zwischen April und Juli 1934 in Österreich über die Schweiz bzw. die Tschechoslowakei in die Sowjetunion gekommen. Das Exekutivkomitee der Komintern und die Leitung der sowjetischen Einheitsgewerkschaft beschloß die Einrichtung eines Kinderheims für die Opfer des österreichischen Widerstandes. Das Haus am Kalaschnyj pereulok Nr. 12, das vor der Oktoberrevolution dem Fabrikanten Konschin gehört hatte, erhielt 1934 die Bezeichnung »Kinderheim Nr. 6«. Der erste Transport erfolgte am 23. April 1934. Von Moskau aus ging es zunächst zu einem Kuraufenthalt auf die Krim. Am 22. Oktober 1934 zogen die ersten Kinder im Moskauer Heim ein. Direktor der Einrichtung war von 1934 bis 1938 Iwan Semjonow. 1940 wurde das Heim »reorganisiert«. (Weiterführende Literatur: Schafranek, Hans unter Mitarbeit von Natalija Mussienko: Kinderheim Nr. 6. Österreichische und deutsche Kinder im sowjetischen Exil. Wien 1998.)

Kolchose – Landwirtschaftliche Produktionsgenossenschaft.

Kommission der Zentralen Kontrollkommission (ZKK) und der Volkskontrolle – Die ZKK der KPdSU(B), die oberste Kontrollinstanz der Kommunistischen Partei, existierte von 1920 bis 1934. Die ZKK wurde auf den Parteitagen der KPdSU(B) gewählt und war zusammen mit der Arbeiter-und-Bauerninspektion (ABI) ein Strukturelement der Volkskontrolle. Der 17. Parteitag der KPdSU(B) beschloß im Februar 1934 die Trennung von ZKK und ABI und die Schaffung selbständiger Kontrollorgane.

Kommunistische Universität der nationalen Minderheiten des Westens »Julian Marchlewski« – Kommunistitscheski uniwersitet nazionalnych menschinstw sapada imeni Juliana Marchlewkowo (KUNMS). Die Gründung der Kommunistischen Universität geht auf den Beschluß des *Rates der Volkskommissare* der Russischen Sozialistischen Föderativen Sowjetrepublik (RSFSR) vom 28. November 1921 zurück. An der Universität sollten Parteiarbeiter und Staatsfunktionäre aus den Westgebieten der RSFSR ausgebildet werden. Die Universität war in Sektoren unterteilt. Bis zur Auflösung 1937 bestand je ein weißrussischer, bulgarischer, ungarischer, griechischer, jüdischer, italienischer, lettischer, litauischer, moldawischer, deutscher, polnischer, rumänischer, skandinavischer, finnischer, estnischer und ein jugoslawischer Sektor. Eine Filiale der Universität, an der auch ausländische Studenten immatrikuliert wurden, befand sich in Leningrad.

Magnitogorsker Metallurgisches Kombinat – Mit dem Bau des größten metallurgischen Kombinats der UdSSR wurde 1929 begonnen, der erste Hochofen am 31. Januar 1932 angeblasen.

Moskauer Stadtsowjet – Moskauer Stadtverwaltung. Bis zu den Wahlen zum *Obersten Sowjet* der UdSSR 1938 galt der Moskauer Stadtsowjet als bedeutendstes gewähltes Machtorgan in der UdSSR.

Nationale Operationen – Am 5. August 1937 begannen die Verhaftungen nach dem Geheimbefehl des NKWD der UdSSR Nr. 00447 (die sogenannte Operation gegen die Kulaken), am 15. August setzten die Verhaftungen auf der Grundlage des Befehls 00485 (»Polnische Operation«) ein, dann trat der Befehl Nr. 00486 in Kraft, der festlegte, wie gegen die Ehefrauen und Kinder der »Vaterlandsverräter« vorzugehen war. Zur gleichen Zeit wurde der Befehl über die Harbiner (Nr. 00593) vorbereitet, der am 20. September 1937 innerhalb des NKWD verbreitet wurde. Siehe auch *Großer Terror*.

Oberster Sowjet – Höchstes gewähltes Vertretungsorgan der UdSSR, Träger der Souveränität und höchstes Organ der Staatsgewalt. Das Präsidium des Obersten Sowjets bildete die Regierung der UdSSR. Die Gesetzgebung war alleiniges Recht des Obersten Sowjets, der aus zwei gleichberechtigten Kammern bestand, dem Unionssowjet und dem Nationalitätensowjet.

Oberster Volkswirtschaftsrat der UdSSR – Im Dezember 1917 als Leitungsorgan für die Volkswirtschaft und die Finanzen geschaffen. Dem Obersten Volkswirtschaftsrat auf Unionsebene entsprachen untergeordnete Räte. Im Januar 1932 wurde der Rat aufgelöst und in Volkskommissariate für Schwer-, Leicht- und Holzindustrie aufgeteilt.

Präsidium des Allunionsrates – Gemeint ist das Präsidium des Unionssowjets. Siehe *Oberster Sowjet*.

Ramenskij-Region – 46 km südöstlich von Moskau gelegenes Zentrum der Landwirtschaft. 1933 lebten hier 20 000 Menschen.

Rat der Volkskommissare – Sowet Narodnych Komissarow RSFSR (SNK RSFSR). Von 1917 bis 1946 Name der Regierung der RSFSR, danach unter der Bezeichnung Ministerrat der RSFSR.

Rat für Arbeit und Verteidigung – Sowet truda i oborony pri Sowete Narodnych Komissarow RSFSR (STO) (1918–1923). Am 30. November 1918 unter dem Namen Rat der Arbeiter- und Bauernverteidigung der RSFSR geschaffenes Organ zur Koordinierung der Aktivitäten des Heeres sowie der Wirtschafts- und Versorgungseinrichtungen während der Verteidigung des Landes. Am 29. Dezember 1920 umbenannt. Als örtliche Organe des Rates fungierten die Wirtschaftsräte. Am 16. August 1923 gingen die Funktionen des Rates an die Wirtschaftsberatung der RSFSR über.

Rote Fahne – Seit dem 31. Dezember 1918 Zentralorgan der KPD, hervorgegangen aus dem Zentralorgan des Spartakusbundes. Gegründet am 9. November 1918, seit dem 18. November 1918 Tageszeitung. Während der Weimarer Republik immer wieder verboten. Endgültiges Verbot nach der Errichtung der faschistischen Diktatur. Von März 1933 bis 1939 und zeitweilig ab Anfang 1941 erschien die Rote Fahne illegal.

Säuberungen – Im Mai 1929 beschloß die 16. Parteikonferenz der KPdSU(B), eine »Tschistka«, d.h. Säuberung, durchzuführen, die sich auch auf die sowjetischen Einrichtungen erstrecken sollte. Das entsprach der Attacke-Mentalität und richtete sich gegen die Abweichler von der Generallinie der KPdSU(B). Lasar M. Kaganowitsch, Sekretär des ZK der KPdSU(B), bezeichnete am Vorabend des *ersten Fünfjahrplanes* den Rechtsstaat als unvereinbar mit dem Marxismus. Gegen Ende der Planperiode wurden vom *Rat der Volkskommissare* und dem Zentralen Exekutivkomitee (ZEK) der UdSSR Gesetze verabschiedet, die der Willkür und Unterdrückung den Weg ebneten. Sie bereiteten den Boden für die 1934 einsetzenden Massenrepressalien. Die am 25. Juni 1932 erlassene Verordnung des ZEK der UdSSR und des *Rates der Volkskommissare* »Über die revolutionäre Gesetzlichkeit« zielte auf die Unterbindung von Rechtsverletzungen auf dem Lande. Damit waren die Diebstähle der zwangskollektivierten und um ihr Hab und Gut betrogenen Bauern gemeint.

Säulensaal des Hauses der Gewerkschaften – Im zentral gelegenen Moskauer Haus der Gewerkschaften fanden zu Sowjetzeiten Festversammlungen, Totenfeiern und die Moskauer Schauprozesse 1936, 1937 und 1938 statt. Bis zum Ende der UdSSR nahm »die Partei- und Staatsführung und die Bevölkerung« im Säulensaal Abschied von jenen »teuren Toten«, die an der Kremlmauer auf dem Roten Platz beigesetzt wurden.

Schutzbündler – Vom 12. bis 15. Februar 1934 leisteten Angehörige des sozialdemokratischen Republikanischen Schutzbundes bewaffneten Widerstand gegen die Dollfuß-Diktatur in Österreich. Er begann in Linz nach dem Überfall faschistischer Banden auf das Arbeiterheim und griff auf andere Industriezentren sowie auf Wien über. Nach der Niederlage im Februar 1934 in Wien flohen nahezu alle Schutzbündler ins Ausland. Diejenigen von ihnen, die eine Einreiseerlaubnis für die UdSSR anstrebten, begaben sich zunächst in die Tschechoslowakei. Politische und wirtschaftliche Momente führten dazu, daß sich die Zahl der von der Sozialdemokratischen Partei in der Tschechoslowakischen Republik betreuten Schutzbündler in den Jahren 1934–1936 von 1200 auf 45 reduzierte. Arbeitsgenehmigungen waren schwer zu beschaffen, aus anderen westlichen Ländern kamen keine Angebote, den Emigranten Arbeit und Asyl zu gewähren. Die durch die Februarkämpfe radikalisierten, über die Untätigkeit der Partei- und Schutzbundführung in den Februartagen verbitterten Schutzbündler gerieten bald ins Fahrwasser der Kommunisten. Der erste Schutzbundtransport (305 Personen) fuhr am 23. April 1934, der zweite (230 Personen) Anfang Juni Richtung Moskau ab. Weitere Transporte folgten, der letzte traf 1935 in der Sowjetunion ein. Bei Einstellungen in sowjetischen Betrieben waren die ausländischen Arbeiter den sowjetischen Werktätigen gleichgestellt.

(Weiterführende Literatur: Dokumentationsarchiv des Österreichischen Widerstandes (Hg.): Österreicher im Exil. Sowjetunion 1934–1945. Wien 1999.)

Sonderversorgung – Bis 1931 wurden in sogenannten Torgsin-Geschäften, russ. Abkürzung für Wsesojusnoe objedinenie po torgowle s inostranzami [Allunionsvereinigung für die Versorgung von Ausländern], im wesentlichen Antiquitäten an ausländische Touristen verkauft. 1931 erfolgte auf Beschluß des Politbüros des ZK der KPdSU(B) die Reorganisation von Torgsin. Jetzt waren diese Geschäfte (in Moskau gab es 1933 insgesamt 38 Verkaufsstellen) für ausländische Facharbeiter und Ausländer geöffnet, die hier unbegrenzt Waren einkaufen konnten, als die Versorgung der sowjetischen Bevölkerung bereits rationiert und Lebensmittelkarten eingeführt worden waren. Von 1932 an konnte mit Devisen gezahlt werden. Ende 1932 wurde auch

Sowjetbürgern, die Devisen besaßen, das Einkaufen in Torgsin-Läden gestattet. Devisen konnten an Ort und Stelle gegen Silber, Gold und Kunstgegenstände eingetauscht werden. Für ein Kilogramm Silber wurden 14 sogenannte Valutarubel gezahlt. 1932 setzte Torgsin Waren im Werte von 49,3 Millionen Rubel, 1933 für 106, 5 Millionen Rubel um. Sechzig Prozent des Umsatzes entfiel auf Brot.

Stalingrader Traktorenwerk – Am 17. Juni 1930 in Betrieb genommen. Vom 20. April 1933 an gingen täglich 144 Traktoren vom Band. Während des *ersten Fünfjahrplans* 1929 bis 1932 wurden über 100 000 Traktoren produziert.

Stalinrayon – Im Dezember 1930 geschaffener und nach Stalin benannter Moskauer Stadtbezirk, zugleich Stalins Wahlkreis. Hier befanden sich zahlreiche Betriebe der metallverarbeitenden und Leichtindustrie.

Steinsärge von Schlüsselburg – Gemeint sind die Kasematten in der Petersburger Festung Schlüsselburg, in der seit 1750 die politischen Gegner des Zarenregimes inhaftiert waren. Wera Figner, die 20 Jahre hier eingekerkert war, hat die Atmosphäre beschrieben: »Die ursprünglich weiß getünchte Zelle verwandelte sich in einen düsteren Kasten; der Asphalt-Fußboden wurde mit schwarzer Ölfarbe gestrichen, die Wände oben grau, unten bleifarben, fast schwarz. Niemand konnte sich beim Anblick dieser Zelle des Gedankens erwehren: das ist ein Sarg. Übrigens sah das ganze Innere des Gefängnisses wie ein Grabgewölbe aus.« (Figner, Wera: Nacht über Rußland. Berlin 1928, S. 256.)

Troika der OGPU – siehe OSO.

Überführung in die KPdSU(B) – Mitglieder der KPD meldeten sich vor ihrer Ausreise in die Sowjetunion im ZK der KPD in Berlin ab und hinterlegten dort ihr Mitgliedsbuch der KPD. Das ZK in Berlin informierte die Deutsche Vertretung beim EKKI in Moskau über die Genehmigung zur Ausreise und erteilte gegebenenfalls die Empfehlung für die Überführung des jeweiligen Genossen in die KPdSU(B).

Verbindungen zur deutschen Botschaft – Der spezielle Befehl Nr. 00698 des NKWD der UdSSR erschien am 28. Oktober 1937. Der Befehl betraf nur Vertretungen von vier Staaten – Deutschland, Japan, Italien und Polen. Die Botschaften, Missionen, Konsulate, die Wohnungen und Wohnheime ihrer Mitarbeiter, die Theater, Klubs, Restaurants und Privatwohnungen, die von den Mitarbeitern aufgesucht wurden, standen rund um die Uhr unter Beobachtung. Gleichzeitig wurde vorgeschrieben: »2. Durch sorgfältig organisierte Agentur- und Außenbeobachtung sind die Verbindungen der Botschaften und Konsulate dieser Staaten zu Sowjetbürgern zu ermitteln und durch die Anwendung breitester Repressionen zu unterbinden. Alle sowjetischen Bürger, die mit dem Personal dieser diplomatischen Vertretungen in Verbindung stehen, ihre Diensträume und Privatwohnungen aufsuchen, sind sofort zu verhaften. 3. Von den ausländischen Staatsbürgern sind jene Personen zu verhaften, deren Beziehungen zu den diplomatischen Vertretungen dieser Länder ihrem Charakter nach den Verdacht der Spionage oder konterrevolutionären Tätigkeit stützen. Für die Verhaftung von ausländischen Staatsbürgern muß die Sanktionierung durch das NKWD der UdSSR eingeholt werden. 4. Die Untersuchung von Fällen der wegen Verbindung zu diplomatischen Vertretungen repressierten Personen hat ihre konterrevolutionäre, Spionage-, Diversions-, und terroristische Tätigkeit aufzudecken.«

(Weiterführende Literatur: Ochotin, Nikita; Roginski, Arseni: Zur Geschichte der
»Deutschen Operation« des NKWD 1937–1938. In: Jahrbuch für Historische Kommunismusforschung 2000/2001. Berlin 2001, S. 89–125.)

Verschwörung in der Komintern – Der geplante und vorbereitete vierte Moskauer
Schauprozeß fand nicht mehr statt. Als Hauptangeklagter war Jossip Pjatnitzki aus-
erwählt, über den angeblich der Kontakt zu den im dritten Moskauer Schauprozeß
gegen den »Block der Rechten und Trotzkisten« im März 1938 verurteilten Ange-
klagten gehalten wurde.

(Weiterführende Literatur: Müller, Reinhard: Der Fall des Antikomintern-Blocks –
ein vierter Moskauer Schauprozeß? In: Jahrbuch für Historische Kommunismusforschung. 1996, Jg. 4, S. 187–214.)

Volkskommissariat für Arbeit der RSFSR – Narkomat truda RSFSR (1917–1933).
Das Volkskommissariat wurde auf Beschluß des 2. Gesamtrussischen Sowjetkongres-
ses am 26. Oktober (8. November) 1917 geschaffen. Auf Beschluß des *Rates der
Volkskommissare* der RSFSR vom 4. November 1919 mit dem Volkskommissariat
für soziale Versorgung der RSFSR vereinigt. Am 21. April 1920 wurde es erneut unterteilt und existierte bis zur Auflösung am 24. Juni 1933.

Volkskommissariat für Binnenhandel der RSFSR – Narkomat wnutrennej torgowli
RSFSR (Narkomwnuttorg). Das immer wieder reorganisierte Volkskommissariat
existierte unter wechselnden Bezeichnungen vom 9. Mai 1924 bis zum 10. November
1991.

West-Universität – siehe *Kommunistische Universität der Minderheiten des Westens.*

Zentralexekutivkomitee – Wserossijskij Zentralnyj Ispolnitelnyj Komitet (WZIK)
[Gesamtrussisches Zentralexekutivkomitee der Sowjets der Arbeiter- und Bauernde-
putierten]. Das ZEK wurde auf den Gesamtrussischen Sowjetkongressen 1917 gewählt und stellte die höchste Staatsmacht dar. Dem ZEK stand das Präsidium vor.
Am 1. Juni 1938 wurde das ZEK im Zusammenhang mit der Reorganisation des Systems der staatlichen Leitung aufgelöst.

Abkürzungsverzeichnis

AEG – Allgemeine Elektricitätsgesellschaft-Telefunken. Von Emil Rathenau 1883 gegründeter Elektrizitätskonzern.

ASSR – Autonome Sozialistische Sowjetrepublik.

A.T.E. – Sawod awtotraktornowo elektrooborudowanija [Betrieb für KFZ- und Traktorenelektrik]. Zunächst eine Abteilung des Elektrokombinats, seit 1938 unter dem Namen A.T.E.-1 selbständiger Betrieb.

DZZ – *Deutsche Zentral-Zeitung.*

EKKI – Exekutivkomitee der Kommunistischen Internationale, das Leitungsorgan der Komintern.

Gestapo – Geheime Staatspolizei.

GOELRO-Plan – Gossudarstwennaja komissija po elektrifikazii Rossii [Staatliche Kommission zur Elektrifizierung Rußlands.] Der auf Initiative Lenins ausgearbeitete und auf dem 8. Gesamtrussischen Sowjetkongreß im Dezember 1920 angenomme Plan war der erste einheitliche staatliche Perspektivplan zur Entwicklung der Volkswirtschaft auf der Grundlage der Elektrifizierung des Landes. Im Laufe von 10 bis 15 Jahren sollten 20 Wärmekraftwerke und 10 Wasserkraftwerke gebaut werden. 1931 wurde der Plan offiziell für erfüllt erklärt. Die Realisierung des Plans stand unter der von Lenin ausgegebenen Losung »Kommunismus ist Sowjetmacht plus Elektrifizierung des ganzen Landes«.

GPU – Gosudarstwennoe polititscheskoe uprawlenie [Staatliche politische Verwaltung]. Bei der GPU handelte es sich um die politische Polizei, den Vorläufer des NKWD.

GULAG – Glawnoe Uprawlenie Lagerej NKWD SSSR [Hauptverwaltung Lager des NKWD der UdSSR.] Dieser seit 1934 bestehenden Hauptverwaltung (GULAG) im zentralen Moskauer Apparat des NKWD unterstanden sämtliche *Besserungsarbeitslager*. In der Sowjetunion gab es von 1923 bis 1960 insgesamt 476 dieser Zwangsarbeitslager. Sie waren in der Regel nach dem nächstgelegenen Ort oder Fluß benannt und endeten mit dem Kürzel »Lag« – für Lager, z.B. KARLag, UCHTIMLag oder NORILLag. Sämtliche Haftorte und Haftanstalten im der RSFSR unterstanden von 1923 an dem NKWD. Zuvor verfügte auch die GPU und das Volkskommissariat für Justiz über eigene Gefängnisse und Haftanstalten. Mitte 1927 betrug die Zahl der Häftlinge in der Sowjetunion ca. 20 000, was der Zahl der Gefangenen in Rußland im Jahre 1912 entspricht. Bis 1930 wurden die Häftlinge nicht als billige Arbeitskräfte angesehen und eingesetzt. 1930 fand die anhaltende Umstrukturierung mit der Auflösung der Hauptverwaltung Haftorte einen vorläufigen Abschluß. Von 1929 bis 1930 nahm die Zahl der Lagerhäftlinge, die von nun an an wichtigen Objekten des Fünfjahrplanes eingesetzt wurden, ständig zu. Anfang 1930 waren es 250 000 bis 300 000 Häftlinge. Aber erst in den Jahren 1931 bis 1934 war das Lagersystem so weit umstrukturiert, daß die Arbeitslager zu einer wirklichen »Planposition« wurden. Mit dem Bau des Weißmeer-Ostsee-Kanals stellte die OGPU ihre Möglichkeiten anschaulich unter Beweis. 1934 gab es 14 *Besserungsarbeitslager*, in denen 510309 Häftlinge Zwangsarbeit leisten mußten. Von 1935 bis 1937 betrug die Gesamtzahl aller Häftlinge (einschließlich der Gefängnisse und Arbeitskolonien) in der UdSSR über eine Million. 1937, im Zusammenhang mit der erneuten Umstrukturierung und Effektivierung des Zwangsarbeitssystems, ging die Zahl etwas zurück. Erst zu diesem Zeitpunkt hatte sich das für die Stalinzeit typische Lagersystem herausgebildet. Auf dem Höhepunkt des Massenterrors vom 1. Juli 1937 bis 1. April 1938 befanden sich in den *Besserungsarbeitslagern der UdSSR* über zwei Millionen Häftlinge.

IRH – Internationale Rote Hilfe.

KARLag – Das Karagandinsker *Besserungsarbeitslager* KARLag ging 1931 aus dem Staatsgut »Gigant« hervor und war zunächst eine Arbeitskolonie der OGPU. Nach der Bildung der Hauptverwaltung Lager (GULAG) im Jahr 1934 ist diese Kolonie als KARLag in den GULAG integriert worden. Das Territorium des Lagers erstreckte sich von Nord nach Süd über 260 km und von Ost nach West über 130 km. Auf einer Gesamtfläche von 16 600 km² befanden sich verschiedene »Lagerstruktureinheiten«, die der Verwaltung des KARLag mit Sitz in Dolinka, ca. 30 km von Karaganda entfernt, unterstanden und von ihr kontrolliert wurden. Anfang 1940 existierten über 22 Hauptlager, die als »Abteilungen« bezeichnet wurden. Daneben gab es eine »Landwirtschaftliche Versuchsstation« sowie ein »Invalidenlager« in Spassk. Die Hauptlager waren, um den Ansprüchen der Produktion bzw. Zwangsarbeit gerecht zu werden, in »Lagerpunkte«, »Abschnitte«, »Kolonnen« und andere Formen von Außenstellen unterteilt. Annähernd 200 größere Produktionspunkte existierten im KARLag Anfang der 50er Jahre, die bis zu 340 km von der Verwaltung in Dolinka entfernt waren. 1957 wurde das Lager aufgelöst.

KJI – Kommunistische Jugendinternationale. Internationale Jugendorganisation, die von 1919 bis 1943 als Sektion der Komintern und unter deren Leitung wirkte. Am Gründungskongreß im November 1919 in Berlin nahmen 25 Delegierte aus 13 Ländern teil, die 219 000 Mitglieder vertraten. Im Mai 1943 wurde die KJI als Sektion der Komintern aufgelöst.

Komintern – 3. Kommunistische Internationale. Die Weltorganisation der Kommunistischen Parteien bestand vom 4. März 1919 bis zur Selbstauflösung am 13. Mai 1943. An der Gründungskonferenz nahmen 52 Delegierte von 35 Organisationen aus 21 Ländern teil. Zum Zeitpunkt der Auflösung gehörten der Komintern 31 Sektionen an. Die Leitung der Weltorganisation lag in den Händen des Exekutivkomitees der Kommunistischen Internationale (EKKI), deren erster Vorsitzender Grigori Sinowjew und letzter Generalsekretär Georgi Dimitroff waren. Die Komintern führte sieben Weltkongresse (1919 bis 1935) durch und verfügte über mehrere internationale Organisationen, darunter die Kommunistische Jugendinternationale (KJI), die Rote Gewerkschaftsinternationale (RGI), die Internationale Hilfsorganisation für Kämpfer der Revolution (MOPR), die Internationale Arbeiterhilfe (IAH) und die Bauerninternationale (Krestintern).

Komsomol – Wsesojusny Leninskij Kommunistitscheskij Sojus Molodjoshi [Leninscher Kommunistischer Jugendverband der Sowjetunion]. Massenorganisation der sowjetischen Jugend, gegründet am 29. Oktober 1918 unter dem Namen Rossiski

Kommunistitscheski Sojus Molodjoshi (RKSM). Im Juli 1924 umbenannt. Als Jugendorganisation ständig unter der Kontrolle der KPdSU(B).

KP – Kommunistische Partei.

KPD – Kommunistische Partei Deutschlands. Hervorgegangen aus dem Spartakusbund, gegründet auf dem Parteitag vom 30. Dezember 1918 bis 1. Januar 1919 in Berlin. Im Frühjahr 1919 schloß sich die KPD der Komintern an. (Weiterführende Literatur: Kinner, Klaus: Der deutsche Kommunismus. Selbstverständnis und Realität. Bd. 1: Die Weimarer Zeit. Berlin 1999).

KPdSU(B) – Kommunistische Partei der Sowjetunion (*Bolschewiki*). Hervorgegangen aus dem 1895 von Lenin und anderen gegründeten Kampfbund zur Befreiung der Arbeiterklasse. Von 1903 bis 1918 unter dem Namen Sozialdemokratische Arbeiterpartei Rußlands (*Bolschewiki*) [SDAPR(B)], von 1918 bis 1925 Kommunistische Partei Rußlands (*Bolschewiki*) [KPR(B)], von 1925 bis 1952 Kommunistische Partei der Sowjetunion (*Bolschewiki*) [KPdSU(B)]. Von 1952 bis zur Auflösung 1991 unter dem Namen KPdSU.

KPR – Kommunistische Partei Russlands.

KZ – Konzentrationslager.

M-Apparat – Geheimer Militärapparat der KPD (Nachrichtendienst).

MOFEL – Moskauer Vereinigung der Elektrolampenwerke.

MOPR – Meshdunarodnaja organisazija pomoschtschi borzam rewoljuzii [Internationale Hilfsorganisation für Kämpfer der Revolution]. Sie bestand von Dezember 1922 bis 1941. Die Initiative zur Gründung der Organisation ging von der Gesellschaft der alten *Bolschewiki* (1922–1935) und der Vereinigung ehemaliger Zwangsarbeiter und Verbannter (1921–1935) aus. Der Beschluß zur Gründung wurde auf dem 4. Kongreß der Komintern 1922 gefaßt. Die Organisation bemühte sich um die materielle, moralische und juristische Unterstützung von Opfern politischer Verfolgung.

MTS – Maschinen-Traktoren-Station.

NKWD – Narodnyj Komissariat Wnutrennich Del [Volkskommissariat für Innere Angelegenheiten]. Hervorgegangen aus der 1917 gebildeten Außerordentlichen Kommission (Tscheka) und deren Nachfolgerin OGPU.

NORILLag – Das *Besserungsarbeitslager* NORILLag bei Norilsk im Gebiet Krasnojarsk im Norden Westsibiriens existierte von Juni 1935 bis August 1956. Es war auf Nickel- und Kobaltförderung spezialisiert.

NSDAP – Nationalsozialistische Deutsche Arbeiterpartei. 1919 in München unter dem Namen Deutsche Arbeiterpartei gegründet. 1920 Annahme des Programms und des Namens. Die Führer der NSDAP wurden vom Internationalen Gerichtshof in Nürnberg 1945/1946 als Hauptkriegsverbrecher verurteilt und die NSDAP vom Alliierten Kontrollrat verboten.

OGPU – Objedinennoe gosudarstwennoe politischeskoe uprawlenie [Vereinigte Staatliche Politische Verwaltung]. Siehe GPU.

OSO – Osoboe sowestschanie. Ab 1924 konnte die Sonderberatung der GPU Verbannungs- oder Lagerstrafen bis zu fünf Jahren verhängen, während dem Sonderkollegium der GPU in Moskau das Recht vorbehalten war, Todesstrafen zu fällen. Unruhen auf dem Lande – »Banditentum« (1927) und Widerstand gegen die Kollektivierung der Landwirtschaft (1929–1930) – führten zur Wiedereinführung der im Bürgerkrieg eingesetzten Schnellgerichte, der Troikas. Etwa 90 Prozent aller 1930 bis 1931 ausgesprochenen Todesurteile gehen auf das Konto der regionalen Troikas. Sie setzten sich aus dem OGPU-Bevollmächtigten, einem Parteifunktionär und einem Mitarbeiter der Staatsanwaltschaft zusammen. Das von ihnen verhängte Todesurteil mußte von der Moskauer OGPU-Führung bestätigt werden.

Ossoawiachim – Obschtschestwo sodejstwija oborone i awiazionno-chimitscheskomu stroitelstwu [Gesellschaft zur Förderung der Verteidigung, des Flugwesens und der Chemie in der UdSSR]. Sie war die mitgliederstärkste Massenorganisation zur vormilitärischen Ausbildung in den 30er Jahren.

PB – Politbüro.

RSFSR – Rossijskaja Sozialistitscheskaja Federatiwnaja Sowjetskaja Respublika [Russische Sozialistische Föderative Sowjetrepublik].

RGI – Rote Gewerkschaftsinternationale der Komintern.

RGO – Rote Gewerkschaftsopposition.

SEWWOSTLag – Nord-West-Besserungsarbeitslager im Fernen Osten, in der Nähe von Magadan. Das Lager diente der Versorgung von Dalstroj und war auf Erschließungs- und Straßenbauarbeiten spezialisiert. Es bestand von 1932 bis 1952.

SIS – Sawod imeni Stalina [Moskauer Autowerk »Stalin«]. Der Bau von Autowerken war Bestandteil der Fünfjahresplanung 1928 bis 1929. Die Grundsteinlegung der Automobilwerke bei Gorki und in Moskau erfolgte am 1. Oktober 1931. Das SIS baute LKWs mit einem Ladevermögen von drei Tonnen. 1936 wurde mit dem Bau von Personenkraftwagen begonnen. Heute unter dem Namen Sawod imeni Lichatschjowa.

Sowchose – Sowetskoe chosjajstwo [Sowjetisches Staatsgut]. Großer mechanisierter landwirtschaftlicher Betrieb. Seit 1922 verstärkt gegründet. Zur Unterstützung der Sowchosen wurden 1928 Maschinen-Traktoren-Stationen eingerichtet. Die erste spezialisierte mechanisierte Sowchose, »Gigant«, entstand im Gebiet Rostow 1929.

STO – Siehe *Rat für Arbeit und Verteidigung*.

UCHTIMLag – Das *Besserungsarbeitslager* UCHTIMLag in der Komi ASSR existierte von Mai 1938 bis Mai 1955. Es war auf Erdöl- und Erdgasförderung spezialisiert.

UdSSR – Union der Sozialistischen Sowjetrepubliken.

UNKWD – Uprawlewnie NKWD, gemeint ist die Gebietsverwaltung des NKWD.

Uralmasch – Uralski sawod tjashelowo maschinostroenija [Uralsker Werk für Schwer-maschinenbau]. Das nach Sergo Ordshonikidse benannte Werk wurde von 1928 bis 1933 in der Nähe von Swerdlowsk errichtet. Hier wurden u. a. Ausrüstungen für den Bergbau, die Erdölförderung und die Metallverarbeitung produziert.

WORKUTLag – Das *Besserungsarbeitslager* WORKUTLag im Gebiet Archangelsk im Norden Rußlands existierte von Mai 1938 bis Januar 1960. Es war auf Holz-, Kohle- und Molybdenförderung spezialisiert.

ZK – Zentralkomitee.

ZRK – Zentralnaja Rewisionnaja Kommissija [Zentrale Revisionskommission der KPdSU(B)].

Personenregister

Abolin, A.
1933 Sekretär des Parteikomitees des Elektrokombinats *62*

Abramowa, Anastasija (geb. 1902) verheiratet mit Willi Koch, Brigadierin im Elektrokombinat *16, 51, 109, 130, 133, 143–146*

Agafonow, N.
Mitarbeiter der Gebietsverwaltung des NKWD des Moskauer Gebietes *136*

Bauer, Paula
deutsche Arbeiterin im Elektrokombinat, 1938 vom NKWD verhaftet *125*

Baumert, Emilie
(geb. 1887, bis 1931 Emma Frank) 1920 KPD, reiste 1932 mit ihrem zweiten Ehemann Willi Baumert in die UdSSR, 1935 Annahme der sowjetischen Staatsbürgerschaft, 1934–37 Arbeit in der Bibliothek der Schutzbündler, 1938 nach Verhaftung und Ermordung ihres Mannes Ausschluß aus der Partei, 1941 Aussiedlung nach Kasachstan, 1945 Umzug nach Karaganda *127, 139, 140*

Baumert, Wilhelm (1886–1938) Politemigrant, ab 1932 Schlosser in der Abteilung KFZ/Traktorenelektrik im Moskauer Elektrokombinat, am 29. Juli 1938 vom NKWD erschossen *67 f., 116, 125, 127, 136, 139, 146*

Beißert, Hans (geb. 1905) Schlosser, Mitglied der KPD, ab Juli 1930 Arbeiter in der Scheinwerferabteilung des Elektrokombinats *81*

Bergina
Sekretärin des Ausländerbüros des Elektrokombinats *93*

Borchardt, Max
nach der Aufkündigung des Arbeitsvertrages mit dem Elektrokombinat Anfang 1931 Rückreise nach Deutschland *77*

Brjanskij
1931 Produktionsleiter im Elektrokombinat *69, 70*

Brüß, Willi
bis 1931 Konstrukteur im Elektrokombinat *33, 73*

Bulganin, Nikolai Alexandrowitsch (1895–1975)
seit 1917 Mitglied der SDAPR, 1918–22 Mitarbeiter der Tscheka/GPU, danach Wechsel zu Glawelektro, wo er die Schaffung des Elektrokombinats vorbereitete, im November 1925 Reise nach Deutschland, um die Wolframverarbeitung vor Ort zu studieren; bis 1927 Mitglied des Obersten Volkswirtschaftsrates, Direktor des 1928 eingeweihten Moskauer Elektrokombinats, 1931–37 Vorsitzender des Exekutivkomitees des Moskauer Sowjets, 1937/38 Vorsitzender des Rates der Volkskommissare, 1941–43 Mitglied von Militärräten verschiedener Frontabschnitte; 1944 Stellvertretender Volkskommissar für Verteidigung, ab März 1949 Stellvertreter, ab 1955 Vorsitzender des Ministerrates der UdSSR, im Zuge der Entstalinisierung 1958 aus dem Politbüro ausgeschlossen, 1958–60 Vorsitzender des Volkswirtschaftsrates von Stawropol, 1960 Rentner *10, 21, 73, 131, 133*

Chantemerle, Joseph Luis (geb. 1882) 1929/30 und 1931/32 Vertreter der amerikanischen Firma Sperry Gyroscope im Elektrokombinat *53, 56*

Clark, Bruno (gest. 1930)
erster technischer Direktor des Elektrokombinats, Mitglied des Obersten Volkswirtschaftsrates der UdSSR, beging im Dezember 1930 während des Prozesses gegen die »Industriepartei«, in dem Kollegen von ihm angeklagt wurden, Selbstmord *10*

Dee, Tibor
Ungar mit amerikanischem Paß,
Ingenieur, 1930–32 als Werber für
das Elektrokombinat in den USA
tätig 32
Deibel, Emil (geb. 1883)
1905–07 Lehre und Fachschulab-
schluß als Feinmechaniker, Hydro-
mechaniker, 1910 Chefingenieur in
der Maschinenfabrik Nube in Of-
fenbach, 1914–22 Dienst bei der
Marine, dann Arbeiter bei Osram;
1923 Mitglied des geheimen M-Ap-
parates der KPD, 1924 illegale Ausreise nach Sowjetrußland, ab
1930 in Leningrad 12 f., 122
Dietrich, Paul (1889–1937)
Mitglied des ZK der KPD, Politsekre-
tär von Ernst Thälmann, von 1935
bis zur Verhaftung durch das NKWD
1937 Mitglied der KPdSU(B) und
Mitarbeiter des Exekutivkomitees der
Kommunistischen Internationale, am
29. Oktober 1937 verurteilt, am
5. November 1937 erschossen 129
Dimitroff, Georgi (1882–1949)
bulgarischer Kommunist, Mitarbeiter des Westeuropäischen Büros der
Komintern, nach seinem Freispruch
im Reichstagsbrandprozeß Ausreise
in die UdSSR, von 1935 bis zur
Auflösung der Komintern 1943 ihr
Generalsekretär 138
Dolski, Alfons (geb. 1909)
Politemigrant, ab 1934 sowjetische
Staatsbürgerschaft, Schleifer im
Elektrokombinat, 1937 vom NKWD
verurteilt und erschossen 125
Dzierzynski, Feliks Edmundowitsch
(1877–1926)
seit 1917 Vorsitzender der Geheimpolizei Tscheka, 1924–26 Vorsitzender des Obersten Volkswirtschaftsrates der UdSSR 8, 15

Edel, Hans (geb. 1895)
Glasbläser, ab 1931 in der Lampenabteilung des Elektrokombinats,
Ende 1933 Rückkehr nach Deutschland 88

Falcke, Walter
deutscher Ingenieur, der im Auftrag
des Obersten Volkswirtschaftsrates
der UdSSR in Berlin Facharbeiter für
die Arbeit in Moskauer Betrieben
warb 30
Felich
deutscher Facharbeiter in Samara
Fjodorow 32
Direktor der Werksküche Nr. 3
des Elektrokombinats 75
Frido
1934 Mitarbeiter der Ausländersektion des Moskauer Gebietsgewerkschaftskomitees 116
Friedländer, Eva
verheiratet mit Walter Friedländer
121
Friedländer, Walter
deutscher Arbeiter im Elektrokombinat, nach der Weigerung, die sowjetische Staatsbürgerschaft anzunehmen,
1936 aus der UdSSR nach Deutschland ausgewiesen 121
Fritsche, Richard (geb. 1896)
Werkzeugschlosser, ab Dezember
1930 im Elektrokombinat, im April
1931 selbst gekündigt 78 f., 88

Gericke, Frieda
verheiratet mit Leopold Gericke 72
Gericke, Leopold (geb. 1901)
ab 1925 Mitglied der KPD, Betriebsrat bei General Motors, 1930 in die
UdSSR ausgereist, Instrumenten-
bauer im Elektrokombinat, ab Oktober 1930 Vertragsarbeiter im Werk,
1931 Überführung in die KPdSU(B),
nach Ablauf des Arbeitsvertrages
reiste Gericke mit seiner Frau Frieda
Ende Oktober 1931 zurück nach
Deutschland 72 f.
Gorbunow
Untersuchungsführer des NKWD
im Taganka-Gefängnis 136
Grigorjewa, E. A.,
verheiratet mit Otto Zint 108
Grizischin
amerikanischer Ingenieur im Elektrokombinat 58

Gromow
Deckname eines NKWD-Spitzels,
der auf die deutschen Facharbeiter
und deren Frauen im Haus in der
Uliza Matrosskaja Tischina ange-
setzt war *140*

Gubeler, Emma
verheiratet mit Fritz Gubeler, ab Dezember 1930 in der Sowjetunion *66*

Gubeler, Fritz (geb. 1893)
ab Dezember 1930 im Elektrokombinat als Dreher tätig, entwickelte neue
Instrumente, Ende 1932 Kündigung
des Arbeitsvertrages aus Protest gegen
die Akkordarbeit, anschließend
Rückreise nach Deutschland *39, 66*

Hagelmoser
Werkzeugschlosser, zunächst im
Elektrokombinat, ab 31. Januar 1932
im Betrieb »I. Lepse« tätig, 1933
wegen »Nichterscheinen am Arbeitsplatz« entlassen *66 f.*

Heckert, Fritz (1884–1936)
Maurer, ab 1919 in der KPD, von
1920 bis zu seinem Tod Mitglied
des ZK, ab 1925 auch des PB, 1921
Mitglied des EKKI und des Präsidiums der Komintern, 1921/22 Vertreter der KPD bei der RGI, Mitglied
des Exekutivkomitees der RGI und
Leiter der zentraleuropäischen Sektion, 1923 kurzzeitig Minister der Ar-
beiterregierung in Sachsen, 1924–33
Abgeordneter des Deutschen Reichs-
tags, 1927 Leiter der Gewerkschafts-
abteilung des ZK der KPD, 1929
Mitglied des Präsidiums und des Polit-
sekretariats, 1931–32 Mitarbeiter des
Westeuropäischen Büros der Komintern, 1932–35 Vertreter der KPD beim
EKKI, 1935 Sekretär der RGI *116*

Heim
deutscher ehemaliger Facharbeiter in
der UdSSR, Verfasser eines im sozialdemokratischen »Vorwärts« veröffentlichten Berichts über sein Leben in der
UdSSR *45*

Heisler, Emmi (Maria Friedrichowna)
verheiratet mit Franz Heisler, nach
der Verhaftung und Hinrichtung ihres
Mannes mit ihren beiden Kindern
nach Karaganda verbannt, 1960
Rückkehr nach Deutschland *113,
129, 143*

Heisler, Franz (später: Paul Rudolfowitsch Schweitzer, 1897–1938)
1915–18 Mechaniker in Berliner
Großbetrieben, 1917/18 Heeresdienst
als Flugzeugmonteur, 1920–23
Ausbildung an der Maschinenbau-
schule in Berlin, Schlosser und
Betriebs- und Arbeiterratsmitglied
bei Osram, 1923 Eintritt in die KPD,
zusammen mit Emil Deibel und Julius
Hoffmann in die Vorbereitung des
bewaffneten Aufstands einbezogen,
Wirtschaftsspionage für die Sowjetunion, Ende 1924/Anfang 1925
arbeitslos, am 27. Februar 1925
Ausreise in die UdSSR, Meister im
Glühlampenwerk des Elektrokombinats, im März 1938 vom NKWD
verhaftet, am 17. Mai 1938 zum Tode
verurteilt, am 28. Mai 1938 erschossen *99, 109, 111, 113, 118 f., 122, 125,
129, 136, 143, 146*

Heisler, Fritz
Sohn von Franz und Emmi Heisler
113

Heisler, Gerda
Tochter von Franz und Emmi Heisler
113

Hering, Johannes (geb. 1899)
im Januar 1931 Einreise mit der
Familie in die Sowjetunion, als
Schlosser in der Lampenabteilung
des Elektrokombinats Bestarbeiter
87 f.

Herzenstein, Israel Abramowitsch
(1905–1938)
deutscher Facharbeiter, ab 1924
Arbeit in Brasilien, 1930 aus Brasilien nach Deutschland ausgewiesen,
von hier aus nach Litauen, illegaler
Grenzübertritt in die Sowjetunion,
1932–37 Mitglied der KPdSU(B),
Arbeiter im Elektrokombinat,
vom NKWD verhaftet, verurteilt und
hingerichtet *125*

Herzog
Ingenieur aus den USA, arbeitete in
der Rationalisierungsabteilung des
Elektrokombinats *58*
Hitler, Adolf (1889–1945), seit 1933
Reichskanzler, ab 1934 Staatsober-
haupt Deutschlands *21, 37, 66, 114,
118–120, 122*
Hoffmann, Julius (geb. 1877)
1892–95 Schlosserlehre, aktiv in
der Gewerkschaftsbewegung, 1896
Mitglied der SPD, 1914–18 Militärdienst, 1919 Mitglied der KPD,
zunächst in Bayern, dann in Berlin,
Arbeiter und Betriebsratsmitglied
im Konzern AEG, 1921 erste Ruß-
landreise, 1923 Parteifunktionär in
Berlin-Lichtenberg; am 9. Juli 1924
illegale Ausreise in die Sowjetunion,
1927 in Saporoshje, im Betrieb Kom-
munar tätig, danach kurzzeitig in der
Berliner Handelsvertretung *12 f.*
Holm, Peter
deutscher Facharbeiter, vom NKWD
verhaftet *137*
Horn, Hans
1932 Monteur im Transformatorenbau des Elektrokombinats *83 f.*
Horn, Hermann
Informant für Willi Koch, ab August
1930 im Elektrokombinat in der
Wolframabteilung tätig *13, 18*
Huth, Alfons (geb. 1878)
1931 Ausreise in die Sowjetunion,
Rundschleifer im Elektrokombinat,
1935 Annahme der sowjetischen
Staatsbürgerschaft, 1940 vom
NKWD verhaftet, im Besserungsarbeitslager verstorben *104, 106*
Huth, Bernhard (1916–1938)
Sohn von Alfons und Julia Huth,
1931 Ausreise in die Sowjetunion,
Mitglied des Komsomol, Schlosser
im Transformatorenwerk, Studium
an der Arbeiterfakultät, Schlosser
im Moskauer Glühlampenwerk,
1935 Annahme der sowjetischen
Staatsbürgerschaft, am 2. Februar 1938 vom NKWD als Mitglied
der »faschistischen Spionageorgani-

sation Hitlerjugend« verhaftet, am
28. Februar 1938 in Butowo bei Moskau erschossen *65, 104, 106, 125*
Huth, Bruno (1911–1938), Sohn von
Alfons und Julia Huth, 1931 Ausreise in die Sowjetunion, Arbeiter
im Elektrokombinat, Student am
medizinischen Institut in Odessa,
1935 Annahme der sowjetischen
Staatsbürgerschaft, am 9. Oktober
1938 vom NKWD verhaftet, am
17. Oktober 1938 erschossen
104–106, 125
Huth, Johannes (1908–1938)
Sohn von Alfons und Julia Huth,
der älteste der Brüder, 1931 Ausreise in die Sowjetunion, Konstrukteur im Elektrokombinat, verheiratet
mit Luise Göbel, 1935 Annahme der
sowjetischen Staatsbürgerschaft,
am 3. Februar 1938 vom NKWD
als Mitglied der »faschistischen
Spionageorganisation Hitlerjugend«
verhaftet, am 20. Februar verurteilt,
am 28. Februar 1938 in Butowo bei
Moskau erschossen *105 f., 125*
Huth, Julia
verheiratet mit Alfons Huth,
1931 Ausreise in die Sowjetunion,
1935 Annahme der sowjetischen
Staatsbürgerschaft, 1940 vom
NKWD verhaftet, in der Verbannung verstorben *104, 106, 125*
Huth, Karl (geb. 1921)
Sohn von Alfons und Julia Huth,
1931 Ausreise in die Sowjetunion,
Schüler an der Karl-Liebknecht-
Schule *106*
Huth, Paul (1913–1938)
Sohn von Alfons und Julia Huth,
1931 Ausreise in die Sowjetunion,
Student an der 2. Medizinischen
Hochschule in Moskau, 1935 Annahme der sowjetischen Staatsbürgerschaft, am 29. Januar 1938
vom NKWD als Mitglied der
»faschistischen Spionageorgani-
sation Hitlerjugend« verhaftet,
am 28. Februar 1938 in Butowo bei
Moskau erschossen *105 f., 125*

union, nach der Verhaftung der
Söhne durch das NKWD 1937 aus
der UdSSR ausgewiesen *94*
Liebknecht, Karl (1871–1919)
1918 Mitbegründer der KPD,
Parteivorsitzender, am 15. Januar
1919 von Freikorpssoldaten
ermordet *104*
Luxemburg, Rosa (1871–1919)
Mitbegründerin der »Gruppe Internationale« (Spartakusbund) und
der KPD (1918), Mitglied von deren
Zentrale, zusammen mit Karl Liebknecht verantwortlich für die Redaktion der »Roten Fahne«, am 15. Januar 1919 von Freikorpssoldaten
ermordet *104*

Majakowski, Wladimir Wladimiro-
witsch (1893–1930)
russisch-sowjetischer Dichter *7*
Margis, Rudolf (1917–1937)
1929 Einreise in die Sowjetunion,
Dreher in der Transformatoren-
abteilung des Elektrokombinats,
von 1934 bis zur Verhaftung durch
den NKWD am 10. September 1937
in der Sommerschule der Roten
Armee, von der Kommission des
NKWD und der Staatsanwaltschaft
der UdSSR am 1. November 1937
wegen Spionage und der Nichtan-
zeige des Vaters als Konterrevolutionär zum Tode verurteilt und am
3. November 1937 in Butowo bei
Moskau erschossen, am 15. September 1989 rehabilitiert *125*
Marks
Zeugin im Prozeß gegen Josephine
Willimeck *92*
Matté, Erich (geb. 1893)
Einrichter in der Abteilung Kraftfahr-
zeug/Traktorenelektrik des Elektrokombinats, zusammen mit Erich Wittenberg und Fritz Pose Autor der
Broschüre »Berliner Proleten vom
Moskauer Elektrosawod erzählen«
120, 134, 136
Medrow, Albert
bis zur vorzeitigen Aufkündigung des

Jahresvertrages im November 1931
Fräser im Elektrokombinat *82*
Medrow, Charlotte
verheiratet mit Albert Medrow
82
Medrow, Monika (geb. 1926)
Tochter von Albert und Charlotte
Medrow *82*
Meißner, Paul (1903–1938)
1931 Übersiedlung in die Sowjetunion, Mechaniker im Elektrokombinat, ab 1936 sowjetische Staatsbürgerschaft, Kandidat der KPdSU(B),
Elektroschlosser im SIS, am 5. Februar 1938 vom NKWD als Mitglied der »faschistischen Spionageorganisation Hitlerjugend« verhaftet,
am 23. März 1938 verurteilt, am
7. April 1938 in Butowo bei Moskau
erschossen *125*
Menzel, Robert (geb. 1888)
ab 1910 Mitglied der SPD, ab 1918
der KPD; 1925 Ausreise in die Sowjetunion, nach Ablauf des Arbeitsvertrages mit MOFEL blieb Menzel in der
UdSSR *13*
Meshlauk, Waleri Iwanowitsch (auch
Martin Ioganowitsch, 1893–1938)
ab 1931 Stellvertreter, 1934–37
Vorsitzender der Staatlichen Plan-
kommission (Gosplan) und stellvertretender Vorsitzender des Rates
der Volkskommissare und des Rates
für Arbeit und Verteidigung (STO);
Vorsitzender des Obersten Volkswirtschaftsrates; am 28. Juli 1938
vom Militärtribunal des Obersten
Gerichts der UdSSR als »Konterrevolutionär« verurteilt und
erschossen *99*
Mühlberg, Gertrude (geb. Mikkeleitis)
1930 Einreise in die Sowjetunion,
verheiratet mit Hans Ohlrich
(Mühlberg), März 1938 Freitod
nach der Verhaftung ihres Mannes
129
Müller, Arthur (geb. 1902)
Sohn von Willi Müller, Brigadier
im Transformatorenbau des Elektrokombinats *33*

bruar 1938 vom NKWD verhaftet, am 21. Februar 1939 erschossen *28*
Putzke, Erna
verheiratet mit Walter Putzke
102, 104
Putzke, Walter (geb. 1900)
Mitglied der KPD, ab Januar 1931 Monteur im Elektrokombinat, im Februar 1935 Rückreise nach Deutschland *102–104, 120*

Resch, Karl (geb. 1905)
parteilos, 1931 zusammen mit seiner Ehefrau Einreise in die Sowjetunion, Dreher in der Wolframabteilung des Elektrokombinats *42 f.*
Rogozinskaja, Hela
Polin, vom NKWD verhaftet *125*
Rose-Rosenke, Walter (geb. 1902)
1922 Mitglied der KPD, 1930–33 Ressortleiter im geheimen M-Apparat der KPD, von März bis Juni 1933 in Haft, 1933 als Politemigrant in die UdSSR, Studium an der West-Universität, 1936 Vorsitzender des deutschen Klubs in Moskau, bis zur Verhaftung durch das NKWD am 12. März 1938 Schlosser des Versuchsinstitutes für Glas; Rose-Rosenke war als Angeklagter im Antikomintern-Prozeß vorgesehen, distanzierte sich von den erfolterten »Geständnissen«, am 7. April 1941 durch die Sonderberatung zu acht Jahren Besserungsarbeitslager verurteilt, bis zum 2. Dezember 1946 in Haft, danach Schlosser im Uchtomkombinat des Innenministeriums, 1951 erneute Einweisung in eine Strafkolonie in der Komi ASSR, 1956 Ausreise in die DDR
23, 125
Rummel, Hermann (geb. 1888)
Elektroingenieur in der Wolframabteilung des Elektrokombinats bis zur Kündigung 1932 *58, 80*

Sakowski, Leonid Michailowitsch (alias Genrich Ernestowitsch Stubis, 1894–1938)

ab 1918 Mitarbeiter der Tscheka, von Januar bis März 1938 Leiter des UNKWD des Moskauer Gebiets, von Januar bis April 1938 Stellvertreter des Volkskommissars, am 30. April verhaftet, am 29. August 1938 erschossen *137*
Sandhagen, Kurt (geb. 1896)
1931 Übersiedlung mit Frau und drei Kindern in die UdSSR bis April 1933 Arbeit in der Transformatorenfertigung des Elektrokombinats, im August 1933 Kündigung des Arbeitsvertrages und Rückreise nach Deutschland *70*
Sandmann, Anton
Arbeiter bei Osram, Informant für Willi Koch *13*
Schenk, Erich
Mitglied der KPD, 1936 aus der UdSSR nach Deutschland ausgewiesen *120*
Schippel, Roman
Mitglied des Büros der kommunistischen Fraktion ausländischer Arbeiter im Moskauer Ausländerklub, Meister im Elektrokombinat *46*
Schitow, G.
Brigadier bei Metrostroj in Moskau *85*
Schmidt, Erich (geb. 1907)
verheiratet mit Johanna Schmidt, 1931 Einreise in die Sowjetunion, ab 1932 Betriebsrat im Elektrokombinat, 1934 Annahme der sowjetischen Staatsbürgerschaft, 1937 vom NKWD verhaftet und im Dezember zu zehn Jahren Lagerhaft verurteilt, wurde zunächst nach Workuta transportiert; dort bestand er darauf, deutscher Staatsbürger zu sein und wurde tatsächlich am 3. Februar 1940 in einer großen Gruppe deutscher Mitgefangener aus der UdSSR abgeschoben, nach 1945 in Halle/Saale, verstorben in der BRD
68, 125 f., 136
Schneider, Eva (geb. 1911)
verheiratet mit Max Lichtenstein, ab 1934 in der Sowjetunion, 1935

sowjetische Staatsbürgerschaft,
Mitarbeiterin des ZK der MOPR,
Mitarbeiterin des Instituts für
Fremdsprachen, 1937 vom NKWD
verhaftet und zu zehn Jahren Besse-
rungsarbeitslager verurteilt *90, 94,
125*
Schröder, Helen
verheiratet mit Karl Schröder,
Gütekontrolleurin im Elektrokombinat *140–142*
Schröder, Irma
Tochter von Helen und Karl Schröder
125, 141 f.
Schröder, Karl (1886–1938)
1929 Mitglied der KPD, Schweißer,
Funktionär in Berlin-Adlershof, im
Januar 1931 Ausreise in die Sowjetunion, Arbeiter im Elektrokombinat,
Korrespondent der DZZ, 1935 Annahme der sowjetischen Staatsbürgerschaft, am 3. März 1938 vom
NKWD verhaftet, am 31. März zu
acht Jahren Besserungsarbeitslager
verurteilt, am 28. Oktober 1938
nach Auskunft des NKWD verstorben *125, 141*
Schütze, Elsa
verheiratet mit Erich Schütze, als
deutsche Staatsangehörige am
15. November 1937 zusammen
mit ihrem Mann nach Deutschland
abgeschoben *126*
Schütze, Erich (geb. 1906)
seit 1931 Dreher in der Scheinwerferabteilung des Elektrokombinats,
Mitglied des Bezirkskomitees der
Elektrogewerkschaft des Stalinrayons, am 30. Juli 1937 vom
NKWD verhaftet, als deutscher
Staatsangehöriger am 15. November 1937 zusammen mit seiner Frau
nach Deutschland abgeschoben
125 f.
Schultze, Konrad (geb. 1903)
Werkzeugmacher in der Abteilung
Kraftfahrzeug/Traktorenelektrik
des Elektrokombinat, im Dezember
1932 Ausreise der Familie Schultze
aus der Sowjetunion; ein Antrag 1933

auf Wiedereinstellung wurde abge-
lehnt *44, 63 f., 66*
Schultze, Erich (geb. 1900)
Schweißer im Transformatorenbau
des Elektrokombinats, Aktivist der
Neuererbewegung *42 f.*
Schultze, Max
Arbeiter im Elektrokombinat *120*
Schwernik, Nikolai Michailowitsch
(1888–1970)
1923 Volkskommissar der ABI der
RSFSR und Mitglied des Präsidiums
der ZKK der KPR(B), ab 1925 Mit-
glied des ZK der KPdSU(B), 1930
Erster Sekretär der Einheitsgewerk-
schaft der UdSSR, 1937–66 Abge-
ordneter des Obersten Sowjets der
UdSSR *42*
Schwitzing, Arthur (geb. 1902)
Werkzeugschlosser in der Abteilung
Kraftfahrzeug/Traktorenelektrik des
Elektrokombinat *89, 120*
Schwitzing, Gertrud
verheiratet mit Arthur Schwitzing *89*
Semjonow, G. I.
Mitarbeiter der OGPU, Mittelsmann
für Industriespionage *12*
Sgovio, Thomas
amerikanischer Politemigrant, Arbeiter im Elektrokombinat *49*
Shaw, George Bernard (1856–1950)
irischer Romanautor, 1931 Reise nach
Rußland, 1933 nach Amerika emigriert *7*
Shelesnjak, Indebor M.
Tochter von Moisej I. Shelesnjak
113, 128, 143 f.
Shelesnjak, Moisej Isaakowitsch
(1893–1945)
1911–13 Ausbildung in Nancy,
Frankreich, 1915–18 in Riga,
1919/20 in Iwanowo-Wosnessensk,
zeitweilig in Berlin unter dem Decknamen »Schutz« tätig, 1920 Mitglied
der KPR(B), 1921 ausgeschlossen
als »fremdes Element«, Mitgliedschaft im jüdischen Bund, Korrespondent der Gewerkschaftszeitung
»Trud«, 1922 Arbeit als Ingenieur
bei Glawelektro, 1927 längerer Auf-

enthalt in Deutschland für die Militärspionage, 1932 erneut Eintritt in die KPdSU(B), am 4. September 1937 vom NKWD verhaftet, am 29. Dezember 1937 von der Sonderberatung des NKWD zu zehn Jahren Lagerhaft im KARLag wegen konterrevolutionärer Tätigkeit verurteilt, 1940 als Invalide entlassen *13 f., 18, 74, 109, 112 f., 118, 127–129, 133, 142–144*

Siepelt, Karl (geb. 1902)
Ende 1932 Kündigung des Jahresvertrages als Zerspaner im Werkzeugbau des Elektrokombinats und Rückreise mit der Familie nach Deutschland *74, 83, 96*

Siewert, Fritz (geb. 1879)
Werkzeugmacher, Funktionär der KPD, seit 1931 als Meister im Elektrokombinat, im September 1932 folgte seine Frau in die Sowjetunion, am 9. Juni 1933 Entlassung aus dem Werk, 1937 vom NKWD verhaftet *79 f.*

Smith, Andrew
amerikanischer Arbeiter im Elektrokombinat *84*

Stalin, Josef Wissarionowitsch (1879–1953)
1922–53 Generalsekretär des ZK der KPR(B), KPdSU(B) bzw. KPdSU, seit Mai 1941 außerdem Vorsitzender des Rates der Volkskommissare bzw. seit März 1946 des Ministerrates, von Juni 1941 bis September 1945 Vorsitzender des Staatlichen Verteidigungskomitees und Oberkommanierender der Roten Armee *118, 120–124, 142, 144*

Stehrenberg, Bernhard (geb. 1899)
1919 Eintritt in die KPD, bis 1933 in Deutschland, danach Einreise in die Sowjetunion und Arbeit als Monteur im Elektrokombinat, bis zur Verhaftung durch das NKWD 1937 Mitglied der KPdSU(B) *125*

Steinbring, Ernst (1887–1938)
Fräser, Mitglied der KPD seit Gründung 1919, 1924 Mitarbeiter der

sowjetischen Handelsvertretung, 1930 Ausreise in die Sowjetunion, 1931 als Leiter im deutschen Klub in Moskau tätig. Verhaftung am 17. Februar 1938 als Kulturfunktionär im Klub des »Sojusmedsantrud«, am 29. Juli wegen Spionage für Deutschland verurteilt, am 18. August 1938 in Butowo bei Moskau erschossen, am 20. November 1958 rehabilitiert *50*

Stepanow
Untersuchungsführer im Taganka-Gefängnis des NKWD *136*

Sukow, Irma
verheiratet mit Wilhelm Sukow *83*

Sukow, Wilhelm
April 1931 Einreise in die Sowjetunion, bis zur Aufkündigung des Jahresvertrages im März 1932 als Dreher in der Scheinwerferabteilung des Elektrokombinats tätig *83*

Sungilo
amerikanischer Arbeiter im Elektrokombinat, Aktivist der Neuererbewegung *87*

Szech, Otto
1915 in russische Kriegsgefangenschaft geraten, von da an in Rußland bzw. in der Sowjetunion, Arbeiter im Elektrokombinat, am 30. Juni 1937 vom NKWD verhaftet und am 29. Dezember ausgewiesen *125 f.*

Thiele, Charlotte (1915–1932)
Tochter von Else und Otto Thiele *110*

Thiele, Else
verheiratet mit Otto Thiele, April 1931 zusammen mit der Tochter Charlotte Einreise in die Sowjetunion, November 1935 Rückreise nach Deutschland *110, 112, 120*

Thiele, Otto (geb. 1892)
Schmied, seit 1906 gewerkschaftlich organisiert, 1908–18 Mitglied der SPD, Militärdienst in der Flotte als Heizer, ab 1918 Mitglied des Spartakusbundes, dann der KPD, zuletzt Zellenleiter und Mitglied der Unterbezirksleitung der KPD, 1930 Aus-

tritt aus der »reformistischen Gewerkschaft« und Eintritt in die RGO, Mitglied des RFB und der IRH, seit 1931 Dreher im Elektrokombinat, Abgeordneter des Moskauer Stadtsowjets *69, 92, 110, 112, 120*

Ulbricht, Walter (1893–1973) Tischler, 1919 Mitbegründer der KPD, Oktober 1933 Emigration zunächst nach Paris, Mitglied der Auslandsleitung der KPD, 1935–38 Leiter der Operativen Leitung bzw. des Sekretariats der KPD in Prag bzw. Paris, 1938–43 Vertreter des ZK der KPD beim EKKI in Moskau, am 30. April 1945 Rückkehr nach Deutschland als Leiter der sog. Initiativgruppe des ZK der KPD für Berlin (»Gruppe Ulbricht«); ab 1946 Stellvertretender Vorsitzender und Mitglied des Politbüros der SED, ab Juli 1950 Generalsekretär, Juli 1953 bis Mai 1971 Erster Sekretär des ZK der SED *138 f.*

Waldhauer, Emma verheiratet Wilhelm Waldhauer *77* Waldhauer, Gerda, Tochter von Emma und Wilhelm Waldhauer *77* Waldhauer, Hildegard Tochter von Emma und Wilhelm Waldhauer *77* Waldhauer, Wilhelm ab Januar 1931 Arbeiter im Elektrokombinat *77* Warlamow, L. im Oktober 1937 Leiter der Drahtabteilung des Elektrokombinats *113* Wehner, Herbert (1906–1990) ab 1935 Emigrant in der UdSSR, 1939 Vertreter der KPD beim EKKI, 1941 Ausreise nach Schweden, nach seiner Verhaftung 1942 als »Verräter« aus der KPD ausgeschlossen, 1944 Bruch mit dem Kommunismus, später SPD-Funktionär in der BRD *24* Weinert, Werner Sohn des Arbeiterdichters Erich

Weinert, 1929 Einreise mit Frau und zwei Kindern in die Sowjetunion, Automechaniker in der Scheinwerferabteilung des Elektrokombinats, vom NKWD verhaftet *85, 98 f., 125* Willimeck, Edmund ab 4. November 1931 Vertragsarbeiter im Elektrokombinat; reichte am 8. August 1935 seine Kündigung ein *89* Willimeck, Josephine (geb. 1892) verheiratet mit Edmund Willimeck, am 20. Dezember 1931 aus Österreich mit zwei Kindern im Alter von 14 und 16 Jahren zum Mann in die Sowjetunion ausgereist, bis zur Rückkehr nach Österreich 1935 im Elektrokombinat *89 f., 92–94* Wittenberg, Erich (1902–1938), 1916–1920 Berufsschule bei Siemens-Schuckert, 1923 Mitglied der KPD, ab Dezember 1930 Werkzeugschlosser im Elektrokombinat, zusammen mit Fritz Pose und Erich Matté Autor der Broschüre »Berliner Proleten vom Moskauer Elektrosawod erzählen«, 1932 Mitglied der KPdSU(B), 1934 Ehe mit Polina Jegorowa, Dezember 1937 Ausschluß aus der KPdSU(B) wegen Verbindungen ins Ausland, am 14. Januar 1938 als »Spion des deutschen Geheimdienstes« vom NKWD verhaftet und im Taganka-Gefängnis verhört, am 8. Juni 1938 wegen »konterrevolutionärer Tätigkeit« zu zehn Jahren Besserungsarbeitslager verurteilt, am 7. Dezember Tod in der Haft des NKWD *40, 118, 125, 134, 136 f.* Wittenberg, Ludmila, Tochter von Erich Wittenberg und Polina Jegorowa *134* Wolff, Georg (geb. 1904) 1930 von Shelesnjak für die Arbeit im Elektrokombinat angeworbener Facharbeiter für die Wolframfadenproduktion, 1937 Meister im Elektrokombinat, Ausbilder für Ausländer

in der Ossoawiachim, Kommandeur
der internationalen Kompanie eines
Manövers *51f.*
Wollenberg, Erich (geb. 1892)
1924 Ausreise in die Sowjetunion,
nach dreimonatiger Ausbildung an
einer Moskauer Militärschule der
Komintern für eineinhalb Jahre
Kompagnie-Kommandeur der Roten
Armee in Saratow und Moskau,
danach Arbeit in der Agitprop-
Abteilung der Komintern; nach
einem halbjährigen illegalen Aufenthalt als Redakteur im Saargebiet
kehrte er nach Moskau zurück und
wurde Dozent an der Militärschule
der Komintern und der Militäraka-
demie der Roten Armee, außerdem
Tätigkeit am Marx-Engels-Institut
und an der Moskauer Lenin-Schule
der Komintern; heimliche Flucht über
Prag nach Paris; 1934 Ausschluß aus
der KPD *116*

Zessin, Bernhard (geb. 1891)
Arbeiter bei AEG, ab 1920 Mitglied
der KPD, Schlosser in der Lampenabteilung des Elektrokombinats *120*
Zfasman
Leiter des Ausländerbüros des Elektrokombinats *43*
Zint, Bernhard (1885–1938)
1907 Mitglied der Sozialdemokratischen Partei Deutschlands, ab 1916
der USPD und ab 1920 der KPD;
wegen »revolutionärer Umtriebe«

verlor er wiederholt seinen Arbeits-
platz und wurde mehrmals verhaftet,
Ausreise in die Sowjetunion, Arbeit
als Schweißer im Elektrokombinat,
wegen »Beteiligung am Anti-Komin-
tern-Block« zu acht Jahren Haft
verurteilt, am 14. November 1938
im Gefängnis verstorben
34f., 106–108, 125
Zint, Bruno
Sohn von Bernhard und Margarete
Zint *107*
Zint, Hermann
Vater von Bernhard Zint *107*
Zint, Gerda (geb. 1920)
Tochter von Bruno Zint, nach dem
Krieg Ausreise in die DDR *107, 143*
Zint, Lotte (1916–2000)
Tochter von Bernhard Zint, mit dem
österreichischen Schutzbündler Herbert Hütter verheiratet, nach Ende
des Zweiten Weltkriegs Rückkehr
nach Österreich *106f., 143*
Zint, Margarete
verheiratet mit Bernhard Zint *106f.*
Zint, Otto (1911–1938)
ältester Sohn von Bernhard Zint,
ab 1931 Dreher im Elektrokombi-
nat, parteilos, 1935 sowjetische
Staatsbürgerschaft, am 3. Februar
1938 als Mitglied der angeblich in
Moskau existierenden »faschistischen
Spionageorganisation Hitlerjugend«
verhaftet, am 20. Februar 1938
verurteilt, am 28. Februar 1938
erschossen *106f., 125*

Angaben zum Autor

SERGEJ SHURAWLJOW
Jahrgang 1960, Studium der Geschichte am
Moskauer Institut für Geschichte und Ar-
chivwesen, Aspirantur und Promotion an
der Russischen Staatlichen Humanistischen
Universität zum Doktor der Geschichtswis-
senschaft; Oberassistent am Zentrum für
vergleichende russische Geschichte und Po-
litologie, leitender Forscher am Institut für
russische Geschichte der Russischen Akade-
mie der Wissenschaften (Moskau).

Buchveröffentlichungen in russischer Sprache, u.a.: »Das Phänomen der Schriften-
reihe ›Geschichte der Fabriken und Betriebe‹. Maxim Gorkis Projekt im
Kontext der Epoche der 30er Jahre«, Moskau 1997; »›Kleine Leute‹ und
›Große Geschichte‹. Die Ausländer des Elektrokombinats in der Sowjetge-
sellschaft der 20er und 30er Jahre«, Moskau 2000.

Sowjetische Truppen in der DDR

Ilko-Sascha Kowalczuk
Stefan Wolle
Roter Stern über Deutschland
Sowjetische Truppen in der DDR

256 S., 81 Abb., Broschur
ISBN 3-86153-246-8
15,50 €; 26,80 sFr

Die beiden aus dem kritischen Potential der ehemaligen DDR stammenden Autoren Ilko-Sascha Kowalczuk und Stefan Wolle haben einen Band vorgelegt, der voll ist mit spektakulären Einzelberichten, der jedoch gleichzeitig den roten Faden, die Frage nach den Auswirkungen der Stationierung sowjetischer Truppen in der DDR, nie aus dem Auge verliert.
Der Band leistet durch seine einfühlsamen einordnenden Kommentare zu den aufgeworfenen Fragen einen gelungenen Beitrag zur Diskussion um die Frage nach Selbständigkeit und Abhängigkeit der DDR und ihrer eigenen Armee.
F.A.Z.

Mit dem Abzug der russischen Streitkräfte lassen Kowalczuk und Wolle ihr Buch ausklingen. Es ist eindringlich und anschaulich geschrieben, sachlich fundiert und informativ, reich illustriert mit historischen Fotos, und es offeriert erstmals veröffentlichte Dokumente und Zeitzeugenberichte. Ein rundum gelungenes Werk. *Deutschlandfunk*

Die Darstellung historischer Prozesse wird aufgelockert durch autobiographische Schilderungen, Zeitungsartikel oder bislang geheime Papiere der Militäradministration. In der sorgsamen Auswahl der Materialien liegt das große Plus des Buches: Subjektive Impressionen zum Thema ergänzen die Fakten um Alltagsgeschichte. *Freies Wort*

Ch. Links Verlag, Schönhauser Allee 36, 10435 Berlin

Sowjetische Helden als Vorbild

Silke Satjukow
Rainer Gries (Hg.)
Sozialistische Helden
Eine Kulturgeschichte von Propaganda-
figuren in Osteuropa und der DDR

312 S., 48 Abb., Broschur
ISBN 3-86153-271-9
19,90 €; 33,90 sFr

So neu der disziplinenübergreifende Ansatz an der Schnittfläche zwischen Kulturgeschichte, Sozialpsychologie, Politik und Medienwissenschaft erscheint, so erfrischend lebendig, spannend und lesbar ist dieses Buch – selbst in seinen Theorie-Kapiteln – verfasst. Die Erschließung eines neuen, seltsamerweise fast noch unbearbeiteten Forschungsfeldes der Propagandageschichte wird darin plastisch und auch für den »Laien« mit Hilfe seines persönlichen Erfahrungshorizonts nachvollziehbar. *Thüringische Landeszeitung*

In den Kapiteln zu den diversen Heldengeschichten manifestiert sich ein Grundmuster heldenhafter Erfindungen und Inszenierungen, aber auch Strukturelemente des Märchens und christlicher Heiligenlegenden werden sichtbar. In einführenden Übersichten kommen zwei wichtige Faktoren bei der sozialistischen Heldenproduktion und -rezeption zur Sprache: die jeweilige historische Situation, aus der sich national unterschiedliche Akzente in den sozialistischen Heldenerzählungen ergaben, und der Umgang der Länder mit ihrer Geschichte, die extensiv zur heldenhaft reinen Erfolgsgeschichte mutiert wurde. *Neue Zürcher Zeitung*

Ch. Links Verlag, Schönhauser Allee 36, 10435 Berlin

Frauen in der Roten Armee

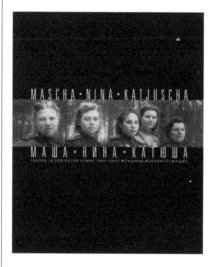

Deutsch-Russisches Museum
Berlin-Karlshorst (Hg.)
Mascha, Nina und Katjuscha
Frauen in der Roten Armee
1941–1945

208 S., 400 Abb., gebunden
ISBN 3-86153-281-6
19,90 €; 33,90 sFr

Um den Kriegseinsatz von mehr als 800 000 Frauen in der Roten Armee ranken sich Schreckbilder und Mythen. Den Deutschen galten sie als »Flintenweiber«, als herausragende Beispiele bedrohlicher Entartung. In der sowjetischen Überlieferung war dagegen die Heroisierung der Soldatinnen, vor allem als Scharfschützinnen oder Bomberpilotinnen, dominierender Bestandteil der öffentlichen Erinnerung. Von der Lebensrealität der Mehrzahl der Frauen in Uniform ist in diesen Bildern nicht viel zu finden, so ist über ihren Kriegseinsatz und ihren Alltag bis heute nur wenig bekannt geworden.

Das Buch thematisiert die Mythen wie die Schreckbilder und setzt ihnen die vielschichtige Realität gegenüber: Wo wurden Frauen vorrangig eingesetzt, wie viele kämpften mit der Waffe oder standen an der Front unter Feuer? Wo waren die Parallelen, wo die Unterschiede zum Fraueneinsatz in anderen Armeen des Zweiten Weltkriegs? Welche Chancen einer militärischen Karriere, welche Rechtsstellung hatten sie?

Des weiteren wird auch gefragt nach den weiblichen Kriegsopfern und nach dem, was sich zwischen Männern und Frauen im Militär abspielte. Und die Frauen selbst kommen zu Wort, wie sie ihr Leben im Krieg gesehen haben und wie sie sich rückblickend als Veteraninnen an den Krieg erinnern.

Ch. Links Verlag, Schönhauser Allee 36, 10435 Berlin